« POUR UNE
DÉFINITION DE
L'ARCHITECTURE
AU QUÉBEC »

ET AUTRES ESSAIS
DE MELVIN CHARNEY

Publié en 2018 par
Potential Architecture Books
T2-511 Place d'Armes
Montréal (Québec) Canada
H2Y 2W7
www.potentialarchitecturebooks.com

© Potential Architecture Books

Tous droits réservés.
Toute reproduction, même partielle, de cet ouvrage
est interdite sans l'autorisation écrite de l'éditeurs

Conception graphique : Jolin Masson
Révision : Rébéca Lemay-Perreault et Alessandra Mariani

Catalogage avant publication de Bibliothèque
et Archives Canada

Charney, Melvin
[Essais. Extraits. Français]
« Pour une définition de l'architecture au Québec » et autres
essais de Melvin Charney / sous la direction de Louis Martin.

Les essais de Melvin Charney ont été traduits de l'anglais.
Comprend des références bibliographiques.

ISBN 978-1-988962-00-9 (couverture souple)

1. Charney, Melvin--Critique et interprétation.
2. Architecture—Québec (Province)—Montréal.
3. Architecture—20ᵉ siècle. I. Martin, Louis, 1960-,
éditeur intellectuel II. Titre.

NA749.C53A35 2018   720.92   C2018-904912-X

Dépôt légal : 3ᵉ trimestre 2018
Bibliothèque et Archives nationales du Québec
Bibliothèque et Archives Canada

Cet ouvrage contient des traductions de textes originellement publiés sous la direction de Louis Martin dans le
recueil *On Architecture: Melvin Charney, A Critical Anthology*
© McGill-Queen's University Press 2013.

Les auteurs et la maison d'édition s'excusent pour toute
attribution erronée et corrigeront toute édition future dès
qu'ils en seront informés.

Image en couverture :
Atelier de Melvin Charney, documents et photographies
ayant servi à la réalisation de l'œuvre *Le trésor de Trois-
Rivières* (1975), 1975. MACM, Fonds Centre de documentation
Yvan Boulerice (BLR1.0631). Photo : Yvan Boulerice

« POUR UNE DÉFINITION DE L'ARCHITECTURE AU QUÉBEC »

ET AUTRES ESSAIS DE MELVIN CHARNEY

Sous la direction de Louis Martin

Potential Architecture Books

Biographies des auteurs

Professeur au département d'histoire de l'art de l'UQAM, **Louis Martin** est spécialiste des théories architecturales modernes et postmodernes. Il a été exposé à l'enseignement de Melvin Charney lors de ses études à l'École d'architecture de l'Université de Montréal de 1979 à 1983. En 2007, il a été approché par Charney pour diriger la publication de ses écrits sur l'architecture, qui ont été publiés en langue anglaise par les éditions McGill-Queen's University Press en 2013.

Professeur à l'École d'architecture de l'Université de Montréal, **Nicholas Roquet** est spécialiste de la théorie architecturale du XIXe siècle et de la mise en valeur du patrimoine bâti. Vers 1990, il a traduit en français l'essai «The Montrealness of Montreal» pour le catalogue d'exposition *Ville-Métaphore-Projet: City Metaphors, Urban Constructs*, qui jetait un regard rétrospectif sur l'atelier d'Architecture Urbaine créé en 1978-79 à l'Université de Montréal par Melvin Charney, Denys Marchand et Alan Knight.

Professeur à l'École d'architecture de l'Université de Montréal depuis 1999, **Georges Adamczyk** est spécialiste de l'histoire et de la théorie de l'architecture moderne. Il est devenu un acteur important de la presse architecturale au Québec dès son entrée en poste à l'École de design de l'UQAM en 1977. Il a notamment été à l'origine de l'exposition rétrospective de l'Atelier d'architecture urbaine intitulée «Montréal en projet: Dix ans d'architecture urbaine à Montréal» présentée au Centre de design de l'UQAM en 1992 et par la suite à New York et à Paris en 1995.

Professeur à l'École de design de l'UQAM, **Réjean Legault** s'est intéressé aux travaux de Melvin Charney dès le tournant des années 1980, alors qu'il étudiait à l'École d'architecture de l'Université de Montréal. Il a notamment publié le premier texte analytique de l'œuvre écrite de Charney dans le numéro 15 de la revue *Trames* en 2004. Ses recherches portent sur l'historiographie de l'architecture moderne, les rapports entre matériau et modernité architecturale, ainsi que la tectonique et les cultures constructives.

TABLE DES MATIÈRES

7 **Remerciements**

9 **Préface de l'éditeur**
Louis Martin

13 **Introduction : Melvin Charney ou la figure du maître**
Nicholas Roquet

MELVIN CHARNEY :
MISES EN CONTEXTE

21 1.
Déplacements et fragments dans l'œuvre de Melvin Charney
Georges Adamczyk

35 2.
De l'« architecture autre » aux « monuments autres »
Louis Martin

67 3.
La ville dans la ville : le Montréal de Melvin Charney
Réjean Legault

MELVIN CHARNEY :
ÉCRITS CHOISIS

99 4.
Le vieux Montréal que personne ne veut préserver,
1964

105 5.
Place Victoria, Montréal,
1965

111 6.
Naissance d'une architecture : tendances récentes de l'architecture canadienne,
1967

121 7.
Les silos à grains revisités,
1967

131 8.
Pour une définition de l'architecture au Québec,
1971

149 9.
Montréal... plus ou moins,
1972

155 10.
Saisir Montréal,
1975

169 11.
L'impasse du logement social au Canada,
1976

179 12.
Des monuments autres : quatre œuvres,
1977

197 13.
Les mouvements modernes de l'architecture canadienne française,
1978

209 14.
Montréal, formes et figures en architecture urbaine,
1980

221 15.
À qui de droit : à propos de l'architecture contemporaine au Québec,
1982

245 16.
À propos des temples et des cabanes,
1983

ANNEXES
255 **Une brève biographie de Melvin Charney**
Louis Martin

265 **Bibliographie : autres écrits de Melvin Charney**

266 **Liste des illustrations**

REMERCIEMENTS

La publication de ce recueil a été rendue possible grâce au soutien financier du Laboratoire d'étude de l'architecture potentielle (L.E.A.P.) de l'Université de Montréal. Je remercie le professeur Jean-Pierre Chupin, directeur-fondateur du L.E.A.P., d'avoir cru en ce projet qui n'aurait pu voir le jour sans son appui.

Cet ouvrage réalise en partie le souhait de Melvin Charney de publier l'ensemble de ses textes en langue française. Je remercie Dominic Beaudry, Cloé Cousineau, Christine Dalle-Vedove et Solange Garçon pour les traductions préliminaires des articles originaux, publiés en anglais, réalisées en 2012 dans le cadre de mon enseignement. L'ensemble de leur travail, à l'origine même de ce projet, n'a pu malheureusement être intégré en totalité dans cette publication.

Je remercie mes collègues Georges Adamczyk, Réjean Legault et Nicholas Roquet d'avoir écrit des essais qui apportent des éclairages pertinents et originaux à la matière rassemblée dans ce livre.

Je remercie Alessandra Mariani pour sa révision minutieuse des textes. Son apport inestimable a permis de rehausser la qualité de la langue et la précision des traductions. Je remercie également Rébéca Lemay-Perreault pour sa révision du manuscrit et Jolin Masson pour le soin, l'enthousiasme et la patience qu'il a démontré dans la conception graphique de la maquette.

Je remercie enfin Bechara Helal, éditeur en chef des éditions Potential Architecture Books, qui a supervisé les dernières étapes menant à la concrétisation de cette publication. Sa rigueur a grandement contribué à raffiner et valider la forme et le contenu de cet ouvrage.

PRÉFACE DE L'ÉDITEUR

Ce recueil d'essais de l'architecte et artiste montréalais Melvin Charney (1935-2012) rend accessible aux lecteurs francophones un ensemble d'écrits qui présentent l'essentiel de sa lecture critique de l'architecture contemporaine au Québec, tout en exposant l'originalité de la pensée qui a nourri sa pratique artistique.

De 1964 à 1989, alors qu'il était professeur à l'École d'architecture de l'Université de Montréal, Charney a publié près d'une quarantaine d'essais qui ont traité des problèmes confrontant l'architecture contemporaine d'ici et d'ailleurs, et décrit les œuvres qu'il a conçues pour y répondre[1]. Tel un baromètre, ses écrits ont enregistré le climat changeant d'une culture architecturale en perpétuel mouvement au cours d'une des périodes les plus turbulentes de l'histoire de l'architecture ; ils décrivent aussi l'apport insoupçonné de l'architecture d'ici aux débats qui ont marqué le passage d'une modernité tardive à une postmodernité incertaine.

Les textes retenus pour cet ouvrage concernent l'architecture montréalaise, québécoise et canadienne[2]. Parmi ceux-ci, six sont présentés ici en français pour la première fois[3]. Ils ont été publiés entre 1960 et 1990, une période qui s'ouvre par l'avènement de la Révolution tranquille et annonce la clôture de celle-ci par la tenue du premier référendum sur la souveraineté du Québec en novembre 1980. La lecture chronologique de ces textes choisis, issus de préoccupations quasi obsessives pour le potentiel émancipateur de l'architecture, confirme un déplacement conceptuel dans le discours de l'artiste au cours de ces trois décennies. En effet, dans les années 1960 Charney affirme que l'architecture est un fait physique plutôt qu'esthétique ; dès 1970, il insiste sur son contenu social, et au tournant des années 1980, il conçoit l'architecture comme un système de signes.

Préface de l'éditeur

Parfaitement bilingue, Melvin Charney, dispensait son enseignement en français, mais préférait écrire en anglais. Ainsi, tous les essais et articles qu'il a écrits pour des publications canadiennes et internationales ont été rédigés en anglais. Plusieurs de ces textes ont toutefois été traduits en français par des tiers pour publication au Québec ou en France. Fait particulier, il ne subsiste dans les archives qu'il a léguées aucun manuscrit en anglais de deux pamphlets marquants intitulés « Pour une définition de l'architecture au Québec » et « À qui de droit : à propos de l'architecture contemporaine au Québec », qui ont été publiés en français au Québec en 1971 et 1982 respectivement[4]. Les traductions disponibles des textes retenus pour le présent recueil ont été reprises et vérifiées. Les traductions manquantes ont été réalisées pour la présente publication. L'harmonisation des traductions existantes et nouvelles visait essentiellement à normaliser le vocabulaire et n'a pas effacé les différentes sensibilités des traducteurs et traductrices qui ont relevé le défi de rendre limpide une plume vive et parfois allusive. Des notes de bas de page ont été ajoutées pour préciser les sources manquantes dans les publications d'origine et indiquer certaines difficultés de traduction.

Ces écrits choisis sont précédés d'une introduction par Nicholas Roquet qui décèle un écart entre le contenu de ce recueil et l'enseignement qu'il a reçu de Charney lorsqu'il étudiait à l'École d'architecture de l'Université de Montréal à la fin des années 1980. Les trois essais qui suivent visent à mettre en lumière les grands thèmes traversant la pensée critique de l'artiste. Dans le premier essai, Georges Adamczyk développe une lecture freudienne des installations architecturales que Charney a conçues pendant les années 1970 et 1980. Adamczyk explique comment ces constructions ont opéré de manière analogue au travail du rêve, en déplaçant et condensant des figures trouvées aux différents emplacements sur lesquels elles ont été érigées. J'ai dégagé dans le second essai les notions critiques qui ont conduit Charney à rechercher des alternatives concernant l'idée reçue du monument en tant qu'emblème du pouvoir dominant dans la société. Cette recherche est le fil qui relie ses installations des années 1970 à sa grande réalisation, le jardin du Centre Canadien d'Architecture (CCA). Dans le troisième essai, de Réjean Legault, examine la transformation du discours de Charney sur Montréal et son architecture au fil des ans. Alors que Montréal s'avère très tôt une manifestation formelle d'une modernité proprement nord-américaine matérialisée par les silos à grains et la métropole au vaste réseau de galeries intérieures, la ville demeure toutefois pour Charney un lieu caractérisé, dans son essence, par la qualité de ses espaces publics et de ses quartiers populaires. Enfin, une brève biographie de Melvin Charney, qui peut être consultée avant de lire ce recueil, complète l'ouvrage.

Sauf exception, les illustrations proviennent des archives personnelles de Melvin Charney désormais conservées au CCA.

Louis Martin
Août 2018

Notes

1. Une sélection des publications de Melvin Charney comprenant une liste assez complète de ses articles et essais sur l'architecture se trouve dans Pierre Landry (dir.) *Melvin Charney*, Montréal, Musée d'art contemporain de Montréal, 2002 : 166-169. La plupart de ces textes disséminés dans des revues canadiennes et internationales ont été rassemblés dans une anthologie critique en langue anglaise publiée en 2013. Voir : Louis Martin (dir.). *On Architecture: Melvin Charney, A Critical Anthology*, Montréal et Kingston, McGill-Queen's University Press, 2013, 483 p
2. Par conséquent, le présent recueil n'inclut pas les réflexions sur l'architecture vernaculaire méditerranéenne, le béton armé, le plastique, l'architecture scolaire, la « flexibilité » et les prédictions environnementales, qui constituaient une partie importante de la production écrite de Charney pendant les années 1960, même si des traductions de certains de ces textes ont été publiées à l'époque. Par soucis de cohérence, certaines traductions, réalisées par mes étudiants et étudiantes, de textes qui n'entrent pas dans le cadre éditorial n'ont également pas été retenues.
3. Le présent recueil constitue une traduction partielle de *On Architecture: Melvin Charney, A Critical Anthology*. Parmi les textes retenus pour cette publication, seul l'essai intitulé « Saisir Montréal » reproduit ici en chapitre 10, n'apparaît pas dans l'ouvrage anglais.
4. Une traduction partielle de « Pour une définition de l'architecture au Québec » a été réalisée par Diana Agrest en 1972. Voir : « Towards a Definition of Quebec Architecture », *Progressive Architecture* 53, New York (septembre 1972) 104-07.

INTRODUCTION : MELVIN CHARNEY OU LA FIGURE DU MAÎTRE

Nicholas Roquet

Étudiant à l'École d'architecture de l'Université de Montréal de 1986 à 1990, je n'ai connu Melvin Charney que sur le tard. Il entamait alors déjà son retrait de l'enseignement universitaire, laissant à ses collègues Alan Knight et Irena Latek la direction de l'atelier d'Architecture urbaine, l'« A.U. », qu'il avait fondé dix ans auparavant, en 1978. Même s'il donnait encore un cours d'analyse de l'architecture contemporaine, Charney était pour les étudiants de ma cohorte davantage une figure de grand maître qu'un enseignant que l'on côtoyait au quotidien.

Le statut mythique de Charney au sein de l'École d'architecture était surtout le fait de l'atelier. Il est difficile de rendre compte aujourd'hui du choc qu'A.U. pouvait produire sur les étudiants les plus jeunes, qui s'y aventuraient parfois lors des critiques de fin de session. Nous étions stupéfaits devant l'ambition et la sophistication graphique des travaux des collègues plus avancés, ainsi que par l'ironie mordante que pouvait manier à l'occasion Charney, tant envers des étudiants plus faibles qu'à l'égard de ses invités. À une époque où l'École n'en menait pas large (notamment parce qu'elle était minée par les différends au sujet de la direction à donner à son projet pédagogique), l'atelier d'Architecture urbaine donnait une forte impression d'exigence, d'effort et de cohérence intellectuelle.

Basée sur un principe d'« ateliers verticaux » regroupant des étudiants de plusieurs niveaux, la structure du programme d'architecture de l'époque contribuait en effet à faire de l'A.U. un lieu « hors l'École » et, ce, même s'il en occupait les locaux. On y entrait comme au couvent – généralement au début de la troisième année du programme (plus exceptionnellement en deuxième) ; et on pouvait dès lors y poursuivre ses études pendant quatre trimestres d'affilée, sans jamais effleurer les enseignements des autres ateliers au sein de l'École.

Introduction

Grâce à cette structure verticale, il y avait dans l'atelier d'Architecture urbaine fort peu d'enseignement formalisé : on s'imprégnait de la culture de recherche qui y régnait pour ainsi dire par osmose, en assistant aux critiques et en suivant le développement des projets que des collègues avaient initiés au trimestre précédent, voire même l'année d'avant.

L'autre caractéristique singulière de l'atelier était justement le luxe du temps dont nous jouissions en tant qu'étudiants. Travaillant sans programme, sans exigences graphiques conventionnelles et, surtout, sans étapes de production définies d'avance, nous avions comme unique mandat de faire émerger d'une situation urbaine tirée de notre environnement quotidien (un carrefour, un îlot ou une rue) l'idée d'un projet. Cette immense liberté qui nous était accordée dans le cadre de notre apprentissage marque bien, à elle seule, toute la distance qu'avait déjà prise Charney à l'égard de la pratique professionnelle et, de façon plus large, à l'égard d'une conception de l'architecture comme simple productrice de bâtiments.

Prendre Montréal comme unique terrain d'expérimentation ; chercher dans les cartes de la métropole du 19ᵉ siècle la matière d'un projet contemporain ; représenter la ville par des figures transparentes, faites de murs mitoyens et de façades sans corps : a posteriori, je m'étonne à quel point la démarche que nous suivions au sein de l'A.U. nous ait semblé, à l'époque, relever de l'évidence même. À cet égard, les essais et les textes critiques rassemblés dans cet ouvrage agissent comme un puissant révélateur.

Ce qui ressort en premier lieu des écrits de Charney sur l'architecture au Canada et à Montréal, c'est sa critique radicale de l'architecture comme production de formes – un formalisme qu'il ne cesse de pourfendre, et auquel il substitue plutôt la notion de processus et de « kits » technologiques indéterminés, librement appropriables et potentiellement transformables. On trouve sans doute là la source principale de son intérêt pour les architectures mineures, souvent bricolées à partir de matériaux peu coûteux, que lui et ses étudiants documentaient le long des routes secondaires du Québec. Ériger de telles constructions en « monuments » dignes d'être photographiés et inventoriés était une façon de déplacer le regard, de l'architecture officielle vers les lieux qu'habitaient réellement les Québécois. C'est aussi, je crois, l'origine de l'intérêt de Charney pour les vestiges du Montréal du 19ᵉ siècle. Ici, dans des productions anonymes et sans « style » explicite (édifices lofts, silos à grains, habitations populaires en rangée), il a cru découvrir une modernité alternative et plus authentique, où des technologies nouvelles étaient harnachées pour répondre de façon efficace, et sans la moindre nostalgie culturelle, à des besoins sociaux émergents.

Le deuxième aspect saillant des écrits de Charney présentés dans les pages qui suivent tient au fait que le regard qu'il porte sur l'architecture au Québec est, lui aussi, dénué de toute nostalgie. À ses yeux, le Québec des années 1960 participe à une condition américaine plus large : une sorte de *terra nullius* ouverte à toutes les expérimentations, et où le défi consiste à rendre habitable un immense territoire avec un minimum de moyens. (On comprend dès lors le mélange d'admiration et de distance qu'il ressent face à l'œuvre bâtie de l'architecte Roger D'Astous, dont les racines lui semblent teintées d'un romantisme « agraire ».) Pour ce qui est de Montréal, la fascination de Charney pour cette ville qui se reconstruisait de fond en comble au début des années 1960 tient précisément à l'absence de tout recours à la « tradition », ainsi qu'à son ouverture à de nouvelles tendances : régionalisation de l'espace urbain ; édifices « plug-in » ; intériorisation et mise en réseau des espaces publics.

La volonté de Charney de porter sur Montréal un regard sans complaisance, puis de la décrire « telle qu'elle est », n'empêche toutefois pas certains de ses textes d'être empreints d'aspects mythiques. Le plus frappant de ceux-ci, mis de l'avant dans *The Montrealness of Montreal*, consistait à affirmer que les quartiers populaires de Montréal étaient une sorte d'auto-construction, conçue et réalisée par leurs habitants, sans l'intervention d'architectes, de promoteurs immobiliers ou d'ingénieurs municipaux. C'est, me semble-t-il, cette lecture mythique du Montréal ouvrier qui rendra possible par la suite le projet de Charney d'explorer la psyché collective des Montréalais à travers leurs lieux de vie.

Non seulement les textes présentés dans cet ouvrage font-ils ressortir les prémices intellectuelles de l'atelier d'Architecture urbaine, mais ils dressent aussi de Charney un portrait bien plus complexe et humain que l'image du maître que nous, étudiants, avions de lui. L'architecte polémique et batailleur que tous ont connu s'y retrouve certes, mais également un penseur inquiet et en perpétuel mouvement. En fin de compte, ce sont ces remises en question perpétuelles qui ont fait de Charney, à la fin des années 1980, un personnage si difficile à saisir. Pour certains, sa fascination pour la ville du 19e siècle et l'exceptionnalisme qu'il semblait attribuer à Montréal en faisaient une figure quasi réactionnaire ; à l'inverse, il était difficile pour ses étudiants de faire le lien entre le programme de son atelier à l'Université de Montréal et les audacieux projets architecturaux qu'il avait élaborés au tournant des années 1970 (je pense notamment à ses propositions pour le pavillon du Canada à l'exposition d'Osaka et pour un « Air Force Memorial » pancanadien).

Quelques 25 ans après l'exposition des travaux de l'atelier Architecture urbaine au Centre de design de l'UQAM (exposition qui marquait, d'une certaine façon, la conclusion de cette aventure pédagogique), il me semble d'autant plus important de revenir sur l'enseignement de Charney à l'Université de Montréal qu'il s'agit d'un pan de sa carrière qui n'a pas trouvé de place notable dans ses écrits. Trois questions en particulier me semblent encore aujourd'hui mériter

Introduction

réflexion. Partagions-nous, étudiants et professeurs, une même compréhension du projet ? Alors que l'atelier tirait à sa fin, sa production s'était-elle muée en académisme ? Enfin, l'atelier a-t-il donné lieu à une « École de Montréal », et quels en seraient alors les contours ?

Sur la question du projet, je ferais valoir que le regard « psychanalytique » que Charney a porté sur la ville correspondait de très près avec le Montréal que nous connaissions à l'époque : une ville en ruines, mise à mal par les crises économiques des années 1970 et 1980, et hantée par les bâtiments à l'abandon et les terrains vagues. Dans ce contexte, la démarche que proposait l'atelier – soit de porter un regard concret et sans nostalgie sur les lieux que nous habitions – était porteuse d'une forme d'espoir. Elle suggérait que tous les lieux de la ville (même les plus modestes) étaient des lieux de projets potentiels, que Montréal dans son ensemble appelait à être réinventée, et que les architectes avaient un rôle important à y jouer.

Cependant, là où il me semble y avoir eu contradiction ou incompréhension, c'est dans la dimension purement imaginative qu'attribuait Charney à cette réinvention de la ville. Pour la cohorte d'étudiants dont je faisais partie, les travaux dans l'atelier étaient portés, je crois, par un désir sincère d'identifier des projets possibles pour Montréal et contribuer à la transformation concrète de la ville. Or, pour Charney, cette production avait une portée essentiellement métaphorique : « Ces constructions s'approprient et transforment les traces existantes de la ville. [...] Des figures idéales, significatives, inutiles, véridiques et illusoires leur ont été superposées dans le but de soutenir l'impulsion humaine de réinventer la réalité[1] ». Le malentendu était immense : étudiants, nous voulions en réalité bâtir.

L'atelier se serait-il donc figé dans une sorte de maniérisme, dont témoigneraient la sophistication et la maîtrise croissantes du dessin dans les travaux de cette période ? Je ne le crois pas. Malgré la continuité des dispositifs graphiques (axonométries, transparences ou superpositions), nous assistons au début des années 1990 à un déplacement progressif du regard porté au sein de l'atelier, sur Montréal. Délaissant le Montréal « intemporel » et ordonné, avec ses quartiers populaires et ses institutions à flanc de montagne, les travaux de cette période se sont plutôt attaqués à des lieux de rupture dans le tissu urbain, tels la rue Gilford, l'avenue des Pins ou le viaduc ferroviaire traversant Griffintown. Cet intérêt nouveau pour l'accident et la singularité marque, à mes yeux, une prise de conscience croissante de la complexité, de la temporalité et du caractère opportuniste de tout projet urbain. Alors que la pensée urbaine de Charney semblait évoluer vers la « prescription », comme le fait valoir Réjean Legault dans les pages qui suivent, celle portée par l'atelier qu'il avait mis sur pied se faisait au contraire plus libre, éclatée et spéculative.

Melvin Charney ou la figure du maître

Comment expliquer ce vent de renouveau ? Contrairement à l'idée qu'on peut s'en faire, l'atelier d'Architecture urbaine de la fin des années 1980 n'était pas un milieu hermétiquement clos, ni sur lui-même, ni sur Montréal comme leçon exemplaire d'urbanité. Les expériences contemporaines menées dans d'autres villes, dont Berlin et Barcelone, y circulaient grâce à des revues comme *Silo* ou *Section A*, et des échanges informels se tissaient avec l'École de design de l'Université du Québec à Montréal (UQAM), aussi bien entre professeurs qu'entre étudiants – c'est d'ailleurs à ce moment que plusieurs diplômés de l'École de design, anciens élèves de Georges Adamczyk ou de Jacques Rousseau, ont rejoint l'Université de Montréal et l'atelier d'Architecture urbaine. Cette hybridation des références et des méthodes de travail dans l'atelier a eu pour heureux effet d'ébranler nos certitudes. Soudain, le Montréal « classique » et unifié du milieu du 19e siècle n'était plus le seul modèle possible ; les fragments hétéroclites laissés dans la métropole par une modernité plus récente et plus radicale méritaient eux aussi d'être examinés et investis.

Si une École de Montréal a bien émergé au cours ces années, il me semble qu'elle serait moins à chercher dans une production cohérente – théorique ou bâtie – que dans cette confrontation féconde d'idées et d'enseignements sur la manière de « faire ville ». Ses traces les plus authentiques ne seraient pas alors le faubourg Québec ou le faubourg Saint-Laurent tels qu'on les a réellement aménagés durant les années 1990, mais plutôt les propositions contrastantes que nous en ont laissées Jacques Rousseau et Melvin Charney et qui, l'une comme l'autre, sont restées sur papier. Je remercie les auteurs de cet ouvrage, et à premier titre Louis Martin, d'avoir fait la lumière une partie essentielle de cette histoire.

Notes

1   Je tire cette citation de l'essai critique écrit par Réjean Legault dans cet ouvrage, intitulé « La ville dans la ville : le Montréal de Melvin Charney », p. 67.

MELVIN CHARNEY : MISES EN CONTEXTE

1.
DÉPLACEMENTS ET FRAGMENTS DANS L'ŒUVRE DE MELVIN CHARNEY

Georges Adamczyk

> *L'architecture c'est le monde*
> *qui demande à devenir une cité.*
> – Paul Claudel, *L'architecte*

> *J'habite une ville, à peine île, de moins en moins fleuve*
> *et mer, de plus en plus ruelle et rue, de plus en plus*
> *hautaine, de moins en moins mémorable ! J'habite une*
> *ville qui s'ignore, de plus en plus nouvelle, de moins*
> *en moins ancienne, bien à l'abri des noms qu'elle se*
> *donne pour mieux oublier ceux qui n'oublient pas.*
> – Pierre Perrault, *J'habite une ville**

Architecte, artiste, analyste et critique de l'architecture, organisateur d'événements, professeur et fondateur d'un enseignement original, chercheur et polémiste formidable, Melvin Charney a eu une influence considérable sur la pensée et le projet d'une « architecture urbaine » traduisant la conscience historique et le sentiment d'appartenance des citoyens à leurs lieux d'existence quotidienne. Il a su toucher toute une génération d'architectes et d'artistes qui lui doivent cette pugnacité et cette générosité qui caractérisent leurs pratiques. Ses réalisations expriment avec vigueur cet engagement fondamental par la multiplicité des genres qu'il a abordés. Que ce soit l'architecture, l'architecture de paysage, l'installation, la sculpture, l'art public, la photographie, la peinture ou le dessin et l'écriture, tous ces moyens concourent à produire une œuvre dont la continuité et la cohérence sont exemplaires.

* Note de l'éditeur : Paul Claudel, « L'architecte », *Feuilles de Saints*, Paris, NRF, 1925, et Pierre Perrault, *J'habite une ville*, Montréal, Hexagone, 2009.

Ces activités parallèles tissent une stratégie intertextuelle extrêmement féconde qui lui est tout à fait propre. Mais, pour reprendre la première question que lui posait Catherine Millet dans son entretien pour la revue *Art Press*[1], comment s'articulent réellement entre eux les dessins, les constructions et les textes dans son œuvre ? Ou encore, que nous disent les réalisations photographiques, dessinées, peintes ou construites de Melvin Charney sur sa vision théorique et critique de l'architecture et en quoi ces réalisations sont-elles indissociables de ses écrits, commentaires sur son travail ou essais sur l'architecture contemporaine ? Si Melvin Charney réagit à cette question par l'idée de « superpositions », nous renvoyant à ses propos antérieurs sur la difficulté de catégoriser et de classer ses actes esthétiques, lorsqu'on l'interroge sur son statut d'artiste ou d'architecte[2], c'est sur la notion de « déplacement[3] », proposée par Catherine Millet, que s'ouvre une piste fructueuse pour tenter de repérer ce qui fait texte dans l'œuvre de l'art.

Les « commencements » – croquis et photographies, observations des architectures ordinaires où l'on habite, repérages des liturgies sociales qui font les villes – amorcent un détachement intellectuel du spectacle de la ville. Charney enclenche une sorte de questionnement archéologique à la Foucault, quand ce dernier propose de renverser la relation historique entre *document* et *monument*[4]. Se concentrer exclusivement sur le fondement monumental de l'architecture comme discipline et pouvoir, c'est passer à côté de la véritable signification de l'architecture. Certes, nous sommes dans l'esprit du temps et déjà l'éparpillement de la pensée postmoderne frappe aux portes de l'art et de l'architecture. L'idée de « construire son architecture » à la façon initiatique de Le Corbusier ou encore celle de construire sa « vision personnelle » de l'histoire de l'architecture à la manière de Reyner Banham ne sont pas nouvelles. À propos des doutes vis-à-vis de l'histoire héroïque du Mouvement moderne, Reyner Banham écrivait en 1962 : « Ce qui est le plus préoccupant pour la profession, est le doute qui plane sur la présomption et la capacité des architectes à alimenter leur rôle traditionnel de producteurs de formes, de créateurs et de régulateurs de l'environnement bâti.[5] ». Mais, si ces idées ne sont pas nouvelles, rares sont ceux qui, comme Melvin Charney, ont le courage de délaisser l'horizon professionnel de la pratique de l'architecture, aussi incertain soit-il, pour s'engager dans une démarche intellectuelle exigeante, seule voie libératrice. Ces « commencements » peuvent donc être compris comme un *déplacement épistémologique* questionnant la relation entre la discipline et la profession et le statut de l'architecture savante et de l'architecture quotidienne.

Ces premiers déplacements, hors de la discipline, à l'écart des « grands récits », vont constituer un socle réflexif à partir duquel le couple dogmatique de la forme

1.1 Photo du *Memo 20*, aujourd'hui perdu, de la première version des *Memo Series* créée par Melvin Charney en 1969-70.

et de la fonction est remis en cause pour laisser la place, à la fois à une reconnaissance symbolique de l'architecture dans le champ social et à l'évidence de l'existence d'un « stock de connaissance[6] » propre à l'architecture dans le monde ordinaire.

À la fin des années 1960, Melvin Charney était peut-être le seul artiste / architecte canadien qui représente alors le courant de l'architecture radicale telle qu'elle se manifeste alors au niveau mondial, en particulier en Grande-Bretagne, en Italie et en Autriche. Mais, on pourrait dire aussi, avec Catherine Millet, que le déplacement entre l'art, l'architecture et le texte prend un tour plus freudien. Melvin Charney semble confirmer cette analogie lorsqu'il répond : « L'angoisse de celui qui est en analyse est de ne pas disposer des mots justes pour exprimer ces angoisses[7] ».

Plus précisément, le déplacement n'est pas mouvement, mais substitution et transformation. On cherche quelque chose à mettre à la place d'autre chose, un peu comme un masque qui rend la chose initiale plus acceptable au regard. Claude Lévi-Strauss insiste : « Un masque n'est pas d'abord ce qu'il représente, mais ce qu'il transforme, c'est-à-dire choisi de *ne pas* représenter. Comme un mythe, un masque nie autant qu'il affirme ; il n'est pas fait seulement de ce qu'il dit ou croit dire, mais de ce qu'il exclut[8] ». Derrière « l'image » de la machinerie du projet du Pavillon du Canada pour l'exposition d'Osaka de 1970, dispositif pour une « architecture-action » à la Cedric Price, c'est bien l'affirmation de l'absence de toute tentative monumentale, même éphémère, de représenter le Canada, ou tout autre pays, par un geste architectural conventionnel et vaniteux, qu'il faut reconnaître.

C'est ce qui conduit Melvin Charney à créer *Memo Series* en 1970, après quelques années consacrées à établir les bases de sa démarche avec des réalisations qui lui vaudront déjà l'attention du milieu artistique et architectural **(fig. 1.1)**. Cette œuvre inaugurale, qui se veut une alternative à la construction d'un musée d'aviation militaire, le positionne dans une pratique où dorénavant les rapports réciproques entre l'art, l'architecture et le texte constitueront les matériaux symboliques privilégiés de sa démarche.

En conclusion de la conférence de 1971 intitulée « Pour une définition de l'architecture au Québec », Charney écrit :

> Au Québec, comme ailleurs, l'architecture valable remet en question l'état de l'architecture elle-même. On ne peut plus trouver de réponses dans le champ habituel. Inévitablement, la condition sociale de l'individu, comme architecte, est mise en évidence. Cela veut dire que la libération de l'architecte dépend de la libération politique et sociale de l'individu et de la communauté. Elle dépend également de l'affirmation d'une identité québécoise renouvelée et originale. Malheureusement, l'hégémonie culturelle de l'architecture traditionnelle dure encore. Mais, maintenant, au moins, elle est de plus en plus un anachronisme[9].

Alors que la mise en page du texte publié ne rend pas compte de la subtile relation dialectique qui se joue entre les mots et les images[10], cette conférence marque enfin le territoire de ces déplacements au-delà de l'architecture monumentale, par lesquels les documents visuels deviennent des substituts aux bâtiments. De «L'ère du soupçon» qui nous renvoie «aux petits faits vrais» dont parlait Nathalie Sarraute* dans les années cinquante, à l'idée que: «L'architecture est une expérience qui dans les limites de son commencement et de sa fin possible, règle avant tout ses comptes avec elle-même[11]», ainsi que l'écrira Giorgio Grassi dans son introduction de 1974 à la réédition du livre de Tessenow, la quête de «fragments signifiants[12]» dans l'architecture ordinaire prend une valeur critique fondamentale dans les enseignements et dans la démarche architecturale et artistique de Melvin Charney. Ces fragments sont des figures au sens où Alan Colquhoun aborde la critique du couple moderne forme et fonction, pour lui substituer le potentiel créatif et rhétorique du couple classique forme et figure. Alan Colquhoun écrit: «Nous devons comprendre que le retour de la figure en architecture est sujet aux mêmes lois de fragmentation que nous voyons à l'œuvre dans tous les autres arts modernes – fragmentations dans les sciences elles-mêmes, et aussi en termes de contexte social[13]». Cependant, la question du fragment ne se pose pas pour Melvin Charney en termes de citation, d'assemblage hétéroclite et anachronique, ou autres sortes de jeux de langages postmodernistes. Un fragment est aussi une *totalité*, comme si le fragment se substituait à l'architecture tout entière, une sorte d'allégorie architecturale (**fig. 1.2**). C'est comme si la métaphore architecturale se retournait sur son origine construite pour en traduire la signification profonde, sous le texte en quelque sorte.

«Déplacements» et «fragments» ont permis de rompre avec toutes les préconceptions de liens linéaires existant entre théorie et pratique, dessins et constructions, ou encore architecture ordinaire et architecture savante. Comme le souligne Johanne Lamoureux à propos de la question de la traduction, il ne s'agit pas de traduire, par exemple le dessin en construction, mais de repenser

---

* Note de l'éditeur: Charney a cité *L'ère du soupçon* de Nathalie Sarraute dans son texte «Le monde du pop art», *Vie des arts*, n° 36, 1964, p. 30-8. Sur Nathalie Sarraute, voir note 11.

Déplacements et fragments dans l'œuvre de Melvin Charney

1.2 Melvin Charney, *Wall Piece nº 3*, 1977.

la traduction. Elle précise cette idée en affirmant que : « Ceux qui diront encore que Charney fait une architecture théorique ou une sculpture dérivée de l'architecture n'auront pas compris : il concrétise ou *actualise* une architecture indexant sa propre théorie, là où celle-ci informe et déforme, aussi bien le monde déjà-construit qui nous entoure que les représentations, déplacées en d'autres champs, que nous entretenons[14] ». On pourrait dire que les œuvres de Melvin Charney sont curieusement transparentes et opaques à la fois ; elles sollicitent dès lors le déplacement du regard du spectateur. Mais plus encore, dans sa définition d'une architecture pour le Québec (qui est finalement aussi une définition pour l'architecture tout court), on pourrait aussi comprendre que ce texte est le rejet de toute définition de l'architecture. Ce serait un plaidoyer à la Georges Braque pour une « infinition » de l'architecture, car comme celui-ci le rappelait : « Définir une chose, c'est substituer une définition à la chose[15] ».

Poursuivant son œuvre critique par l'extraction de figures architecturales dans la ville telle qu'elle est, avec *Le trésor de Trois-Rivières* (1975), et surtout *Les maisons de la rue Sherbrooke* (1976), Melvin Charney anticipe la célèbre *Strada Novissima*, un ensemble de dix-neuf façades construites dans l'atelier romain de Cinecittà pour la Biennale de Venise à la Corderie de l'Arsenal en 1980. Dès lors, la carrière internationale de Melvin Charney est établie et son rayonnement aux

Mises en contexte

1.3 Melvin Charney, *A Kingston Construction*, 1985.

États-Unis, en Europe et au Japon surpassera même l'attention que lui accorde la critique locale, sans doute troublée par l'approche paradoxale et provocatrice de son travail. Le texte canonique, « The Montrealness of Montreal », publié en 1980 dans la revue *The Architectural Review*, qui décrit l'architecture de Montréal comme « un "savoir" acquis par les habitants en adaptant de façon empirique la ville à leur vie collective[16] », rend plus explicite la question du déplacement épistémique et du fragment comme totalité. Selon Jean Duvigaud, « La ville est mémoire d'elle-même[17] ». Elle est une lutte constante contre l'oubli. Le titre de l'article de Catherine Millet est bien : « Melvin Charney, explorateur de la mémoire collective[18] ». Ce n'est pas tant la ville comme œuvre d'art, comme choses, comme rituels ou comme représentations qui passionne Melvin Charney, mais bien la ville comme destin et comme monde. Ces formes et ces figures de l'architecture urbaine découvertes par l'architecte et transmises par l'enseignant sont aussi celles qui, à l'état de fragments, parcourent son œuvre construite, photographique et peinte, œuvre produite et reproduite, comme la ville se produisant et se reproduisant sur elle-même.

On peut alors mieux comprendre que pour Melvin Charney construire des installations, c'est construire un site dans un site. Entre les situations du *Dictionnaire* (1970-2000), un travail continu sur trente ans, et les œuvres *in situ*, l'univers de Melvin Charney se constitue progressivement pour prendre la forme d'une véritable somme traitant du procès du sens des choses matérielles, de leur statut sémiotique et esthétique, de leurs représentations descriptives,

1.4 Melvin Charney,
Le carré dans le carré, 1979.

contemplatives ou projectives, concrètes ou abstraites, figuratives ou allusives. Les *Constructions* de Toronto, de Montréal, de New York, de Chicago, de Kingston **(fig. 1.3)**, réalisées au tournant des années 1980, le placent désormais au cœur de ce concert d'artistes tels que Buren, Graham, Smithson, Matta-Clark et quelques autres qui affrontent la question des lieux de la société contemporaine, celle de leur production sociale, de leurs significations culturelles, et qui font de ces questions le sujet central de leurs créations, vues comme des interventions dans l'espace urbain ou naturel. Les figures construites, travaillées en superpositions, rotations et disjonctions spatiales, anticipent les fictions et les manœuvres déconstructivistes de Peter Eisenman. Mais elles ne cherchent pas à proclamer leur autonomie. Elles sont du site. Pouvons-nous dire que ces *Constructions* ressortent de l'occupation de l'expansion du champ (paysage, non-paysage, architecture, non-architecture) par la sculpture tel qu'en parle Rosalind Krauss[19] ?

Dans ces termes, selon moi, il s'agit plutôt d'un retournement de la non-architecture en architecture, comme il y a un retournement du non-site dans le site. Melvin Charney ne construit pas un site en installant une sculpture, mais il construit un site dans le site, dans une ville. On pourrait dire qu'il construit un texte. L'installation demeure un genre incertain d'intervention artistique ou architecturale. Si l'essence de l'art de l'installation est, comme le rappelle Julie H. Reiss, la participation du spectateur selon une définition de la participation qui peut varier considérablement d'un créateur à l'autre, ce serait précisément ce caractère trop variable, contextuel et subjectif qui éloignerait l'installation du statut d'œuvre d'art[20]. Plus récemment, l'installation est abordée comme un mode d'expérimentation de la conception et de la construction par les architectes[21]. Mais, ces différentes approches ne peuvent circonscrire totalement le contenu rétroactif de ces *Constructions* qui font écho à l'imaginaire des avantgardes dans une sorte de mouvement contre utopique **(fig. 1.4)**. Mieux vaut poser la question de Hans Ulrich Obrist : « Si les installations sont la réponse, quelle est la question ?[22] » On pourrait répondre malicieusement à cette question par les propos de Reyner Banham : « L'architecture Moderne est morte : longue vie à l'architecture Moderne![23] »

Dans le contexte de l'exposition *Les villas de Pline et l'architecture classique à Montréal* de 1983, les installations de Melvin Charney, intitulées *Pliny on My Mind n⁰ 1 and n⁰ 2*, trouvent leur source dans la rencontre du langage classique des villas avec le langage familier des « plex » montréalais, dévoilant par le fait même les analogies qui se tissent entre « l'héroïsme ordinaire » de ces derniers et les vanités savantes de l'architecture. Comme il le souligne lui-même, des Romains à nos jours, la ville est un chantier continuel[24]. Au milieu des années 1980, Melvin Charney n'est plus seul dans le débat critique sur la représentation de l'architecture et sur celui de ses rapports aux pratiques artistiques. Cette exposition sur les villas de Pline rassemblait une cohorte d'architectes / artistes qui avaient investi, chacun à leur manière, le problème de l'interprétation des figures classiques. Mais chez lui, aucune nostalgie, encore moins des prétentions expertes, mais bien le souci de mettre en relation l'imaginaire de la ville et celui de l'architecture tel qu'il se révèle dans les traces de la connaissance ordinaire. Cette exposition présentée en 1983 au Musée des beaux-arts de Montréal, plus de dix ans après y avoir présenté *Montréal plus ou moins?*, montre le chemin parcouru par Melvin Charney et sa fidélité au « vrai monde montréalais ».

Les installations pour l'exposition / événement du Centre international d'art contemporain de Montréal en 1985, pour la Biennale de Venise en 1986, au Musée du Québec en 1989, à la galerie René Blouin en 1990, au Centre Canadien d'Architecture en 1991 et au Musée d'art contemporain de Montréal en 1992 sont des œuvres totalement accomplies qui font une large place à la narration et qui multiplient les épaisseurs signifiantes sous une apparence familière. La culture matérielle ainsi que les fragments témoins de notre histoire populaire qui se confondent avec notre simple destin, s'y trouvent transfigurés pour constituer de véritables « paraboles », sources d'un enseignement sur la condition humaine. L'œuvre et la parole s'entremêlent, toujours remplis d'espoir.

La force critique et la maturité artistique de Melvin Charney, vont toutes deux lui permettre de se distinguer nettement des attitudes dominantes empêtrées dans un historicisme d'arrière-garde et trop soucieuses de promouvoir l'autonomie fraîchement conquise de leurs productions et de la reconvertir en valeur artistique improvisée. Sa prise de position face aux images est alors

Déplacements et fragments dans l'œuvre de Melvin Charney

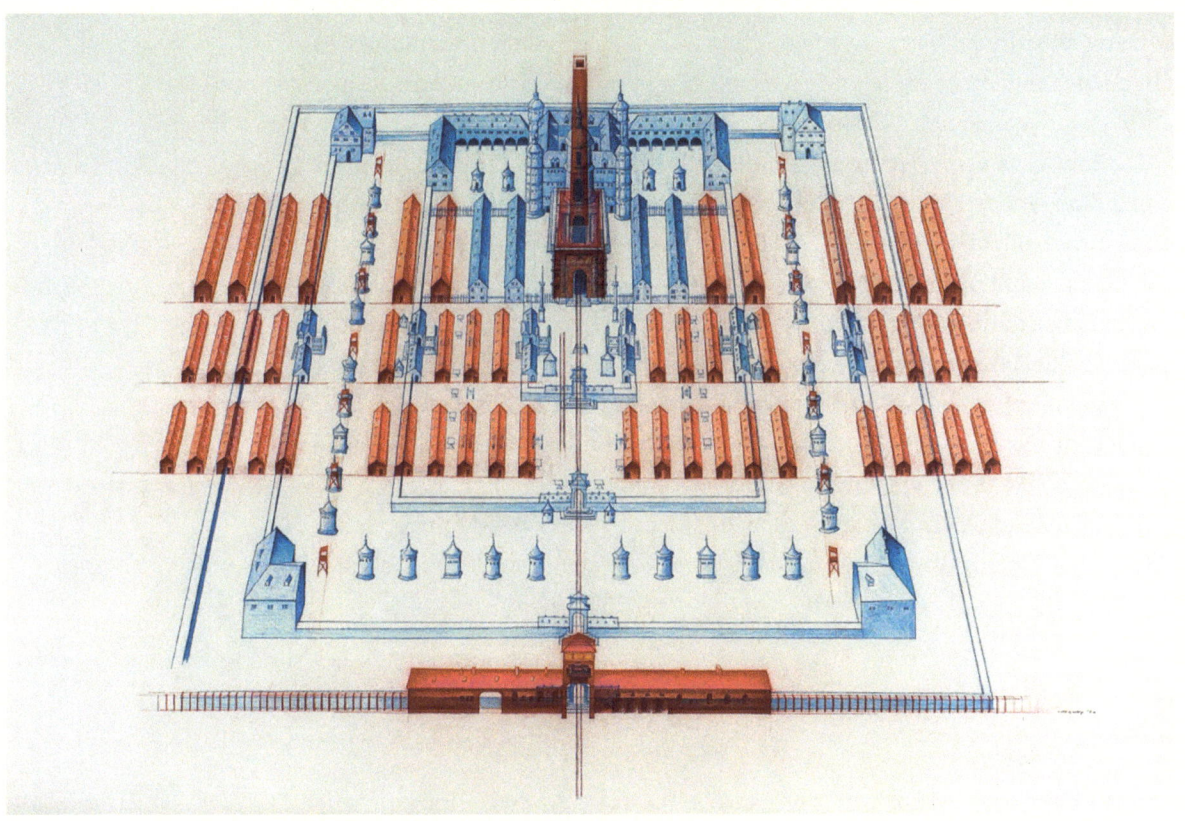

1.5 Melvin Charney, *Visions du Temple (d'après La Reconstruction du Temple de Jérusalem de Matthias Hafenreffer, 1631)*, 1986.

clairement démontrée. En faisant ainsi entrer dans les musées et les galeries de l'art contemporain la grande architecture, l'architecture parlante de la Révolution française, l'architecture révolutionnaire des avant-gardes russes et l'architecture vernaculaire de Montréal comme une seule et même histoire, il déplace la question transdisciplinaire pour faire de l'architecture non plus le sujet, mais le sujet médiatisé comme matière sensible. Il fait prévaloir la richesse du redoublement de son regard : celui de l'architecte qui décode et regarde les figures construites, et celui de l'artiste qui se laisse regarder à son tour par ces constructions trouvées qui l'interpellent. Dès lors, Melvin Charney délaisse l'essai sans cependant renoncer au commentaire qui accompagne son travail.

Les séries allemandes, *The German Series* (1981-86), lui permettent d'aborder « la cité de l'oubli », son sujet le plus grave, l'autre face de la mémoire et des dimensions imaginaires de la ville. L'élévation tragique de son œuvre s'affirme **(fig. 1.5)**. L'architecture a perdu son innocence pour toujours, elle se dévoile comme la trace de l'instrument de nos actes les plus nobles, mais aussi de ceux qui sont les plus destructeurs pour l'humanité. L'œuvre dessinée devient plus importante, plus présente, plus rouge. L'inquiétude de l'artiste se traduit par des représentations plus heurtées. Les passages d'un niveau de figuration

Mises en contexte

à l'autre substituent à la relative consonance des modes de représentation, la dissonance engendrée par la profonde anxiété du propos. L'architecture devient notre propre corps, notre chair.

Dès lors, le caractère anthropomorphique de l'architecture s'affirme comme le nœud d'un rapport inconscient qui nous nous unit aux constructions, lesquelles ne sont pas seulement destinées à nous abriter, mais nous représentent, comme habitant primordialement notre propre corps. L'œuvre de Melvin Charney trouve ici, dans le drame et l'émotion, sa dimension universelle. Elles débordent le texte. La ville, la cabane primitive laissent leur place à un autre horizon mythique qui vient vers nous comme des « remontages du temps subi[25] », pour le dire dans les mots de Georges Didi-Huberman. Ou peut-être, en sommes-nous arrivés au stade où la ville, c'est nous-mêmes ?

Parallèlement, Melvin Charney inaugure une nouvelle période marquée par une série d'œuvres d'art public qui inscrivent le présent dans la longue durée

1.6 Melvin Charney, *Monument canadien pour les droits de la personne*, 1986-90.

1.7 Melvin Charney, *La « tribune », Colonne nº 11*, jardin du Centre Canadien d'Architecture, 1987-89.

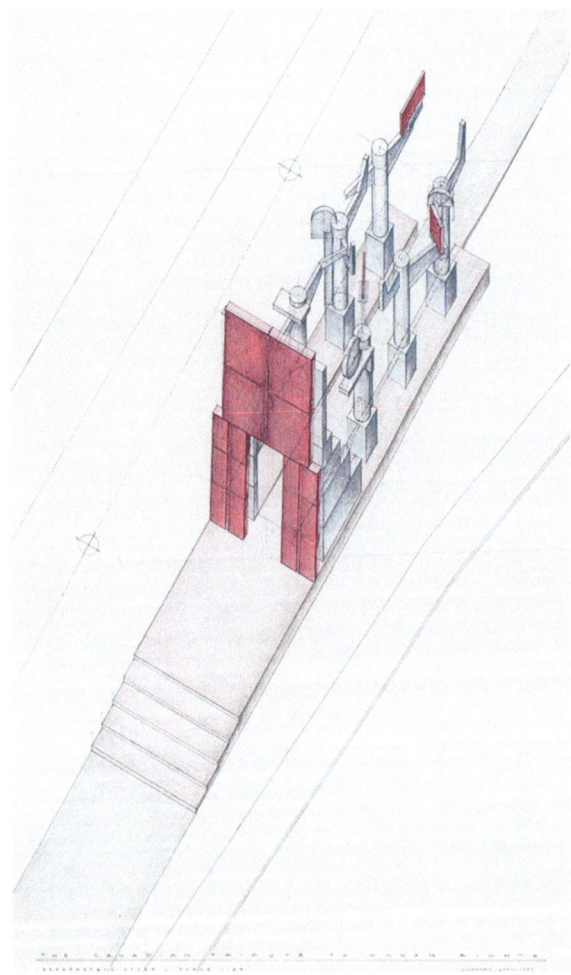

des formes de la ville. Ce sont celles-ci qui le feront mieux connaître du grand public et qui révèleront son profond attachement aux réalités locales et les liens de son travail artistique avec la culture bâtie. *Le monument National pour les droits de la personne* à Ottawa (1988-90) **(fig. 1.6)**, *Le jardin du Centre Canadien d'Architecture* (1987-90), *Gratte-ciel, cascade d'eau / ruisseaux... une construction* pour la Place Émilie-Gamelin (1990-92), l'établissent avec autorité comme le précurseur d'une conception renouvelée des espaces civiques. *Le jardin du Centre Canadien d'Architecture* fait l'objet d'une fortune critique inégalée sur le plan international et il peut être vu comme une grande leçon d'art et d'architecture, un paradigme générateur d'une nouvelle direction de la recherche et de la création dans l'architecture des paysages.

1.8 Melvin Charney, *Parabole nº 4... Segesta*, 1990.

Dans ce jardin, la colonne numéro onze est en elle-même une allégorie qui agit comme un fragment de l'ensemble **(fig. 1.7)**. Elle se tient debout, dans l'axe du grand Séminaire, surplombant la ville basse. Melvin Charney la décrit ainsi :

Une structure d'acier tubulaire, support habituel des panneaux de signalisation de la voie rapide, porte ici une façade, nouveau « panneau », image du fronton du Séminaire. Une façade est présentée comme la réplique de l'autre, selon le principe qui régit tout l'agencement du jardin. Une poutre d'acier tubulaire s'allonge au-dessus de la colonne pour soutenir une chaise droite suspendue au-dessus de la voie rapide. Sur la chaise repose une maison, la dernière de la séquence d'« habitations » qui débutent à la base de la première colonne[26].

Dans sa lecture chamanique du jardin du Centre Canadien d'Architecture, Robert-Jan Van Pelt écrit : « Il n'est pas difficile de voir dans cette colonne la porte d'autres sphères de l'être ; on peut aisément la considérer comme une sorte d'axe cosmique sur lequel l'univers repose en équilibre par son centre... La colonne onze est un lieu de régénération, un point d'où on peut contempler un nouveau commencement[27] ».

Si la construction succède au dessin, le dessin précède toujours la construction. Comme l'écrit

Mises en contexte

Robin Evans : « Le dessin architectural n'imite pas la nature mais précède la construction ; il n'est pas tant le produite d'une réflexion sur la réalité externe au dessin que la production d'une réalité qui se matérialisera en dehors de celui-ci[28] ». C'est précisément ce point qui est mis au défi par Melvin Charney lorsqu'il évoque l'idée de construire des images, comme si la réalité se trouvait dans le dessin lui-même. Le dessin advient par l'architecture en quelque sorte. Il ne s'agit pas non plus d'écritures dessinées au sens où Gianni Contessi interroge les dessins d'architecture comme sismographes, méditations ou commentaires sur la discipline ou même œuvres littéraires[29]. Il s'agit plutôt d'images, de constructions, de fragments, de recueil de figures qui nous parlent de la ville et du monde. Le passage du texte à l'image, à la construction et inversement, est le produit d'un déplacement où l'imagination et la mémoire s'obligent à l'invention du récit sans fin de l'architecture et de la ville **(fig. 1.8)**. Dans ses dernières œuvres qui se présentent comme la stratification de procédés – la photographie, le dessin, la peinture, comme autant de relations à la réalité – Melvin Charney exprime l'espoir qu'ici, comme ailleurs, nous aurons encore besoin d'architecture pour habiter cet inéluctable monde urbain.

Notes

1. Catherine Millet, « Interview : Melvin Charney, explorateur de la mémoire collective », *Art Press*, n° 202, 1995, p. 57.
2. Voir la question de Phyllis Lambert : « D'abord, j'aimerais savoir comment vous vous situez en tant qu'architecte ? » au début de son entrevue avec Melvin Charney. Phyllis Lambert, « Une entrevue avec Melvin Charney » dans Alessandra Latour (dir.), *Paraboles et autres allégories, l'œuvre de Melvin Charney 1975-1990*, Montréal, Centre Canadien d'Architecture, 1991, p. 25. Voir aussi la réponse de Melvin Charney à Yasmeen Siddiqui : « It is difficult to categorize what I do. Even though my activities are not all that complex, the available words are too blunt, as if an ossification of nomenclature has taken place in the face of change... » Ce texte s'intitule : « Yasmeen Siddiqui with Melvin Charney, "in Conversation", Montreal, January 4 and 5, 2008 », dans Gabriela Rangel et Gwendolyn Owens (dir.), *The Painted Photographs of Melvin Charney, Between Observation and Intervention*, New York, American Society, 2009, p. 30.
3. Millet, *op. cit.*
4. Michel Foucault, *L'archéologie du savoir*, Paris, Éditions Gallimard, 1969.
5. « The gravest of all doubts (about the profession) was whether – or how – architects could continue to sustain their traditional role as form givers, creators and controllers of human environments. » Reyner Banham, *Age of the Masters, a personal view of Modern Architecture*, New York, Harper et Row, 1975 (2ᵉ éd.) (1962), p. 5. Pour le contexte intellectuel de l'architecture dans les années 1950-60, on peut trouver une bonne introduction dans l'ouvrage de Harry Francis Mallgrave, soit les deux chapitres de la fin du volume intitulés : « Challenges to Modernism in Europe 1959-1967 » et « Challenges to Modernism in America ». Voir Harry Francis Mallgrave, *Modern Architectural Theory, a Historical Survey, 1673-1968*, Cambridge, Cambridge University Press, 2005, p. 355-403. Pour une étude plus approfondie du débat théorique, on consultera la thèse de Louis Martin, *The Search for a Theory in Architecture: Anglo-American Debates, 1957-1976*, vol. 1-2, Princeton University, 2002.
6. Alfred Shütz, *Essais sur le monde ordinaire*, Paris, Le Felin, 2007, p. 77.
7. Millet, *op. cit.*
8. Claude Lévi-Strauss, *La voie des masques*, Paris, Plon, 1979, p. 144.
9. Melvin Charney, « Pour une définition de l'architecture au Québec », *Conférences J. A. de Sève 13-14, Architecture et urbanisme au Québec*, Montréal, Les Presses de l'Université de Montréal, 1971. Chapitre 8 dans ce livre, p. 131.
10. Cette relation sera plus articulée dans l'article de 1982 : « À qui de droit : au sujet de l'architecture contemporaine au Québec », article qui paraît dans le numéro spécial de la revue ARQ, intitulé : « Depuis une architecture québécoise ». Voir Melvin Charney, « À qui de droit : au sujet de

11 Le texte de Nathalie Sarraute paraît dans les *Temps Modernes*, en février 1950. Lorsqu'elle écrit : « Selon toute apparence, non seulement le romancier ne croit plus guère à ses personnages, mais le lecteur, de son côté, n'arrive plus à y croire. Aussi, voit-on le personnage de roman, privé de ce double soutien, la foi en lui du romancier et du lecteur, qui le faisait tenir debout, solidement d'aplomb, portant sur ses larges épaules tout le poids de l'histoire, vaciller et se défaire », il est tentant d'y voir une métaphore littéraire décrire en quelque sorte la condition de l'architecte et celle de l'architecture, à la même époque. Nathalie Sarraute, *L'ère du soupçon, Essai sur le roman*, Paris, Gallimard, 1956, p. 53-77.
12 Giorgio Grassi, *L'architecture comme métier et autres écrits*, Pierre Mardaga, Bruxelles, 1979, p. 161.
13 Alan Colquhoun, « Forme et Figure », dans *Recueil d'essais critiques, Architecture moderne et changement historique*, Bruxelles, Mardaga, 1981, p. 207.
14 Johanne Lamoureux, « De la construction ou la traduction des modèles », dans Jean-François Chevrier *et al.*, *Melvin Charney, Parcours de la réinvention*, Caen, FRAC Basse-Normandie, 1998, p. 69.
15 Françoise Nicol, *Braque et Reverdy, La genèse des pensées de 1917*, Paris, L'Échoppe, 2006, p. 16-17.
16 Melvin Charney, « The Montrealness of Montreal: Formations and Formalities in Urban Architecture », *The Architectural Review*, vol. 167, n° 999, 1980, p. 299-302. Chapitre 14 dans ce livre, p. 209.
17 Jean Duvignaud, *Lieux et non lieux*, Paris, Éditions Galilée, 1977, p. 50.
18 Catherine Millet, « Interview : Melvin Charney, explorateur de la mémoire collective », *Art Press*, n° 202, 1995, p. 56-60.
19 Je fais référence à l'ample fortune critique de l'article de Rosalind Krauss paru dans la revue *October* en 1979 et que l'on retrouve dans le recueil des essais rassemblés et présentés par Hal Foster. Rosalind Krauss, « Sculpture in the Expanded Field », dans Hal Foster (dir.), *The Anti-Aesthetic, Essays on Postmodern Culture*, Port Townsend, Bay Press, 1983, p. 31-43.
20 Julie H. Reiss, *From Margin to Center, The Space of Installation Art*, Cambridge, MIT Press, 1999, p. xiii.
21 Sarah Bonnemaison et Ronit Eisenbach, *Installations by Architects, Experiments in Building and Design*, New York, Princeton Architectural Press, 2009. On s'étonne que les auteurs ne fassent pas référence aux *Constructions* des années 1980 réalisées par Melvin Charney. Sans doute y voient-ils l'œuvre d'un artiste plutôt que l'expérimentation d'un architecte.
22 Hans Ulrich Obrist, « Installations are the Answer, What is the Question? » *Oxford Art Journal*, vol. 24, n° 2, 2001, p. 93-101. Reprenant l'idée de *laboratoire* de Bruno Latour, Olbrist ne fait pas de réelle distinction entre une expérimentation artistique et une expérimentation architecturale ; il cherche plutôt à sortir du déterminisme local de l'installation. On pourrait dire que l'installation transforme l'idée de l'art autant que celle de l'architecture.
23 « Modern Architecture is dead; long live Modern Architecture. » Reyner Banham, *Age of the Masters, a personal view of Modern Architecture*, op. cit., p. 8.
24 Melvin Charney, « Of Temples and Sheds », *ARQ*, n° 15, 1983, p. 15.
25 Georges Didi-Huberman, « Quand il pense, son œil s'étonne… », entretien avec Muriel Pic à propos du deuxième volume de *L'œil de l'histoire* intitulé *Remontages du temps subi*, paru aux Éditions de Minuit, en 2010, dans *Critique*, n° 762, p. 931-938. Dans cet entretien, Georges Didi-Huberman évoquant les sans-noms, les figurants de l'histoire, cite la phrase d'Adorno sur Siegfried Kracauer : « Quand il pense, son œil s'étonne, presque désemparé, puis s'illumine tout à coup. C'est avec un tel regard que les opprimés peuvent peut-être devenir maîtres de leur souffrance ». Cette idée de l'imagination allant du sensible à l'intelligible, de l'invisible au visible, nous éclaire sur ces « remontages du temps ». Sans doute que l'œuvre de Melvin Charney nous paraîtrait plus lumineuse encore en l'abordant sous cet angle.
26 Melvin Charney, « Un jardin pour le Centre Canadien d'Architecture », dans Larry Richards (dir.), *Centre Canadien d'architecture : Architecture et Paysage*, Montréal, Centre Canadien de l'architecture, 1989, p. 98.
27 Robert-Jan Van Pelt, « A l'intérieur de la cité souffrante, propos concernant la German Series », dans Alessandra Latour, *Paraboles et autres allégories, l'œuvre de Melvin Charney 1975-1990*, op. cit., p. 42.
28 « Drawing in architecture is not done after nature, but prior to construction; it is not so much produced by reflection on the reality outside the drawing, as productive of a reality that will end up outside the drawing. » Robin Evans, *Translations from Drawing to Building and Other Essays*, Cambridge, MIT Press, 1986, p. 165.
29 Gianni Contessi, *Écritures dessinées, Art et architecture de Piranèse à Ruskin*, Gollion (Suisse), In Folio, 2002.

Louis Martin

2.
DE L'«ARCHITECTURE AUTRE» AUX «MONUMENTS AUTRES»

Melvin Charney (1935-2012) appartenait à la première génération d'architectes à avoir fait ses classes aux principes de l'«Architecture moderne». Alors qu'il était impératif d'être «moderne» dans les années 1950, les écoles d'architecture faisaient face à un problème pédagogique : le Mouvement moderne avait produit un corpus de bâtiments exemplaires, mais n'avait légué aucune doctrine unifiée apte à être transposée dans un programme d'enseignement de la conception architecturale. C'est dans ce contexte caractérisé par la recherche d'une théorie architecturale que Charney fut formé à l'École d'architecture de l'Université McGill de 1952 à 1958, où un système pédagogique inspiré des méthodes d'enseignement du Bauhaus avait été implanté à l'École d'architecture par le directeur John Bland au cours des années 1940.

La dialectique de l'architecture
À cette époque, le corps professoral de l'École faisait la promotion de l'architecture de Mies van der Rohe : Charney considérait cependant l'interprétation superficielle et provinciale. À son avis, le modernisme à McGill n'était qu'un style plaqué sur de vieux plans, le dernier style éclectique du 19e siècle. Le professeur Stuart Wilson proposait cependant une approche différente qui, en écho aux discours promus pendant les années 1950 par le périodique britannique *The Architectural Review*, suggérait que les sources de la tradition moderne se trouvaient dans l'architecture vernaculaire et industrielle. Cela signifiait que l'étude des cours arrière des ruelles de l'est de Montréal pouvait s'avérer plus fructueuse que le dessin des façades savamment composées des maisons de la ville de Westmount. Ainsi, Charney adopta très tôt une compréhension dialectique de

Version écourtée et remaniée de textes publiés dans Louis Martin (dir.), *On Architecture. Melvin Charney: A Critical Anthology*, Montréal et Kingston, McGill-Queen's University Press, 2013.

l'architecture opposant les constructions anonymes du port, des rues et ruelles de Montréal aux bâtiments dessinées par les architectes.

Cette intuition première fut renforcée au cours de ses études de maîtrise au contact de Louis I. Kahn à l'université Yale en 1959-60. Au moment de cette rencontre décisive pour Charney, Kahn avait acquis la stature d'un maître bâtisseur de réputation internationale. La notoriété de Kahn était telle qu'il fut invité à prononcer l'allocution de clôture de ce qui s'avérerait être la dernière rencontre des Congrès Internationaux d'Architecture Moderne (CIAM) en 1959. Le texte de cette conférence nous permet de saisir ce qu'il professait aux étudiants, notamment la distinction qu'il avait formulée entre le *design* et l'*architecture*. Alors que le design était une solution formelle à un problème formulé *a priori* par un programme, l'architecture naissait de la «réalisation» d'un problème. Le véritable but de l'architecture n'était pas uniquement de fournir une solution précise, mais aussi d'être un symbole. Par exemple, l'architecte ne devait pas se contenter de concevoir «une maison», sa contribution résidait plutôt dans sa capacité à créer un symbole de maison. L'erreur des designers, selon Kahn, était d'imposer un ordre à l'aide de «formes externes». Par conséquent, les designers se trouvaient toujours assujettis à des compromis pour que leurs objets puissent être fonctionnels. Selon lui, l'architecte véritable percevait le «vouloir-être» du besoin à combler, dans lequel la forme architecturale était présente à l'état embryonnaire, à la façon d'une plante qui naîtra d'une graine. L'architecte devait «réaliser» ce que la chose voulait devenir. Cette façon de penser permettait à l'architecte de saisir le sens sous-jacent des choses. Par exemple, une rue n'était pas seulement un chemin avec des bâtiments de part et d'autre : une rue voulait devenir un bâtiment, et cette prise de conscience était une «réalisation».

De plus, Kahn affirmait que :

> L'esprit du commencement est le moment le plus merveilleux en tout temps pour toute chose. Parce que dans le commencement se trouve le germe de toutes les choses qui doivent suivre. Une chose ne peut pas commencer à moins de contenir tout ce qui peut venir d'elle. C'est la caractéristique d'un commencement, autrement ce n'est pas un commencement, c'est un faux commencement[1].

C'est pour cette raison que Kahn valorisait la forme archaïque, qui était la forme encore chargée de possibilités. En étudiant les commencements, l'architecte «réalisait» l'essence des choses, ce qu'il ne pouvait pas faire s'il pensait en termes de «formes externes».

En somme, l'architecture se préoccupait de l'essence des choses alors que le design n'était concerné que par l'aspect visible des choses, ce que Kahn appelait l'« imagerie ». En ayant recours à une analogie avec la musique, Kahn associa la « réalisation » en architecture à la composition et le design à l'interprétation. En tant qu'« imagerie », le design n'était vraisemblablement qu'une expression visuelle parmi d'autres d'une « réalisation » qui, elle, s'attachait à exprimer l'essence d'un phénomène architectural.

Suivant les conseils de Kahn, Charney entreprit, au terme de ses études à Yale, un périple de trois ans en Europe et dans les pays de la Méditerranée orientale pour étudier comment les cultures anciennes avaient répondu aux problèmes architecturaux de leurs époques. Il s'agissait pour l'architecte contemporain de comprendre comment répondre aux nouvelles demandes de la société moderne. Rechercher des principes par l'étude des origines de l'architecture était une quête visiblement fondée sur une foi en l'existence d'une essence architecturale qui, par définition, pouvait être saisie autant dans les exemples anciens que contemporains.

À son retour à Montréal, Charney publia les résultats de ses recherches dans plusieurs articles qui établissaient des liens entre des exemples de l'antiquité et la pratique contemporaine. À cet égard, il écrivit:

> Les monuments architecturaux d'une civilisation ne peuvent pas être séparés des réponses vernaculaires fondamentales qui, en premier lieu, ont nourri un vocabulaire de formes. En ce sens, l'architecture moderne est apparue quand les architectes furent capables de découvrir les formes vernaculaires de la technologie industrielle qui avaient évolué malgré eux[2].

Ces textes illustraient aussi comment la dialectique de l'architecture caractérisait les traditions antiques et modernes.

Charney étudia, à cet effet, l'architecture troglodyte vernaculaire de la Cappadoce, architecture qui avait été produite par un processus d'excavation selon lequel la matière était retirée des formations rocheuses naturelles pour créer des espaces habitables[3]. Cependant, le paysage de la Cappadoce était aussi marqué par l'image discordante d'une « architecture construite », importée par les chrétiens au 11e siècle. Alors que le plan de l'architecture excavée découlait du découpage de l'espace, l'architecture religieuse trouvait son origine dans une image, l'image d'un style connu. Ironiquement, cette « construction » était simplement de la décoration sculptée, une simple image d'« architecture construite ». Ce qui distinguait les logements indigènes et l'environnement religieux de la Cappadoce n'était pas une différence de principe, tous deux étaient réalisés par excavation, mais bien la différence entre le design et l'architecture théorisée par Kahn. Le formalisme avait pour point de départ une image préconçue qui, dans ce cas, matérialisait l'image d'une structure de colonnes

Mises en contexte

2.1 Détail du portique de l'Église Saint-Jean-Baptiste montrant une colonne, des arches et des denticules sculptés dans la formation rocheuse, Cavusin, Cappadoce, Turquie, 1961. Photographie : Melvin Charney. Collection du Centre Canadien d'Architecture, Montréal, PH1987:0615 © Melvin Charney/SODRAC (2012).

supportant des arches venant contredire le processus d'excavation **(fig. 2.1)**. Les vestiges de la Cappadoce illustraient ainsi la tension entre une architecture vernaculaire, véritablement fonctionnelle, et le formalisme d'une architecture officielle, essentiellement préoccupée par l'expression monumentale.

Cette dichotomie était également visible dans la nouvelle architecture moderne qui métamorphosait le paysage urbain de Montréal au milieu des années 1960. Une analyse détaillée de la Place Victoria indiquait le succès relatif de l'insertion de grands gratte-ciels à Montréal[4]. Sise à l'ouest du vieux square Victoria, la tour prenait possession du square « et usurpait son nom ». La nouvelle structure symbolisait la transformation de la ville traditionnelle, faite de rues et de places, en une ville faite de « grappes[5] » de bâtiments denses et verticaux. De plus, la Place Victoria et ses semblables, comme la Place Ville-Marie, présentaient un problème environnemental très particulier :

> les espaces de circulation intérieurs, galeries, halls d'entrée, corridors, escaliers et ascenseurs, font partie d'un édifice privé, mais par la taille du complexe, ils servent réellement le public comme des rues et sont, à cet égard, une extension de la ville publique. À la Place Victoria, comme dans les autres complexes immobiliers semblables, cette dichotomie n'est pas résolue clairement dans le projet[6].

Pourtant, la Place Victoria surpassait les autres grandes tours de bureaux récemment construites à Montréal parce qu'elle mettait l'accent sur « l'idée de processus, configurée autant dans le regroupement que dans le séquençage des éléments de ce bâtiment...[7] » « Autant de loin que de près », ajoutait Charney, « une impression de clarté physique dans l'architecture de cette tour la sépare de toutes les autres[8] ». En comparaison, la Place Ville-Marie d'I.M. Pei et la Maison C-I-L de Skidmore, Owings et Merrill démontraient « un formalisme explicite et une composition bidimensionnelle des parties[9] »; leur architecture suivait « l'idéologie de l'emballage qui prend l'apparence d'une froide intégration[10] » de la technologie.

Charney avait visiblement intégré la critique de Kahn et cette critique permettait de revisiter les silos à grains de Montréal et de révéler leur signification profonde[11]. Ces silos à grains avaient été une source d'inspiration pour les pionniers de l'Architecture moderne. Si, aux yeux de ceux-ci, ils préfiguraient un nouveau langage de formes géométriques, les silos n'avaient toutefois jamais été étudiés comme exemples d'organismes fonctionnels. De la même manière, les architectes contemporains cherchaient un nouveau style de vie dans la technologie, mais n'étaient véritablement intéressés qu'aux représentations de celle-ci. Selon Charney, pour apprendre quelque chose des silos à grains, il était nécessaire de les considérer « comme un système, ou la partie d'un système, dont les mécanismes sont régis par le mouvement[12] ». Par conséquent, comme modèle analogique pour l'architecture, les silos ne pouvaient être réduits à de simples images formelles. Selon lui, c'était le « processus dont ils sont l'image qui est important. Et c'est ce processus qui doit être étudié si l'on croit que l'architecture est concernée par les processus humains plutôt que par les objets de design[13] ».

Ainsi, l'opposition de départ entre le vocabulaire des formes vernaculaires et l'image formelle d'une architecture officielle devint beaucoup plus complexe. Charney attachait une plus grande valeur au processus qu'à la forme, à l'intégration qu'à la représentation, à l'assemblage d'éléments qu'à l'emballage idéologique, aux systèmes environnementaux qu'aux bâtiments.

Vers une « architecture autre »

Le dépassement de l'architecture comme « image formelle » appelait l'invention d'alternatives. Depuis le milieu des années 1950, une campagne radicalement « anti-architecturale » avait été lancée par le critique et historien britannique Reyner Banham. Dès 1955, ce dernier avait vertement critiqué le renouveau classique en architecture fondé sur la redécouverte des systèmes de proportions de la Renaissance[14]. Aux normes esthétiques classiques, il avait opposé l'« image brutaliste » de l'architecture d'Alison et Peter Smithson, une image qui visait à perturber plutôt qu'à plaire. Plus précisément, l'image brutaliste était radicalement antiartistique, à tout le moins anti-beauté dans le sens classique du terme. Ce qui plaisait dans le canon classique était une qualité abstraite, la beauté;

2.2 Cedric Price, *Fun Palace: perspective intérieure* vers 1961. Fonds Cedric Price, Collection du Centre Canadien d'Architecture, Montréal, DR1995:0188:5112.

dans le brutalisme, c'était la chose elle-même qui engendrait une émotion « avec toutes ses connotations d'association humaine[15] ». Selon Banham, ces idées étaient proches, bien que différentes, de l'esthétique antiacadémique récente promue par le concept d'« art autre[16] » de Michel Tapié. À bien des égards, l'image brutaliste était l'héritière directe du célèbre dicton de Le Corbusier selon lequel « l'architecture, c'est, avec des matériaux bruts, établir des rapports émouvants[17] ». En 1960, Banham n'hésitait plus à demander aux architectes d'abandonner la tradition au profit d'une « architecture autre » fondée sur les plus récents développements technologiques et une esthétique du jetable (*throwaway aesthetics*) qui appelait une transformation rapide et accélérée de l'environnement bâti[18]. À l'affût des développements dans le domaine des arts visuels – Banham présidait les réunions de l'*Independent Group* dès 1952, il s'intéressa à l'apparition du Pop Art, qui selon lui effaçait la distinction entre les Beaux-Arts et le goût populaire. En 1962, il prédisait que la révolution du Pop Art affecterait l'architecture et qu'une « Pop Architecture » verrait le jour autour de 1966[19].

Puisqu'il se méfiait du formalisme des architectes designers, ce n'est donc pas par hasard que Charney se soit très tôt intéressé au traitement critique de l'image développé par les inventeurs du Pop Art[20]. Selon lui, en confrontant les images populaires disséminées dans le paysage de l'étalement urbain, le Pop Art partageait une caractéristique du Nouveau Roman français : il donnait le statut de réalité « au petit fait vrai, au vrai détail[21] ». Le détachement ironique du Pop Art lui permettait d'accepter l'imagerie populaire et banale du quotidien, de révéler, au moyen d'un réalisme figé et de la défamiliarisation, la mythologie sous-jacente des visions quotidiennes régies par la technologie et l'argent.

De l'« architecture autre » aux « monuments autres »

S'il n'envisageait pas l'avènement d'une « Pop Architecture », Charney partageait cependant les objectifs des radicaux qui proposaient des usages détournés de la technologie pour créer des environnements interactifs et manipulables par les usagers. Le *Fun Palace*, projet conçu par Cedric Price en 1961, emblématisait cette approche qui offrait aux usagers un kit de pièces pour créer un environnement « flexible », puisqu'adaptable aux besoins toujours changeants des usagers **(fig. 2.2)**. Le travail de l'architecte n'était plus de trouver une solution permanente résolue par la forme figée d'un bâtiment, mais d'offrir aux « citoyens architectes » un système environnemental créé avec des éléments déjà produits par l'industrie. L'architecture comme objet était métamorphosée en processus environnemental. En ce sens, l'« architecture autre » se révélait être une véritable « anti-architecture » opposée aux valeurs fondamentales de la tradition architecturale tels que la permanence, la beauté et même l'ancrage à un lieu précis.

À cette époque, Charney s'est affairé à étudier le potentiel des nouveaux matériaux synthétiques (plastiques, béton) dans la conception de système environnemental manipulable. Selon lui, les nouveaux systèmes environnementaux existants pouvaient potentiellement produire un nouveau vocabulaire vernaculaire. Au moment de la Révolution tranquille et de la démocratisation de l'éducation, l'architecture scolaire semblait être le terrain idéal pour mettre en œuvre ces idées. Charney participa activement à la réflexion sur ces équipements ; une école primaire, l'École Curé-Grenier (aujourd'hui École du Boisé),

2.3 Melvin Charney, architecte, Harry Parnass, architecte, Janos Baracs, ingénieur, Marcel Pageau, ingénieur. *Projet pour le Pavillon du Canada à Osaka, Expo 70*. Photo de la maquette, 1967. Collection du Centre Canadien d'Architecture, Montréal, DR1997:0004:008 © Melvin Charney/SODRAC (2012).

Mises en contexte

qu'il a conçue dans le cadre d'un concours provincial, fut d'ailleurs construite à Beauport en 1965.

Toutefois, c'est avec la conception d'un projet pour le Pavillon du Canada à l'exposition universelle d'Osaka de 1970 que Charney parvint à visualiser la possibilité d'un système environnemental flexible[22]. Ce projet proposait d'utiliser un ensemble d'éléments industriels connus en l'occurence des escaliers roulants, des grues et tout l'équipement nécessaire à la tenue d'expositions (fig. 2.3). Ces éléments auraient été transportés sur le site de l'exposition par conteneurs. Les grues auraient servi à ériger les éléments et à supporter le pavillon. Les conteneurs devaient servir de modules constructifs polyvalents. À la fin de l'exposition, ce kit d'éléments aurait été démantelé, réemballé dans les conteneurs, et livré ailleurs. En proposant la fiction d'un système d'auto-construction, le projet restait toutefois muet sur la capacité des usagers à transformer la forme du pavillon. Ce fut peut-être cette limite qui incita Charney à examiner de plus près les liens entre les usagers et l'environnement technologique.

Dans un essai publié en 1969, Charney amorça cette réflexion en critiquant les deux faces du formalisme en vogue à l'époque[23]. Il évalua à cette fin la polémique concernant Las Vegas alimentée par les écrits de Robert Venturi et Denise Scott Brown[24]. Ceux-ci proposaient essentiellement d'intégrer l'imagerie du « vernaculaire de la rue principale de la culture populaire » dans le langage des formes savant afin de rendre l'architecture moins élitiste et plus populaire. Leur lecture « sémiologique » de Las Vegas, concevant l'environnement bâti comme un système de signes « populaires », était une approche formaliste équivalente à l'interprétation des silos à grains, développée par Le Corbusier pour inventer l'architecture « moderne » au cours des années 1920, et à celle de la base de lancement de Cap Canaveral, promue par les membres d'Archigram pour justifier leur architecture « néo-futuriste » au cours des 1960. Bien qu'ils se voulussent ironiques, Venturi et Scott Brown désiraient « trouver de l'architecture » à Las Vegas. En focalisant sur le langage de l'architecture, ils créaient une parodie qui ne saisissait pas « le fait qu'au-delà des idiomes formels, l'environnement physique de la rue principale documente l'esthétique de consommation de la technologie industrielle[25] ». Pour être vraiment révolutionnaire, il ne suffisait pas de s'attarder aux formes, mais bien d'étudier les liens entre les hommes et leurs marchandises. Cette étude permettait de critiquer l'autre aspect du formalisme, c'est-à-dire « l'imposition répressive des conditions d'utilisation des objets de design[26] ». Selon Charney, la production industrielle entraînait « la normalisation des aspirations des consommateurs et des modes d'utilisation des produits[27] ». À son avis, les récentes expériences dans la conception de complexes scolaires permettaient d'anticiper « une plus grande libération des possibilités sociales et technologiques ». Cette orientation indiquait que

De l'« architecture autre » aux « monuments autres »

l'environnement physique pouvait être conçu pour mettre en place « des mécanismes d'auto-organisation qui ne liquide pas l'autorité (la forme), mais les structures autoritaires (le formalisme)[28] ». En conclusion, Charney déduisit que le formalisme, dans sa quête d'une « architecture autre », produisait l'image du changement et non le changement même. L'architecture était à la croisée des chemins : elle pouvait rester le lieu du design de quelques objets uniques au bénéfice de quelques spectateurs idéalisés, ou elle pouvait s'engager à concevoir la production en série de la matrice physique de la société.

Le tournant politique

Au tournant des années 1970, Charney a réorienté son enquête sur l'architecture de son temps. Deux essais publiés en 1971, le premier intitulé « À propos de la libération de l'architecture », le second « Pour une définition de l'architecture au Québec », ont introduit de nouveaux thèmes qui, dans le contexte de la montée du mouvement séparatiste au Québec, ont coloré politiquement sa lecture dialectique de l'architecture. Ces textes ouvrirent deux formes de réflexion critique intimement liées, l'une menée par le projet, l'autre par l'écriture. Les deux modes d'expression ont été nourris par des photographies trouvées dans toutes sortes de publications ; toutes deux ont dénoncé l'autoritarisme de l'architecture officielle ; toutes deux ont tenté de révéler le contenu de vie quotidienne de l'environnement bâti, tout particulièrement sa dimension mythologique réprimée. En contrepied à la critique de l'utopie en progression depuis 1968, critique qui remettait en question la capacité de l'architecture à changer la société, Charney a développé un discours critique concevant l'architecture comme un moyen d'émancipation collective, engageant les « gens » directement dans le design de l'environnement en tant que « citoyens architectes[29] ».

Le contenu social de l'architecture

Le premier essai décrivait la *Memo Series*, une proposition imaginée par Charney pour répondre à un concours canadien pour la conception d'un musée commémoratif consacré à l'Armée de l'air[30]. Ce projet constitue sa vision la plus achevée d'une « architecture autre », affranchie d'une conception qu'il jugeait dominante et restrictive selon laquelle il n'y a d'architecture que sous la forme d'un « objet de design » conçu par des spécialistes : un bâtiment[31]. La clé offerte par Charney pour imaginer une solution de rechange à l'architecture conventionnelle était de situer l'origine de la signification d'un « bâtiment » dans l'utilisation qu'en font les usagers plutôt que dans l'apparence désirée par les concepteurs[32] ».

> Dans la mesure où les relations entre les gens et les choses physiques peuvent être trouvées réfléchies dans les "choses mêmes", le matériel brut de l'architecture d'un

43

mémorial à l'Armée de l'air peut être trouvé dans les fragments d'artéfacts disponibles autour de nous qui sont reconnus pour matérialiser dans l'esprit des gens le souvenir de la conquête de l'air et de l'Armée de l'air[33].

Charney renforce cette idée dans cet essai publié dans la revue *Artforum* en citant Walter Benjamin pour qui « le plus petit fragment de la vie quotidienne dit davantage[34] » qu'une œuvre d'art.

Cet essai introduisit une nouvelle notion, où les fragments d'artéfacts étaient choisis pour leur pouvoir d'évocation plutôt que leurs potentialités de matériau de construction voué à la création d'un environnement bâti. Divergeant et inclusif, l'acte de la conception, c'est-à-dire « le processus de sélection d'une gamme réprimée de possibilités et d'expériences[35] », contredisait ouvertement l'intention de concevoir et d'ériger un bâtiment. La série de mémos établissait plusieurs scénarios (rencontres dans des hangars abandonnés, visites de site d'écrasement d'avion, vols virtuels, etc.) dans lesquels les « gens » découvraient l'histoire de l'aviation en interagissant avec les artéfacts commémoratifs. Le « réseau commémoratif national » décrit par Charney se serait construit par un processus de prolifération et de dissémination anticipant les réseaux sociaux virtuels actuels. Ce processus aurait permis aux « gens » de créer la forme physique du réseau en extériorisant leurs expériences personnelles. Parce qu'il aurait recyclé, voire détourné, des ressources existantes, ce réseau bon marché aurait aussi permis de libérer les fonds gouvernementaux pour le développement et le maintien de services, comme le logement, plutôt que de les engager dans la construction d'un bâtiment commémoratif isolé dans une partie du pays.

D'après Charney, la participation active des « gens » à la réalisation du réseau commémoratif pouvait potentiellement résoudre la contradiction de l'architecture contemporaine opposant « sa condition élitiste et répressive et son évident enracinement dans un contenu social[36] ». Ainsi, la *Memo Series* a esquissé une architecture presque totalement dématérialisée dans laquelle « le design [pouvait] assumer sa condition architecturale en vertu de sa capacité à donner existence à un concept architectural dans la tête des gens, là où il surgit véritablement, et où il a sa place en premier lieu[37] ».

Par conséquent, le processus de conception n'était pas restreint aux configurations des ressources existantes proposées par les mémos. Il incluait aussi l'action des participants. Pour lui, le renforcement de ces configurations par la sélection des usagers constituait en soi « un acte d'intervention par le design et un acte délibérément politique, social et esthétique[38] ». Cette nouvelle compréhension du design comme acte collectif d'émancipation a traversé les écrits critiques de Charney pendant les années 1970.

De l'« architecture autre » aux « monuments autres »

Le savoir inné

La contradiction de l'architecture contemporaine fut l'élément central du deuxième essai de 1971, intitulé « Pour une définition de l'architecture au Québec », le premier manifeste de Charney à propos de l'architecture de sa province natale[39].

Dans une comparaison provocatrice, deux images tirées de publications gouvernementales officielles furent juxtaposées pour illustrer la confrontation opposant l'architecture d'élite et l'architecture populaire. D'un côté, la photo d'une maison conçue par un architecte, Charles Trudeau, trouvée sur la page couverture d'un livre sur l'architecture contemporaine au Québec incarnait l'idéologie et la banqueroute de l'« architecture comme système institutionnalisé[40] ». Limitée par son préjugé esthétique, l'expression formelle de cette architecture institutionnalisée était aux yeux mêmes de l'auteur du livre, Claude Beaulieu, « due à une influence extérieure plutôt qu'à une inspiration nationale[41] ». De l'autre côté, la photo d'une maison anonyme des Laurentides, qui illustrait un article signé par l'architecte Marc Drouin dénonçant la laideur du paysage québécois, représentait l'autre face de l'architecture d'élite: la répression par une institution culturelle élitiste incapable de voir dans cette image « une architecture authentique née des choses concrètes et enracinées dans la vie des gens[42] ».

Une description minutieuse de la maison de l'architecte montra que son formalisme ambigu détachait le bâtiment de son environnement. Dans son isolation formelle, cette maison rappelait: « le langage d'un mythe esthétique »; la maison ravivait le passé « en se drapant dans un vocabulaire moderne[43] ». Incapable de se défaire du passé, elle symbolisait l'isolation culturelle de l'élite canadienne-française. Charney disait que la maison semble surgir des limbes:

> elle pourrait être n'importe où, figée dans l'esprit de son créateur. Dans la même veine, le critique américain Edmund Wilson commente la fiction de Anne Hébert qui « ... nous fait pénétrer dans les maisons... et nous sommes en partie dans le royaume du rêve... la vieille lignée des Canadiens français dans son enclave culturelle sur le continent nord-américain ne sait pas toujours où elle est »[44].

Trouvée au bord de la route, l'autre maison était, au contraire, complètement intégrée à son environnement. Cette maison anonyme était « spécifique à ses occupants et à son lieu[45] ». Construite de matériaux standardisés et facilement disponibles, elle ne démontrait pas le formalisme académique et autoritaire de la première maison. Sa signification véritable résidait dans le fait qu'elle reflétait « la condition de ceux qui ont à lutter avec un minimum de ressources pour satisfaire leur besoin de logement[46] ». Pour Charney, cette maison était un exemple d'architecture populaire authentique: la version moderniste de la tradition vernaculaire québécoise qui, selon Ramsay Traquair, était « à son apogée [...] dans les ouvrages populaires, en dehors du cadre de l'architecture académique[47] ». Et Charney d'ajouter : « Une tradition fait appel à une attitude face au bâtiment, attitude dont les racines plongent dans une réponse innée au besoin d'organisation physique et conditionnée par les ressources disponibles[48] ».

Comme il avait vu dans les traditions vernaculaires anciennes la source de l'architecture classique et dans la construction industrielle la source de l'architecture moderne, Charney affirmait que « l'on trouve la source de l'architecture contemporaine au Québec dans l'architecture populaire et dans une façon de bâtir qui a défini les rapports entre les gens et la forme de leur milieu construit[49] ». Mais à la différence de ses thèses des années 1960, Charney ne spéculait pas sur l'avènement de nouveaux systèmes environnementaux. Le kit d'éléments était déjà là : l'industrie du bâtiment fournissait les matériaux que les citoyens architectes appropriaient pour ériger une architecture authentique et vivante.

En dépit de similitudes, la conception de l'opposition d'une architecture populaire à une architecture de l'élite proposée par Charney était assez différente de celle formulée en parallèle par Robert Venturi et Denise Scott Brown dans leur apologie de l'« architecture laide et ordinaire[50] ». Les auteurs de *L'enseignement de Las Vegas* voulaient de toute évidence « mettre l'accent sur l'image plutôt que sur le processus ou la forme[51] » dans leur critique de l'architecture de l'élite, mais leur but était surtout de mettre en évidence « le manque de correspondance entre substance et image » dans l'architecture de l'avant-garde « héroïque[52] ». Venturi et Scott Brown jugeaient que l'aspect délibérément non conventionnel du style moderne tardif n'était pas pertinent parce qu'il excluait le symbolisme populaire du vocabulaire de l'architecture. L'image expressionniste de bâtiments comme le Crawford Manor de Paul Rudolph suggérait, selon eux, « les visées réformistes, progressistes et industrielles que [l'architecture moderne] ne pouvait que rarement réaliser en réalité[53] ». Leur apologie du « hangar décoré » voulait justifier une architecture conventionnelle et inclusive qui, à leur avis, serait plus pertinente parce qu'elle communiquerait de l'information à un plus grand groupe de gens. Influencée par la sémiologie, l'architecture était selon eux un système qui communiquait au moyen de signes conventionnels. Différemment, Charney situait le sens dans l'interaction que les gens ont avec leur environnement. Selon lui, « le système d'organisation de l'environnement physique [constituait] un *langage* de relations entre les gens et les choses ». Au Québec, la « réponse innée [des gens] au besoin d'organisation physique[54] » donnait un « rôle central [aux] significations de la rue et de la place dans l'organisation des villes et cités[55] ». Le problème actuel était de « traduire cette compréhension en une forme physique cohérente[56] ». De plus, en reconnaissant aux gens un savoir inné de l'architecture, Charney formulait une position beaucoup plus radicale qui constituait un programme politique quasi révolutionnaire. Par conséquent, son essai concluait que « la libération de l'architecte dépend de la libération politique et sociale de l'individu et de la communauté [ainsi que] de l'affirmation d'une identité québécoise renouvelée et originale[57] ».

Écrit dans les semaines qui ont suivi la Crise d'Octobre (1970), l'appel de Charney entrait en résonance avec le manifeste du Front de libération du Québec, qui prévoyait que les travailleurs se libèreraient eux-mêmes de l'esclavage du grand capital en s'appropriant les moyens de production industrielle. Dans le champ de l'architecture, Charney croyait visiblement qu'une impulsion semblable animait les groupes de citoyens qui s'unissaient pour protester contre la destruction de leurs quartiers et qui formaient des coopératives afin d'acheter et d'entretenir collectivement leur logement. Pour lui, l'appropriation des quartiers populaires par leurs habitants inaugurait une quatrième phase dans l'histoire de l'architecture au Québec, une ère dans laquelle les gens pourraient enfin s'émanciper de l'autoritarisme de l'institution architecturale.

Lutter pour une place

Au début des années 1970, Charney a travaillé à deux projets de recherche substantiels. Le premier était un rapport sur le niveau d'adéquation et de production du logement social au Canada pour la Société centrale d'hypothèque et de logement du Canada[58]. L'autre était un projet de livre intitulé *A Struggle for a Place*, qui présentait le Québec comme un exemple paradigmatique de « la signification politique de la pratique culturelle [...] dans la lutte pour une identité contre les forces impérialistes de la production capitaliste avancée [...] dans son propre pays[59] ». Soumis à un éditeur new-yorkais, le livre ne fut jamais publié, son contenu étant jugé trop politique. Cependant, les idées développées dans ces textes furent disséminées dans des essais publiés subséquemment dans lesquels Charney a examiné la production du logement social au Canada.

Un essai publié en 1972 a diffusé les conclusions de sa recherche sur le logement à prix modique au Canada[60]. Selon Charney, les problèmes entourant le logement n'étaient pas reliés à la capacité de production ou à un manque de richesse nationale, mais « à la redistribution des ressources et au contrôle des ressources dans la société[61] ». Ainsi, il avançait qu'« aussi longtemps que ce fait serait ignoré, les programmes de logement bon marché, peu importe leur efficience, resteraient simplement inefficaces[62] ». Les programmes existants garantissaient des bénéfices substantiels à l'industrie de la construction, mais ne produisaient pas vraiment du logement abordable, ce qui causait l'insatisfaction populaire. À propos de la SCHL, il a écrit :

> L'échec du programme spécial d'innovation en logement à prix modique de 200 M$ n'a pas été relayé à la une des journaux alors que les activités de guérilla du Front

de libération de Québec le furent. Mais la large politisation d'un grand nombre de familles dans tout le pays qui ne pouvaient pas se payer ces soi-disant logements à prix modique, ou étaient pris dans le piège de l'acquisition de logement cher et inadéquat, peut avoir un effet largement ressenti à long terme et aussi sérieux sur l'avenir de ce pays que les actions terroristes les plus sérieuses[63].

Cette conclusion mettait dans l'embarras la SCHL, qui émulait les programmes mis en place aux États-Unis. En dépit d'une production spectaculaire en terme du nombre de logements construits, ces programmes institutionnalisaient la dépendance, contrôlaient les comportements, cachaient la pauvreté, et ultimement enfermaient les pauvres dans leur condition. Selon Charney, les programmes gouvernementaux de logement étaient emblématiques de l'utilisation oppressive et illusoire de l'architecture par les autorités.

Un deuxième essai, publié en 1976,[64] introduisit des considérations qui étaient centrales dans le manuscrit intitulé *A Struggle for a Place*. L'univers des politiques canadiennes en matière de logement était «un réseau machiavélique d'intrigues politiques[65]» qui réprimait les traditions culturelles d'autosuffisance et qui utilisait le logement comme un «instrument politique pour imposer les valeurs de la société de consommation[66]». Il dénonçait l'attitude néocolonialiste enracinée dans l'idéologie du développement capitaliste imposée par la caste politique. Sa critique était fondée sur une idée centrale du manifeste du FLQ, selon laquelle l'élite politique vendait les richesses de la nation aux intérêts étrangers et réduisait la classe ouvrière à l'esclavage. Charney a appliqué ce modèle à son analyse de l'architecture au Québec en opposant deux modes de production de l'environnement bâti qui illustraient la confrontation entre les gens et le gouvernement.

Le premier était symbolisé par les quartiers populaires montréalais, où il a trouvé «la première construction indigène issue d'une véritable expérience de ce continent[67]». Charney a dressé un parallèle entre la répression de l'action militante dans ces quartiers ouvriers et l'état de délabrement du stock immobilier existant, qui fournissait le gros du logement abordable à Montréal. Alors qu'il supportait à peine la réhabilitation et l'entretien des quartiers populaires, le gouvernement canadien subventionnait délibérément du logement urbain sans attrait et inadéquat comme s'il voulait «punir les pauvres[68]».

L'autre mode de construction était symbolisé par la maison unifamiliale des villes-champignons de la banlieue promue par la SCHL. Normalisée et produite en usine, la maison de banlieue réduisait le foyer familial à un bien de consommation et sa prolifération transformait les meilleures terres agricoles en villes-champignons. Ici aussi Charney a dressé un parallèle entre la répression des syndicats de travailleurs et l'imposition d'un type de maison totalement inadéquate pour le climat rigoureux du Québec. Alors que le logement ouvrier fourni dans les villes de compagnie du nord du Québec se différenciait difficilement de camps de concentration, la banlieue transformait la classe moyenne en consommateurs. Charney a écrit :

> Les villes-champignons constituent la preuve que le logement a été redéfini comme un instrument aujourd'hui utilisé pour conserver une force de travail bon marché, néanmoins bien nourrie, qui possède les moyens et le goût de la classe moyenne pour la consommation, des biens de consommation dispendieux, y compris l'achat d'un bien de consommation familial coûteux nommé « maison »[69].

Les deux modes de construction ont produit des environnements différents, l'un écologique et collectif, l'autre consumériste et individualiste. L'imposition du second mode était répressive et un acte de déni culturel ; Charney affirmait :

> Dans les anciens quartiers populaires, comme dans les récentes colonies de squatteurs, une écologie collective d'occupation est née de l'agitation politique générée par des gens cherchant à améliorer leurs conditions de vie par tous les moyens disponibles ; dans les villes-champignons, la transformation du logement en bien de consommation dépouille les citoyens des symboles de leur identité collective[70].

Au-delà du symbolisme de leur image respective, la confrontation de ces deux modes de production incarnait la tragédie d'un peuple détroussé, par les forces impérialistes, de son identité culturelle et des moyens nécessaires à son autodétermination.

Médias de masse

L'analyse politique n'était qu'un aspect de la critique architecturale développée par Charney au cours des années 1970. Parallèlement, sa pratique s'est déployée en une série de productions originales qui défiaient l'idée conventionnelle du projet d'architecture comme prédiction et anticipation.

Crucial sur plusieurs aspects, la *Memo Series* a ouvert deux grands champs de recherche qui dérivaient tous les deux de la fascination du Pop Art pour les images du quotidien. Le premier a pisté la signification de l'architecture dans des images trouvées dans les médias imprimés qui mettaient en évidence l'interaction entre les gens et leur environnement ; cette recherche pour « le petit vrai fait, le vrai détail », « le plus petit fragment de la vie quotidienne[71] », mena Charney à concevoir le *Dictionnaire d'architecture*. L'autre champ d'investigation trouvait dans ces images un contenu héroïque qui exigeait une redéfinition de la monumentalité architecturale que Charney a réifiée dans une série de constructions à petite échelle.

À la fin des années 1960s, Charney a commencé à collectionner des images imprimées pour illustrer ses textes. L'idée d'« apprendre des fils de presse[72] » lui a permis graduellement de développer une compréhension de l'architecture comme forme de connaissance qui n'était pas réduite à la connaissance des formes démontrée dans *L'enseignement de Las Vegas*. L'architecture pouvait être un moyen pour appréhender la dialectique de l'environnement bâti. Les livres, les magazines, et principalement les journaux donnaient le matériel brut, l'archive vivante des images anonymes montrant le combat quotidien des gens contre un pouvoir oppressif. À cause de leur diffusion mondiale, ces instantanés de réalité participaient à la formation d'une conscience globale. Pourtant, paradoxalement, leur contenu architectural restait invisible s'ils n'étaient pas retirés du mouvement de la vie quotidienne, comme c'était le cas pour le Pop Art. L'acte de collectionner les isolait du cycle de la consommation inattentive et les transformait en monuments.

La plupart de ces images diffusées dans les mass médias étaient choquantes, non pas à cause de leur esthétique brute, comme l'image brutaliste, mais à cause de leur violence. Des gens pauvres trouvant refuge dans des tuyaux d'égout en béton ou faisant des abris quasi symboliques avec des matériaux de récupération ; des émeutiers érigeant des barricades ; des prisonniers réclamant un espace avec des guenilles ; des soldats armés défonçant les portes des maisons ; de vieilles personnes évincées de leurs maisons ou séquestrées dans des institutions : ces scènes révélaient que « chaque fragment bâti était considéré être l'affirmation du déni des barrières culturelles, sociales et économiques[73] ». Les images de catastrophes (feux, tremblements de terre, inondations, guerre) révélaient la structure géométrique, le squelette de l'environnement bâti ; le spectacle des politiciens, des banquiers et des architectes montrant les maquettes de méga-bâtiments illustrait la monopolisation effrontée des ressources entre les mains de la classe dirigeante ; les images de citoyens forcés par les soldats à se coucher en rangée, dans la rue, la figure contre le sol et les mains sur la tête exposaient l'ordre architectural du pouvoir. La prolifération et la redondance suggéraient une structure possiblement inhérente, mais non révélée, propre à la dialectique de la libération et de l'oppression de laquelle l'architecture était à la fois l'instrument et le miroir. Ordonnancer ces images, à la fois spécifiques et universelles, créait le *Dictionnaire d'architecture*, un outil de connaissance que Charney a exposé en plusieurs versions pendant plus de trois décennies.

Mythe

Si le Dictionnaire attirait l'attention sur « le petit fait vrai, le vrai détail », « le plus petit fragment de la vie quotidienne » caché dans le flot des images du quotidien, il confirmait aussi une intuition de la *Memo Series* : que « chaque geste bâti semble assumer une connotation monumentale[74] ». La critique de la monumentalité architecturale traditionnelle devint un thème central de la pratique de Charney. En 1977, il expliquait la mécanique de la monumentalisation :

> L'architecture dont je me préoccupe est celle des monuments. La construction d'un abri n'est pas seulement une contingence biologique, mais implique la transformation culturelle des besoins utilitaires. Un geste de construction produit quelque chose qui n'était pas là avant. Comme tel, il ne peut qu'idéaliser (rendre héroïque) jusqu'à un certain degré toutes ces interactions qui lui permettent d'être conçu et matérialisé. Mais comme Vitruve l'aurait soutenu, les édifices monumentaux reproduisent les formes requises des constructions primitives dans des matériaux nobles et permanents. Et même si cette attitude changea vers la fin du 18e siècle, et l'époque où les architectes étaient payés par les dirigeants pour construire de nobles temples et des palais remonte à fort longtemps, l'architecture reflète encore ses origines : le contenu héroïque de la construction est réservé à l'embellissement stratégique des vies de ceux qui contrôlent les cordons de la bourse et les privilèges sociaux, et qui désirent l'apanage ultime : se voir privilégier à leurs propres yeux. La notion de monument est encore promue comme une sorte d'emblème atavique de la hiérarchie sociale qui domine la pratique, si ce n'est l'esprit, de l'architecture[75].

Ici, propulsée par le processus irréversible d'amélioration des modèles connus, toute architecture, même l'Architecture moderne, monumentalisait de façon inhérente le contenu social de la vie. Que l'architecture le veuille ou non, elle était la réification idéalisée de la vie.

En 1903, Alois Riegl a rendu explicite que la tâche du monument intentionnel était de commémorer : de garder toujours présent à l'esprit un événement passé. Par conséquent, les monuments étaient conçus comme des machines à remémorer[76]. Selon Charney, les architectes ont utilisé « le langage d'un mythe esthétique[77] » pour commémorer le pouvoir, ses institutions, ses guerres et ses agents au moyen de bâtiments destinés à survivre au passage du temps. L'architecture monumentale était monopolisée par les classes dirigeantes. Mais Riegl a aussi indiqué qu'à l'époque moderne, le concept de monumentalité s'était élargi et incorporait aussi les monuments non intentionnels ; ces artéfacts étaient monumentaux parce qu'ils étaient des documents historiques d'une époque révolue. Charney a donné un autre sens au monument architectural non intentionnel. Son projet dérivait de Michel Foucault qui avait suggéré dans *L'archéologie du savoir*[78] que l'histoire transforme les documents en monuments. Selon Charney, toute architecture était un document commémorant le contenu héroïque de la vie. La dialectique de l'architecture de l'élite et de l'architecture populaire impliquait une compréhension dialectique de la monumentalité architecturale, qui était le lieu d'une lutte politique concernant la mémoire.

Fait intéressant, l'héroïsme était un trope central de la mythologique révolutionnaire de l'Architecture moderne. Alors que les Venturis ont rejeté l'héroïsme du brutalisme et du style moderne tardif, Charney a défini une autre position critique ; il a écrit :

> Dans un numéro spécial d'*Architectural Design* en 1965, Peter et Alison Smithson ont défini la « Période héroïque de l'Architecture moderne' » comme une série de bâtiments apparue en Europe entre 1915 et 1929 alors qu'« une nouvelle idée de l'architecture a vu le jour. » « Cette période », ont-ils écrit, « est le roc sur lequel nous nous tenons debout. » Ils n'ont rien trouvé d'héroïque en Amérique[79].

Au contraire, Charney a trouvé un contenu héroïque dans l'architecture populaire du Québec. Ce contenu était invisible à l'élite culturelle, et par ses créations, Charney a cherché des moyens de le rendre manifeste[80].

Une photographie trouvée dans l'ouvrage sur l'histoire de l'architecture canadienne d'Alan Gowans[81] fut l'élément déclencheur pour Charney : elle montrait un bâtiment anonyme construit à Saint-Canut, probablement dans les années 1910 ou 1920 **(fig. 8.1, p. 132)**. Gowans a utilisé cette image pour affirmer que « dans les secteurs francophones des villes du Québec et dans sa campagne est apparu un assemblage hideux de structures qui n'appartient à absolument aucune tradition architecturale concevable[82] ». La maison, un exemple de la typologie « boomtown » nord-américaine, était familière : elle était une proche parente d'une maison dans laquelle Charney avait passé les étés de son enfance **(fig. 15.2, p. 224)**. Pour lui, elle était représentative de l'architecture populaire du Québec, un exemple du savoir inné des gens, un monument inconscient de la lutte des gens pour une place.

Une démonstration exemplaire était nécessaire, et Charney l'a conçu à partir d'une photographie trouvée dans un rapport à propos de la rénovation urbaine de Trois-Rivières, autoproclamée jadis capitale mondiale du papier **(fig. 2.4)**.

2.4 Hélène Geoffrion, « Trois-Rivières Centre-Ville », *Architecture Concept*, mars-avril 1975, p. 22.

De l'«architecture autre» aux «monuments autres»

2.5 Rue Sainte-Geneviève, Trois-Rivières, 1975. Photo : Melvin Charney

La petite structure, un bâtiment domestique présume-t-on, illustrait le type de construction que le plan de rénovation trouvait inadéquat. La photographie enclencha une histoire, celle du «trésor de Trois-Rivières[83]». Selon Charney, l'image représentait la maison d'un ouvrier construite «dans l'ombre d'une imposante usine de pâte à papier[84]». Comme des photographies trouvées dans l'archive de Charney le démontrent, il a visité l'emplacement. La maison, Charney écrivit plus tard, avait été démolie en 1974, entraînée par le programme de rénovation urbaine.

Dessinant sur l'image, Charney révéla, comme dans une radiographie, la substance architecturale qui faisait de cette construction anonyme un bâtiment héroïque: sa silhouette reproduisait la forme d'un temple classique; sa façade faisant face à la rue rappelait l'architecture méso-américaine; une grande croix supportait la façade. Comme en psychanalyse, le récit de Charney révélait un inconscient architectural, dévoilant le savoir inné des gens; il a écrit:

> Cette demeure ne fut pas une découverte facile. Ses formes classiques rappellent à la fois le temple et le sarcophage **(fig. 12.13, p. 189)**. Cette contradiction imprègne son échelle, comme si l'image de la maison était à la fois présente et absente. À la convergence de trois rivières (la rencontre d'une trinité) vivent quelques Québécois francophones, emprisonnés à l'ombre d'une usine dirigée par des capitaux anglo-saxons, et à qui l'Église refuse tout salut sur terre; ils ont construit une demeure de la mort, qu'ils habitent comme pour déjouer leur destin.
>
> N'est-ce pas de l'architecture? N'est-ce pas l'idéalisation sublime de notre existence, la libido au repos (la mort), et donc l'édifice parfait, la réalisation ultime

Mises en contexte

2.6 1085, rue Sainte-Geneviève, Trois-Rivières, 1983. Photo : Cécile Baird.

de la *maison d'Adam au Paradis* (le tombeau) ? Et si cette architecture ne peut s'implanter au sein de la conscience de notre culture, n'est-ce pas parce que cette culture refuse la conscience aux gens[85] ?

Charney a vu dans le « trésor de Trois-Rivières » une incarnation de la hutte primitive archétypale qui était l'origine de l'architecture selon le mythe de Vitruve. Il a découvert dans le livre *La maison d'Adam au paradis* de Joseph Rykwert une interprétation érudite des significations associées à la hutte primitive dans la théorie architecturale qui l'a aidé à étayer son interprétation[86]. La destruction d'un cas aussi exemplaire par un appareil politique aveugle était un acte de répression culturelle que Charney voulut contrebalancer par la création d'un monument destiné à commémorer son contenu héroïque.

L'action d'assembler physiquement les parties de cet édifice a ritualisé la configuration qui lui donnait son sens. Un totem est né : une effigie bâtie reproduisant la documentation originelle comme si c'était le programme de construction d'un bâtiment. Cette action a renversé le proverbe de Vitruve : elle proposait une construction monumentale qui reproduisait dans des matériaux primitifs les formes essentielles des édifices nobles et permanents ; et elle renversait la tradition moderne identifiée par Colin Rowe : elle redonnait du sens à l'objet, plutôt que de proposer sa signification dans un projet[87].

Les connotations freudiennes du monument totémique comme substitut du père assassiné sont évidentes : le déplacement rendait visible ce qu'il était impossible d'exprimer en mots. Clairement, l'histoire de Charney donnait une signification à une image qui n'en avait aucune selon l'opinion générale.

Toutefois, l'élément le plus troublant de cette histoire réside dans le fait que cette maison ne fut pas démolie (**fig. 2.6**). Visiblement, Charney n'opposait pas l'histoire au mythe comme l'avait fait le critique italien Manfredo Tafuri[88] ; au contraire, il injectait dans les images autrement invisibles du quotidien un fort contenu mythologique qui réveillait les consciences. Comme il l'a plus tard expliqué dans une discussion à propos de son projet pour le jardin du Centre Canadien d'Architecture : « Il y a plusieurs niveaux de lecture. C'est comme se trouver sur un tapis volant : on ne se demande jamais comment le tapis peut planer dans l'air tant que la logique inhérente au récit se tient. C'est-à-dire tant que l'"image" et le "verbe" se fondent[89] ».

L'architecture était là : le but du projet d'architecture, comme allégorie construite fondant image et langage, était de la rendre visible. Cette logique freudienne du déplacement est devenue de plus en plus apparente dans la production de Charney de la fin des années 1970, en commençant par *Les maisons de la rue Sherbrooke*, sa contribution à Corridart, l'exposition dans la rue rendue tristement célèbre par sa destruction à la suite d'un ordre du maire Jean Drapeau en 1976.

Vestiges

Pendant les années 1970, Charney a beaucoup écrit sur Montréal et son architecture. Déjà en 1972, il avait été invité par le Musée des Beaux-Arts de Montréal à réaliser une exposition sur Montréal. Son intention était de présenter une lecture alternative de la métropole basée sur la perception que les citoyens avaient de leur propre ville. Il a écrit dans le catalogue de l'exposition : « cette exposition veut dire que l'avenir de Montréal est dans son évolution culturelle et sociale, non seulement dans son développement urbain[90] ». Après la conclusion de cet événement majeur, auquel plusieurs artistes de Montréal ont participé, Charney a transformé son atelier d'architecture à l'Université de Montréal en groupe d'étude examinant le contenu social et culturel de l'architecture montréalaise.

En 1976, il fut invité à orchestrer *Corridart*, le pendant culturel des Jeux olympiques de Montréal. Le programme voulait visiblement utiliser les œuvres d'art pour embellir la ville selon la logique douteuse exprimée par le maire Jean Drapeau au temps de l'Expo 67 quand il a dit : « la laideur des taudis dans lesquels vivent les gens n'a pas d'importance quand nous pouvons leur faire admirer des œuvres d'art qu'ils ne comprennent pas[91] ».

Charney a transformé la rue Sherbrooke en une exposition-musée dans la rue de 8 kilomètres de longueur, qui explorait « l'abandon et la destruction de la vie de la rue dans la ville[92] ». Selon lui, Montréal était unique en Amérique du Nord : elle était faite de rues et de squares qui étaient des chambres urbaines où les gens se rassemblaient. Il affirmait : « les vestiges physiques des rues définissent un lien entre les gens et la ville comme artéfact collectif et public qui englobe les bâtiments individuels[93] ». Ce fut pourquoi, en plus de l'insertion d'œuvres d'art contextuelles, il a utilisé la rue Sherbrooke elle-même comme matériel d'exposition. Le caractère civique et la forme urbaine de Montréal étaient des symboles de l'identité collective des Montréalais. Corridart voulait faire surgir cette signification dans les consciences :

> Le principal vecteur de Corridart était, par conséquent, la signification de la rue. Le contenant de l'exposition, la rue, devait être contenu dans la signification plus large de celle-ci dans son contexte urbain. Chaque élément était tiré du langage familier de la rue, accessible et compris par les gens. Les vestiges de civilité de la rue Sherbrooke devaient être re-présentés. Mais la représentation tentait de dépeindre son contenu de statut et de pouvoir dans un rôle changeant : une rue dont la signification provient maintenant d'un lieu qui appartient à tous les gens de cette ville[94].

S'inspirant des décors de films italiens de Cinecittà, il a construit *Les maisons de la rue Sherbrooke* sur un terrain gouvernemental qui était vacant depuis près de dix ans. Cette installation en contreplaqué était une réplique grandeur réelle des façades des deux maisons victoriennes situées de l'autre côté de la rue. La re-présentation, au moyen d'une image miroir, dupliquait le réel et créait un cadre monumental. Mettant en résonnance une série de précédents, le récit allégorique de Charney voulait démontrer que la forme urbaine traditionnelle de Montréal incarnait un savoir inné des principes de scénographie urbaine baroques. Mais au milieu des années 1970, alors que le centre de Montréal était rempli des fragments d'une ville en voie de disparition, *Les maisons de la rue Sherbrooke* portaient un message politique. Ces façades en contreplaqué inséraient de nouvelles traces qui inversaient métaphoriquement le processus de destruction : plutôt que des ruines, les anciens fragments de la ville devenaient les emblèmes d'une résistance culturelle et un programme pour la reconstruction de l'espace collectif de la rue. Pourtant, la signification profonde des maisons de la rue Sherbrooke est apparue, non sans ironie amère, avec leur destruction, qui rendait tangible le conflit entre le pouvoir et la culture populaire que Charney avait déjà théorisé. Le contenu figuratif de cette œuvre et les images de sa destruction ont agi comme un catalyseur, qui révélait à la conscience collective le fait que la ville était le terrain d'une véritable lutte entre un pouvoir répressif et la résistance culturelle. Charney a écrit

> Voici la signification de Corridart : cette exposition confirme que la force d'un geste figuratif bien ciblé en architecture est un moyen de composer avec la manière dont les gens comprennent les conditions de leurs vies. Après tout, les autocrates ont encore peur du pouvoir d'une image[95].

Rétrospectivement, cette œuvre semble aussi avoir anticipé le tournant de l'architecture montréalaise vers le « contextualisme » illustré par l'inauguration en 1979 du nouveau campus urbain de l'Université du Québec à Montréal (UQAM), un groupe de bâtiments construits autour du clocher et du portail d'une ancienne église néo-gothique, fragments qui avaient été classés monuments historiques par le gouvernement du Québec en 1973.

Pourtant, l'aspect le plus remarquable de cette œuvre d'activisme urbain fut sa diffusion mondiale sous forme d'image dans les médias de masse : les photos des *maisons de la rue Sherbrooke* ont ainsi acquis le statut, et diffusé le message, des images rassemblées dans le *Dictionnaire d'architecture*.

Signes

Le moment postmoderne a culminé en 1980 à la Biennale de Venise, intitulée « La présence du passé », avec l'alliance de l'architecture sémiologique des signes conventionnels et d'une apologie pour la continuité historique stimulée par le concept de lieu de Christian Norberg-Schulz, le concept de mémoire d'Aldo Rossi et la théorie contextuelle de Colin Rowe. De manière symptomatique, la critique postmoderne, avec son retour à l'« histoire », valorisait la ville traditionnelle, ses formes urbaines et ses types architecturaux au moment où ces formes avaient été « réduites à des contours essentiels, à l'état de ruine de leur existence passée[96] ». Charney a interprété ce changement spectaculaire en termes de changement de l'analogie par laquelle les villes étaient conceptualisées :

> Une analogie linguistique (vocabulaire, signification, syntaxe, narration) est en train de remplacer une analogie mécanique et biologique (organisme, croissance, tissu, cœur, artères). Ceci semble également indiquer un glissement structurel en

ce qui concerne la définition de l'architecture comme pratique sociale : en effet, cette analogie linguistique est basée sur la prémisse de liens référentiels communs qui permettent aux artéfacts humains d'être investis d'un sens. Qu'elles soient biologiques ou établies par convention, ces références communes sont étroitement liées au fait social : toute société transforme les usages en signe d'elle-même[97].

Cette prise de conscience fut le point de départ de deux textes sur l'architecture du Québec, le premier sur Montréal, et l'autre sur l'architecture anonyme.

Dans « Formes et figures » Charney a poursuivi une analyse amorcée dès le début des années 1960, qui examinait le remplacement de l'architecture traditionnelle du centre-ville par des méga-îlots de haute densité. Selon lui, l'une des principales caractéristiques de l'architecture urbaine montréalaise était « la primauté de la rue : celle-ci se construit comme une entité physique à laquelle sont subordonnés des bâtiments individuels[98] ». Depuis les années 1960, la dialectique opposant l'architecture monumentale officielle et la ville authentique des quartiers populaires a fait place à une tension toujours plus grande entre les espaces privés intérieurs des méga-îlots, qui ont transformé l'espace urbain en bien de consommation, et les espaces collectifs extérieurs de la ville traditionnelle, qui ont été de plus en plus érodés et fragmentés. Pourtant, les deux tendances témoignaient de la vitalité de la culture urbaine montréalaise. D'un côté, les plus récents super-îlots tendaient à incorporer des caractéristiques de la ville traditionnelle, comme la « place » dans le cas du Complexe Desjardins, et des fragments historiques dans le cas de l'UQAM. De l'autre côté, la rénovation, l'insertion et l'embourgeoisement étaient devenus des pratiques répandues qui aidaient à préserver les quartiers. L'introduction du concept de signe aidait à élucider la nouvelle phase de la dialectique de l'architecture d'élite et de l'architecture populaire. Selon Charney :

> Comme le démontre l'introduction de simulacres de formes urbaines dans les super-îlots du centre-ville et l'identification tenace à l'architecture urbaine des quartiers, les symboles publics de la ville participent encore à l'affirmation culturelle d'une grande partie de la population, sinon à leurs rapports sociaux. Cependant, en ce qui concerne la façon de manipuler ces références, l'architecture semble coincée entre une tendance qu'on peut observer dans les grandes interventions urbaines, à simuler et normaliser les systèmes de signes, et la reproduction littérale des choses telles qu'elles sont par des interventions à petite échelle dans les quartiers[99].

Charney a vu dans le collage de fragments historiques des nouveaux méga-îlots un stade de transition menant à « la citation textuelle de figures et de typologies urbaines[100] ».

Le deuxième essai intitulé « À qui de droit : à propos de l'architecture au Québec » constituait une autre tentative de redonner « du sens à l'objet[101] ». Ce texte interprétait une autre archive. Pendant plusieurs années, Charney a demandé à ses étudiants de photographier des exemples d'architecture significative au Québec. La sélection de Charney illustrait comment toute forme construite était une forme de représentation, un signe dans un milieu sémiotisé. L'architecture populaire, à la manière d'un signe naturel, représentait la nature fondamentale de l'architecture : de vraies huttes primitives, à la fois primitives et métaphoriques. Autrement dit, ces exemples étaient à la fois un vrai commencement et la réification symbolique du mythe vitruvien des origines. Charney affirmait :

> Ce sont d'autres cabanes rustiques à d'autres moments de l'histoire : un modèle essentiel de la création architecturale. Elles confirment la venue d'une architecture qui se retrouve dans la refiguration [sic] nouvelle et consciente des images d'images, des symboles de symboles et des signes de signes. Tout se passe comme si l'architecture commence par un refus d'un refus, un vouloir d'affirmer une continuité entre l'art et la vie[102].

Une architecture de signes redoublait la réalité en présentant la réalité alternative de l'image et créait ainsi une mise en abyme, un univers de signes se réfléchissant à l'infini.

Amalgame

Le jardin du Centre Canadien d'Architecture représente à bien des égards la synthèse la plus achevée des idées de Charney.

Isolé par deux rampes connectant la ville à l'autoroute transcanadienne et un grand boulevard à six voies, l'emplacement n'était rien de plus qu'un rebut produit par la rénovation urbaine. En dépit de son isolement, le lot vacant, situé en haut d'un escarpement, offrait une vue spectaculaire et panoramique de la ville.

Dans ce projet, Charney a implanté un sens dans ce « lieu » au moyen d'un récit sophistiqué à propos de l'urbanité, de l'histoire et de la mémoire. L'emplacement a ainsi acquis sa signification de jardin par une chaîne d'associations liant les figures urbaines de Montréal et la tradition architecturale occidentale. Selon lui, le sens était déjà là, présent sur le site :

> Le site est un *fait urbain*. Il s'y concrétise des traces multiples de l'activité humaine enracinées, couche par couche, dans l'histoire et dans la mémoire. Les traces concrètes de l'histoire n'ont ni passé ni futur ; elles sont simplement là, un registre d'état du lieu, leur mise au jour permet de dresser une carte de son évolution. Les

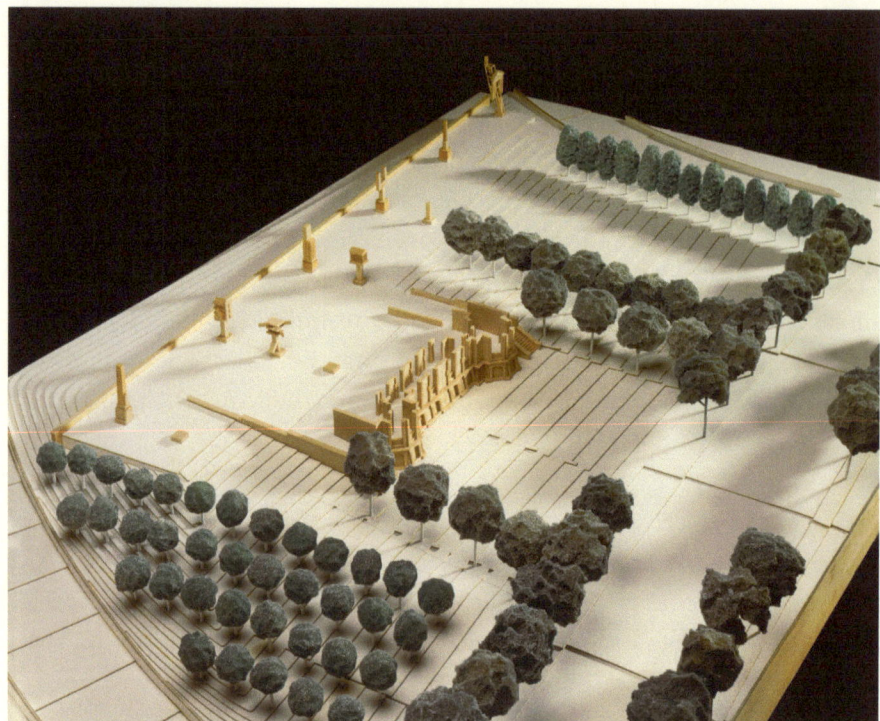

2.7 Melvin Charney, *Jardin du Centre Canadien d'Architecture, maquette*, 1987. Collection du Centre Canadien d'Architecture, Montréal, DR1990:0008 © Melvin Charney / SODRAC (2012).

couches de la mémoire demeurent, elles, toujours présentes et ont un sens plus profond. Elles transcendent lieu et temps et évoquent des modèles de la cité idéale et d'idylles bucoliques à l'orée de la forêt[103].

Le nouveau jardin se distançait délibérément de la tradition paysagiste établie par F.L. Olmsted, qui assumait qu'un morceau de nature devait créer une scène pastorale en rupture avec la ville. Au contraire, le jardin du CCA était conçu comme une scénographie urbaine réalisée à l'aide de deux stratégies. La première était l'implantation couche par couche de figures types (une arcade, une esplanade, un pré, un verger, etc.) qui implantait sur le site des « traces » évoquant les schémas antérieurs d'occupation rurale et urbaine et l'imagerie conventionnelle des jardins urbains **(fig. 2.7)**. La deuxième stratégie consistait à multiplier les images miroirs qui dupliquaient et « re-présentaient » l'environnement immédiat en une mise en abyme kaléidoscopique.

Le geste inaugural produisait une image miroir du musée situé de l'autre côté du boulevard. L'opération avait visiblement des connotations lacaniennes pour Charney, qui affirmait : « cette image estompe la distinction entre sujet et objet, et exprime une certaine part de narcissisme inhérente à la forme monumentale de la ville : c'est l'anthropocentrisme de l'urbanité, signe concret de la vie collective, si toutefois une telle chose peut encore exister[104] ».

Les images miroirs introduisaient aussi un déplacement du sens d'un objet à l'autre. Par exemple, la reconstruction de l'image du musée prit la forme d'une véritable ruine qui servait d'arcade pour protéger l'esplanade du jardin du boulevard. Situé en face du musée, le jardin était conçu comme un allégorique « musée en plein air » présentant une série d'images didactiques placées sur des colonnes agencées en deux rangées. Ces images liaient l'environnement urbain au contenu du musée par des « dualités autoréférentielles » qui créaient du sens au moyen de récits allégoriques. Charney expliquait le processus ainsi :

> L'allégorie est un récit, un commentaire d'un texte par l'intermédiaire d'un autre, une métaphore prolongée. Le récit présenté par les colonnes veut capter et projeter un discours architectural découlant de bâtiments significatifs, ainsi qu'il sied à un musée d'architecture. Comme les autres éléments du jardin, les colonnes ont été conçues pour exprimer des dualités autoréférentielles. Une première rangée de colonnes a été érigée en contrepoint immédiat d'édifices que l'on peut voir du site. Une seconde rangée sert de contrepoint et de reflet à la première. C'est un écho de la première qui est elle-même écho de l'architecture de la ville[105].

Les récits allégoriques de Charney établissaient un dialogue entre la mémoire du site et l'histoire de l'architecture. Coulé dans le béton et le cuivre, chaque récit était réifié par la juxtaposition d'images d'artéfacts tirés du panorama de quartiers populaires environnants et d'autres, tirées de la tradition architecturale occidentale préservées au CCA. Ainsi, un silo à grains était transformé en un temple classique idéal, un triplex montréalais était traversé par une maison québécoise, un fronton classique était supporté par une tour constructiviste inclinée, et ainsi de suite. Il est difficile de savoir si ces dualités autoréférentielles étaient censées représenter une confrontation, une collision, ou une réconciliation de la dialectique de l'architecture. Mais chaque colonne allégorique proposait un collage difficile, qui produisait une sorte de réaction alchimique dans laquelle le sens de chaque image créait un amalgame évocateur d'idées, nouveau et instable à la fois.

Le jardin n'était pas conçu comme un monument commémoratif, mais comme un dispositif pour « situer le lieu dans le présent, comme fragment urbain réel et comme processus continu de transformation, sa plus récente concrétisation prenant la forme d'un jardin[106] » Et tout comme on trouvait l'origine de l'architecture dans la hutte primitive, on trouvait la fondation de tout jardin dans le jardin perdu d'Éden. Le jardin du CCA évoquait ce sentiment de la perte d'un paradis lointain transformé en architecture par l'histoire :

> De par sa nature, un jardin est toujours un récit d'un monde animé d'images stéréotypées d'une idyllique Arcadie perdue que l'on n'a point oubliée. Le jardin du CCA

est situé sur une voie rapide, lieu coupé de tout apport urbain, lieu de la cité perdue. Et dans la mesure où le paradis est un jardin à l'origine et une cité de la fin des temps, alors, ou bien tout est perdu, ou bien nous nous trouvons maintenant hors de l'histoire dans un univers où il n'est possible d'établir de nouveaux rapports qu'à partir d'un ensemble de métaphores intangibles, cet univers fut-il jardin ou cité[107].

Avec ses jeux complexes de réflexions et de dualités métaphoriques, le jardin était une œuvre de pure représentation architecturale dans laquelle, l'architecture dépouillée de son contenu fonctionnel communiquait sa dualité essentielle en tant que miroir et réification de l'existence humaine.

L'image derrière l'image

Comme celles de plusieurs architectes critiques de sa génération tels Colin Rowe, Peter Eisenman, ou John Hejduk, la pensée et l'œuvre de Melvin Charney représentent un prolongement sophistiqué de la leçon de Le Corbusier résumée dans son fameux slogan : « des yeux qui ne voient pas[108] ». Pendant plus de trente années, il a développé une lecture dialectique originale qu'il a forgée à partir d'au moins trois sources initiales : l'opposition brutaliste, telle que définie par Reyner Banham, entre l'image plaisante classique et l'image perturbante brutaliste, la distinction entre architecture et design théorisée par son maître Louis I. Kahn et le dévoilement des réalités mythologiques et archétypales de l'imagerie populaire recherché par le Pop Art et le Nouveau Roman.

Pour Charney, l'architecture n'a jamais été un problème formel ou esthétique. Comme tel, il a tenté de dépasser le paradigme corbuséen. Au-delà des émotions provoquées par l'image, il existait des principes qui expliquaient la genèse des formes. Ces principes n'étaient pas uniquement les principes rationnels de la composition dévoilés par Le Corbusier ou la recherche de l'effet de choc de l'image brutaliste imaginée par Banham. Dans la trajectoire conceptuelle de Charney, commencements, processus, contenu social, savoir inné, résistance culturelle, réification, mythe, mémoire, sens, lieu et représentation se sont succédés, se sont métamorphosés et superposés, pour constituer une machine de lecture destinée à circonscrire un inconscient architectural collectif, l'image derrière l'image.

Comme Le Corbusier, Banham s'est basé sur l'empathie, un concept psychologique issu du 19e siècle rendu populaire par Wilhelm Worringer[109]. Ce modèle, cependant, réduisait la signification de l'image à une émotion. Fasciné par le concept de savoir tacite de Michael Polanyi[110], Charney a mis à jour, si l'on peut dire, le modèle puriste-brutaliste. Le phénomène de l'architecture n'était plus le produit d'un génie individuel, mais une faculté innée, bien qu'inconsciente, commune à tous, qui donnait tout leur sens aux formes collectives de la ville et de son architecture. Comme Venturi et Scott Brown, l'intérêt de Charney pour l'environnement Pop l'a conduit à considérer l'architecture comme un système de signes. Mais plutôt que de concevoir l'environnement comme un système de communication, Charney, d'une façon analogue, mais distincte d'Aldo Rossi, a vu dans l'architecture populaire un dépôt d'expérience, une mémoire réifiée de la lutte héroïque pour une place réalisée par des gens souvent privés des moyens légitimes de subsistance et d'expression culturelle par une technocratie répressive. Au moment où la culture architecturale répudiait l'utopie, la notion fondamentale de l'avant-garde historique, il a affirmé le rôle fondamentalement politique de l'architecture. La critique du pouvoir formulée par Charney était sans aucun doute inspirée par l'œuvre de Michel Foucault, qui a exposé les mécanismes répressifs du pouvoir dans *L'archéologie du savoir*, *Les mots et les choses*, *L'ordre du discours* et *Surveiller et punir*[111]. Pourtant, Charney n'a pas limité l'architecture au rang d'appareil de répression, puisqu'il croyait qu'elle pouvait aussi être un moyen d'émancipation quand elle était appropriée par les gens. De plus, plutôt que de considérer les figures architecturales comme des motifs héraldiques et décoratifs, il a vu dans les images architecturales les traces d'un langage enraciné dans l'inconscient collectif. À la manière de l'analyste freudien qui étudie le langage des rêves, ses projets ont voulu révéler le contenu mythique de l'inconscient architectural au moyen de lectures minutieuses qui ont rendu visibles les couches constituant les images et lieux du quotidien que l'on perçoit de manière inattentive. Enfin, Charney a conçu l'architecture comme un système de représentation qui créait l'image idéale, la figure architecturale, d'un lieu par un processus lacanien de réplication constante qui révélait le narcissisme inhérent de l'architecture.

Au cours de ses méditations, Charney a constamment métamorphosé la dialectique de l'architecture. Son modèle psychanalytique a sorti l'architecture de la dualité sémiotique opposant les côtés syntaxique (Eisenman) et sémantique (Venturi) du signe. Selon lui, l'architecture pouvait être comprise comme une dialectique entre la réification d'un récit mythique et la mise en abyme de cette réification par sa réplication en image architecturale. Dans notre monde désenchanté dans lequel les signes vides et les gestes de manipulation sont la norme et transmettent un sentiment de perte, Charney a créé du sens en amalgamant images et langage, indiquant par ce moyen que l'architecture peut encore faire voler les tapis.

Notes

1 *Ibid*. Ma traduction.
2 Melvin Charney, « Architectures sans architectes : les trulli de l'Apulie », *Vie des arts*, n° 38, 1965, p. 54-57.
3 Melvin Charney, « Troglai: Rock-Cut Architecture », *Landscape*, vol. 12, n° 3, 1963, p. 6-12.

Mises en contexte

4. Melvin Charney, « Place Victoria, Montreal », *The Canadian Architect*, vol. 10, n° 7, juillet 1965, p. 37-54. Chapitre 5 dans ce livre, p. 105.
5. « Cluster » en anglais. Voir note de l'éditeur, p. 105.
6. « Place Victoria… », *op. cit.*
7. *Ibid.*
8. *Ibid.*
9. *Ibid.*
10. *Ibid.*
11. Melvin Charney, « Grain Elevators Revisited », *Architectural Design*, vol. 37, n° 7, juillet 1967, p. 328-334. Chapitre 7 dans ce livre, p. 121.
12. *Ibid.*
13. *Ibid.*
14. Reyner Banham, « New Brutalism », *Architectural Review*, n° 118, janvier 1955, p. 354-361.
15. *Ibid.* Ma traduction.
16. Michel Tapié, *Un art autre : où il s'agit de nouveaux dévidages du réel*. Paris, Gabriel-Giraud et fils, 1952.
17. Le Corbusier, *Vers une architecture*, Paris, Éditions Crès, collection de « L'Esprit Nouveau », 192.
18. Reyner Banham, *Theory and Design in the First Machine Age*, New York, Praeger, 1960.
19. Reyner Banham, « The Spec-Builders: Towards a Pop Architecture », *Architectural Review*, vol. 132, juillet 1962, p. 43-46.
20. Melvin Charney, « Le monde du pop art », *Vie des arts*, n° 36, 1964, p. 30-38.
21. Nathalie Sarraute, *L'ère du soupçon, essais sur le roman*, Paris, Gallimard, 1956.
22. Melvin Charney, « A Self-Erecting Exhibition System: Project for the Canadian Pavilion, Osaka, Expo 70 », *Architecture Canada*, vol. 46, n° 3, mars 1969, p. 34-36.
23. Melvin Charney, « Experimental Strategies – Notes for Environmental Design », *Perspecta. The Yale Architectural Journal*, n° 12, mars 1969, p. 21-29.
24. Robert Venturi et Denise Scott Brown, « Learning from Las Vegas », *Architectural Forum*, mars 1968, p. 37-43.
25. « Experimental Strategies… », *op. cit.* Ma traduction.
26. *Ibid.* Ma traduction.
27. *Ibid.* Ma traduction.
28. *Ibid.* Ma traduction.
29. Terme très prisé par Charney dans ses textes en français, « les gens » cherche à rendre la signification du mot anglais « people ».
30. Melvin Charney, « On the Liberation of Architecture: *Memo Series* on an Air Force Memorial », *Artforum*, vol. 9, n° 9, mai 1971, p. 34-37.
31. « The program of the competition allowed for only one type of design solution: a building. Any other response to the problem, one which might, for example, involve modes of experience other than those circumscribed by the form of a building, was clerly beyond the scope of the competition. What would no "look like" a building most certainly would not reflect architecture. » *Ibid.*
32. « Contemporary theory and criticism tend to mystify the existence of this barrier which fetters architecture to a repressive condition, refusing to acknowledge that architecture is reflected in the meaning of a "building" as found in the use we make of our artifacts. » *Ibid.*
33. « To the extent that the relationship between people and physical things can be found mirrored in the "things themselves," the raw material of the architecture of an Air Force Memorial can be found in readily available factual bits known to materialize for people the remembrance of air flight and Air Force. » « On the Liberation… » *op. cit.* Ma traduction.
34. Walter Benjamin, « L'œuvre d'art à l'époque de sa reproductibilité technique », *Essais 2*, Paris, Denoël-Gonthier, 1983, p. 87-126.
35. « The process of selecting a suppressed range of access and experience – contradicts the design intention. » *Ibid.* Ma traduction.
36. « This distinction between architecture and design, and the consequent shift in both social and aesthetic sensibilities, bypasses the persistent contradiction in contemporary architecture between its elitist and repressive condition and its obvious origins in social content. » *Ibid.* Ma traduction.
37. « Design can then assume its architectural condition by virtue of its granting existence to an architectural concept in the heads of people, where it really happens, and where it belongs in the first place. » *Ibid.* Ma traduction.
38. « Any subsequent reinforcement of these patterns by the selection – i.e. design – of one or several of these patterns constitutes an act of design intervention, an a deliberate political, social and aesthetic act. » *Ibid.* Ma traduction.
39. Melvin Charney, « Pour définition de l'architecture au Québec », dans *Architecture et urbanisme au Québec*, édité par Melvin Charney et Marcel Bélanger, Montréal, Les Presses de l'Université de Montréal, 1971, p. 9-42. Chapitre 8 dans ce livre, p. 131.
40. *Ibid.*
41. *Ibid.*
42. *Ibid.*
43. *Ibid.*
44. Edmund Wilson, *O Canada. An American's Notes on Canadian Culture*, New York, Farrar, Straus and Giroux, 1965, p. 123-124.
45. Chapitre 8, p. 131.
46. *Ibid.*
47. *Ibid.*
48. *Ibid.*
49. *Ibid.*
50. Robert Venturi, Denise Scott Brown et Steven Izenour, *L'enseignement de Las Vegas ou le symbolisme oublié de la forme architecturale*, Bruxelles, Mardaga, 1978.
51. *Ibid.*
52. *Ibid.*
53. *Ibid.*
54. Chapitre 8, p. 131.
55. *Ibid.*
56. *Ibid.*
57. *Ibid.*
58. *The Adequacy and Production of Low-Income Housing*, un rapport écrit par Melvin Charney, M.R.A.I.C. en collaboration avec Serge Carreau et Colin Davidson pour le

Task Force on Low-Income Housing, Central Mortgage and Housing Corporation (Ottawa, octobre 1971).
59 « … the political signification of cultural practice … in a struggle for identity against the imperial forces of advanced capitalist production … on its home ground. » Ma traduction. Le manuscrit de ce texte est conservé au Centre Canadien d'Architecture. La chronologie de ce projet de livre est difficile à élucider. Une proposition intitulée *After Architecture: On the Liberation of the Built Environment*, datée de décembre 1971, semble être la première esquisse du livre. Un résumé plus succinct, mais non daté intitulé *Struggle for Place: Quebec, a Study of Cultural Conflict and the Control of Human Settlement* semble être la second version du projet. Un troisième document non daté de 122 pages intitulé *The Struggle for a Place: A Documentary on Quebec. Transformation in the Architecture of Quebec: A Test Case for America*, est la version la plus élaborée du projet de livre, qui développait les arguments formulés dans « Pour une définition de l'architecture au Québec ».
60 Melvin Charney, « Low-Income Housing into the 70s with Sewer Pipes and Subsidized Speculation », *Architectural Design*, n° 43, janvier 1972, p. 7-8.
61 « … the redistribution of resources and the control of resources in society. » *Ibid*. Ma traduction.
62 « … as long as this is glossed over, low-income housing programmes, no matter how efficient, will simply remain ineffective. » *Ibid*. Ma traduction.
63 « The failure of the 1970 Special $200 Million Low-Cost Innovative Housing Programme did not reach the front pages of newspapers as did the guerilla activities of the Front de Libération du Québec in Quebec. But the widespread politicization of the large number of families across the country who could not afford any of the so-called low-income housing, or were caught in an ownership trap of expensive and inadequate housing, may have as serious a long-term and widespread effect on the future of the country as the more visible terrorist actions. » *Ibid*. Ma traduction.
64 Melvin Charney, « Housing in Canada: A Dead-End Choice », *Architectural Design*, avril 1976 p. 201-206. Chapitre 11 dans ce livre, p. 169.
65 *Ibid*.
66 *Ibid*.
67 *Ibid*.
68 *Ibid*.
69 *Ibid*.
70 *Ibid*.
71 « Le monde du pop art », *op. cit.*
72 Melvin Charney, « Learning from the Wire Services », *Architectural Design*, avril 1976, p. 201-206.
73 « … every built fragment was taken to be an affirmation of denial of cultural, social and economic barriers. » *Ibid*. Ma traduction.
74 Melvin Charney, « Other Monuments: Four Works, 1970-1976 », *Vanguard*, vol. 6, n° 2, mars 1977, p. 3-8. Chapitre 12 dans ce livre, p. 179.
75 *Ibid*.
76 Aloïs Riegl, *Le culte moderne des monuments, sa nature, son origine*, traduction Jacques Boulet, Paris, L'Harmattan, 2003.
77 *Ibid*.
78 Michel Foucault, *L'archéologie du savoir*, Paris, Gallimard, 1969.
79 Melvin Charney, « Modern Movements in French-Canadian Architecture », *Process Architecture*, n° 5, mars 1978, p. 15-25. Chapitre 13 dans ce livre, p. 197.
80 Le modèle dualiste de Charney a vraisemblablement été inspiré du livre de John A. Kowenhoven, *Made in America: The Arts in Modern Civilization* Garden City (NY), Doubleday, 1949. Le moment où Charney a découvert ce livre, dans lequel Kouwenhoven décrit l'interaction entre l'architecture académique et la construction vernaculaire depuis le 19e siècle, n'est pas connu. Au troisième chapitre intitulé « Two Traditions in Conflict », Kouwenhoven avance que la tradition vernaculaire a été transformée par l'industrialisation, notamment par l'invention de la structure en bois à claire-voie (balloon frame) et la préfabrication. Selon lui, la tradition vernaculaire était le véritable moteur « d'une architecture indigène à la civilisation moderne » (p. 95), une idée que Charney a internalisée et reformulée dans ses écrits.
81 Alan Gowans, *Building Canada. An Architectural History of Canadian Life*, Toronto, Oxford University Press, 1966.
82 « … in the French sections of its cities and in its countryside appeared a hideous assemblage of structures that belong to no conceivable architectural tradition whatever. » *Ibid*. Ma traduction.
83 Chapitre 12, p. 179.
84 *Ibid*.
85 *Ibid*.
86 Joseph Rykwert, *La maison d'Adam au Paradis*, Paris, Seuil, 1976.
87 Chapitre 12, p. 179.
88 Manfredo Tafuri, *Histoire et théories de l'architecture*, Paris, Éditions S.A.D.G., 1976.
89 Catherine Millet, « Interview : Melvin Charney, explorateur de la mémoire collective », *Art Press*, 2012 (Mai 1995), p. 56-60.
90 Melvin Charney, « Montréal, plus ou moins ? », introduction au catalogue de l'exposition *Montréal plus ou moins ?*, Montréal, Musée des Beaux-arts de Montréal, 1972. Chapitre 9 dans ce livre
91 Melvin Charney, « Corridart : Art as Urban Activism », *Architectural Design*, juillet-août 1977, p. 201-206. « The ugliness of slums in which people live doesn't matter if we can make them stand in wide-eyed admiration of works of art they don't understand. » Ma traduction.
92 « … explored the neglect and destruction of street life in the city. » *Ibid*. Ma traduction.
93 « … the physical traces of the streets define a bond between people and the city as a collective, public artifact which subsume individual buildings. » *Ibid*. Ma traduction
94 « The main thrust of Corridart, therefore, was on the signification of the street. The container of the exhibition – the street – was to be contained within the larger meaning of the street in its urban context. Each element

was to draw on the familiar language of the street, accessible to and understood by people. Traces of the civility of Sherbrooke Street were to be re-presented. But the representation was to attempts to depict its baggage of status and power in a changing role: a street whose significance now derives from a place that belongs to all people of this city. » *Ibid*. Ma traduction.

95 « Therein lies the significance of Corridart. It affirms the strength of a well-aimed, figurative gesture in architecture as a means whereby we can come to terms with the way people understand the conditions of their lives. After all, autocrats still fear the power of an image. » *Ibid*. Ma traduction.

96 Melvin Charney, « Montréal Formes et figures en architecture urbaine », dans Irena Latek (dir.), *Ville, Métaphore, Projet – Architecture urbaine à Montréal, 1980-1990*, Montréal, Éditions du Méridien, 1992, p. 17-30. Chapitre 14 dans ce livre, p. 209.

97 *Ibid*.

98 *Ibid*.

99 *Ibid*.

100 *Ibid*.

101 Melvin Charney, « À qui de droit : au sujet de l'architecture contemporaine au Québec », *ARQ – Architecture-Québec*, janvier-février 1982, p. 12-23. Chapitre 15 dans ce livre, p. 221.

102 *Ibid*.

103 Melvin Charney, « Un jardin pour le CCA », dans Larry Richard (dir.), *Centre Canadien d'Architecture : architecture et paysage*, Montréal, Centre Canadien d'Architecture, 1989, p. 87-102

104 *Ibid*.

105 *Ibid*.

106 *Ibid*.

107 *Ibid*.

108 *Vers une architecture, op. cit*.

109 Wilhelm Worringer, *Abstraction et Einfuhlung. Contribution à la psychologie du style*, Paris, Klincksieck, 1978.

110 Michael Polanyi, *The Tacit Dimension*, New York, Anchor Books, 1967.

111 Michel Foucault, *Surveiller et punir. Naissance de la prison*. Paris, Gallimard, 1975.

Réjean Legault

3.
LA VILLE DANS LA VILLE : LE MONTRÉAL DE MELVIN CHARNEY

Montréal est une des grandes villes du monde où le destin d'une culture urbaine est profondément inscrit dans sa forme.
– Melvin Charney, « Montréal. Formes et figures en architecture urbaine », 1992

Il est courant de dire que les villes possèdent des personnalités distinctes, et d'interpréter leurs formes matérielles comme la manifestation extérieure de traits de caractère sous-jacents[1]. New York, Londres, Paris ont toutes été dépeintes au moyen de leurs formes urbaines, et l'idée que Montréal possède elle aussi une identité architecturale distincte est si largement acceptée qu'il ne semble pas nécessaire de se pencher sur cette question de nouveau. Représentée par une série de figures urbaines et de types bâtis – ses rues, ses places, ses bâtiments en pierre grise et ses triplex en briques – cette identité architecturale est devenue partie intégrale de l'image de Montréal.

La construction de la personnalité architecturale de la ville fut le résultat d'un processus long et complexe qu'il n'est certes pas facile à démêler. Parmi les nombreuses contributions sur le sujet, plusieurs observateurs ont néanmoins souligné qu'un texte se distingue de tous les autres par sa façon de caractériser cette personnalité : « The Montrealness of Montreal[2] » par l'architecte et artiste montréalais Melvin Charney. Paru en 1980 dans un numéro spécial de la revue britannique *The Architectural Review* consacré à l'architecture canadienne, cet article offrit à Charney l'occasion de décrire et d'expliquer le caractère unique de l'architecture urbaine de Montréal. Conséquence inattendue, ce texte fera de son auteur une figure clé dans les efforts visant à définir les traits distinctifs de l'architecture et de l'image de la ville.

Compte tenu de l'impact qu'aura ce texte, il n'est pas inutile de se poser la question de la place qu'occupe Montréal dans la trajectoire intellectuelle de Charney. Jetant un regard rétrospectif sur ses premières contributions, mon essai retrace l'origine de son engagement intellectuel et personnel avec la ville avant de considérer la place de « The Montrealness of Montreal » dans la pensée et la production architecturale et artistique de Charney. En m'engageant dans cette tâche, je dois souligner d'emblée que l'essai qui suit n'est ni une étude biographique ni une histoire intellectuelle. Basé principalement sur l'étude des sources publiées, il a surtout pour but de redécouvrir les prémices fondatrices et les diverses itérations d'un discours qui a profondément marqué la pensée et la pratique architecturale à Montréal et au-delà.

La découverte de Montréal

Très tôt, Montréal comme entité physique et architecturale occupe une place de choix dans la pensée de Charney. La ville est en effet l'objet de ses tout premiers essais dans l'univers de l'expression artistique comme en font foi les photographies en noir et blanc qu'il prend au milieu des années 1950[3]. Dans sa lecture rétrospective de ses années de jeunesse, Charney est d'ailleurs désireux d'identifier à la fois les objets et le sens profond de ses expériences initiales :

> Au début de mon adolescence, j'ai commencé à photographier Montréal de façon un peu plus systématique, inversant la figure et le fond. Les rues, les espaces entre les bâtiments, les pelles à vapeur et les moteurs de chemin de fer attiraient mon attention, de même que les processus et les conventions de la photographie. Ce sur quoi je suis tombé à l'époque étaient les fragments de nouvelles formations urbaines apparaissant dans les interstices d'une ville en plein essor – la transformation de la structure urbaine d'une métropole en un étalement régional[4].

Mais si la discussion ultérieure sur ces photographies sera intentionnellement théorique, les images elles-mêmes sont révélatrices d'un intérêt précoce pour les lieux et les constructions auxquels il aura tôt fait de donner un statut iconique, à commencer par l'espace de la rue et les silos à grains.

Ce n'est qu'après le retour de Charney à Montréal, après plusieurs années d'étude et de travail à l'extérieur du pays, que son intérêt pour le caractère urbain de la ville se manifeste dans des publications. Paru en 1964, « Old Montréal No One Wants to Preserve[5] » est le premier article où il aborde spécifiquement la question de la ville et de son architecture. Écrit tout juste après que le Vieux-Montréal ait été classé en tant que quartier historique par le gouvernement provincial, l'article vise à faire la critique des idées fausses sur l'architecture et la structure urbaine de la vieille ville. Le périmètre de celle-ci venait d'être défini par la Commission Jacques-Viger, un organisme créé en 1962 dont le mandat était d'étudier toutes les questions liées à la conservation du caractère historique du Vieux-Montréal[6]. Charney déplore alors que la délimitation de la « vieille ville » ait entraîné la démolition de nombreux bâtiments à la fois monumentaux et ordinaires qui se trouvaient situés à l'extérieur du périmètre. Mais, plus important encore, l'essai proposait une lecture de l'architecture du quartier qui met l'accent sur la contribution des types bâtis vernaculaires dans la construction de la ville. Divisant le développement du Vieux-Montréal en quatre étapes allant du 17e au 20e siècle, Charney souligne l'importance et la signification des structures du 19e siècle, offrant un cadre dans lequel ces bâtiments sous-évalués pourraient être appréciés : « Le développement de l'archétype de l'immeuble de bureaux, de l'immeuble de logements, et du style "fonctionnel" récemment popularisé s'est produit au 19e siècle[7] ». Il accorde également une attention particulière aux silos à grains, un type de bâtiment industriel sur lequel il reviendra à plusieurs reprises tout au long de sa carrière. Mais l'aspect le plus fascinant de ce texte est la façon dont Charney saute par-dessus le mur imaginaire de la vieille ville pour s'aventurer dans le quartier Saint-Laurent et même au-delà, décrivant au passage « l'urbanité » des logements à façade de briques de la fin du 19e siècle le long des rues Rivard et Berri **(fig. 3.1)**. Remettant en question les limites territoriales définies par l'intelligentsia culturelle, Charney propose plutôt de concevoir la vieille ville et ses faubourgs comme un seul tissu urbain – certes déchiré – mais ininterrompu.

3.1 Une rue de Montréal, 1964. Photo de Melvin Charney. Collection du Centre Canadien d'Architecture, PH2002:0013 © Melvin Charney / SODRAC (2012).

Montréal moderne et mégastructures

La préoccupation de Charney pour la « préservation » du Vieux-Montréal se développe en parallèle avec son intérêt pour l'étude critique de l'architecture moderne de la ville[8]. En témoigne un article sur la Place Victoria nouvellement achevée qui paraît en 1965[9]. Le modèle d'analyse qu'il applique alors est le même que celui qu'il vient de développer pour faire la lecture de l'architecture vernaculaire de la

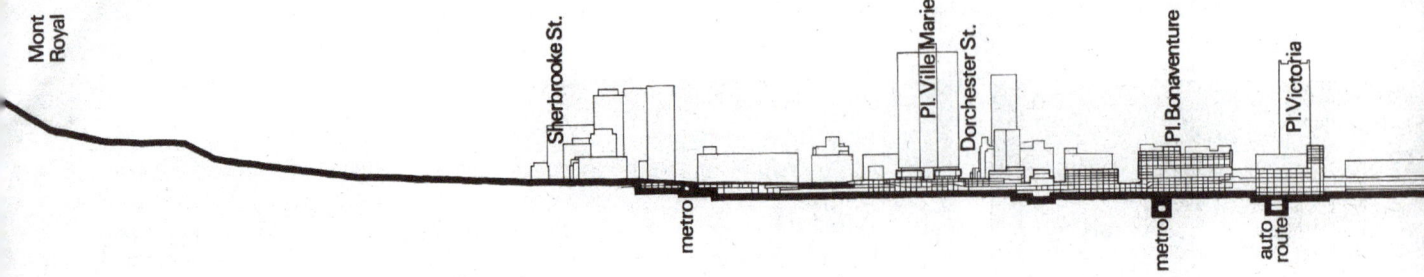

3.2 Coupe nord-sud à travers le nouveau centre-ville, 1967. Dessin de Melvin Charney.

Méditerranée[10]. Selon Charney, le vernaculaire offre un modèle d'interprétation où l'architecture est conçue comme un système dynamique, comme le résultat de processus à la fois techniques et sociaux, plutôt que comme un système de formes. Transposant cette conception de l'architecture à l'analyse de la Place Victoria, il se montre particulièrement impressionné par la manière dont l'architecte Luigi Moretti et l'ingénieur Pier Luigi Nervi se sont efforcés d'exprimer la logique du bâtiment à travers l'articulation des trois blocs de planchers, la matérialisation des piliers d'angle, l'expression des niveaux de contreventements et le traitement de la paroi du mur rideau. Selon Charney, l'expression de chacun de ces éléments transmet l'idée que la tour résulte d'un processus complexe de construction plutôt que de simples décisions formelles. Il souligne également à quel point le traitement architectural de la Place Victoria diffère de celui de la Place Ville-Marie et de l'édifice C.I.L., deux nouvelles tours apparues le long de la rue Dorchester (actuel boulevard René-Lévesque) au cours de la même période. De l'avis de Charney, les deux derniers édifices témoignent d'un formalisme qui cherche à cacher plutôt qu'à révéler leur complexité structurelle et mécanique, contrairement à la Place Victoria « qui ne cherche aucune excuse pour son expression esthétique[11] ».

Son intérêt pour la modernité architecturale allait toutefois au-delà des bâtiments individuels, car il s'est également penché sur la logique du nouveau centre-ville dans son ensemble. Cette attention se traduira par le dessin d'une fascinante coupe du nouveau centre-ville (fig. 3.2). Charney décrit ce dessin, d'abord publié en 1967, comme une « coupe nord-sud à travers Montréal, du Mont-Royal jusqu'à la zone centrale, indiquant la manière dont les nouveaux bâtiments sont perchés au-dessus d'un réseau souterrain de passages, de tunnels de Métro, de stationnements et de sous-sols[12] ». Sachant que dans ce nouveau noyau moderne, les usagers pouvaient tout autant descendre que monter, cette coupe révèle de façon claire la logique de stratification verticale de cet environnement à plusieurs niveaux.

Bien que l'intérêt de Charney pour le Montréal moderne se poursuivra dans la décennie suivante, son tournant politique du début des années 1970 (sur lequel je reviendrai plus tard) infléchira substantiellement la teneur de ses interprétations. Au cours de cette période, ce sera le caractère public des constructions récentes qui prendra une place centrale dans ses écrits. Dans « Saisir Montréal[13] », un essai publié en 1975, toute la discussion sur le noyau de la ville moderne tourne autour du statut de l'espace public. Charney était particulièrement préoccupé par le type d'espace civique généré par les nouveaux ensembles urbains : « Toutes ces *Places* reproduisent en des marchandises immobilières les espaces de la ville[14] ». Faisant allusion à des bâtiments comme la Place Ville-Marie et la Place Bonaventure, il déplore la façon dont ceux-ci se sont appropriés la notion de *Place* : « Même le nom de *place* fut usurpé : il signifie en fait un square public et non un bâtiment[15] ». Cet essai est également illustré avec la coupe publiée pour la première fois en 1967. Mais le dessin sert maintenant à soutenir l'idée que « les "rues" intérieures sont en fait des allées marchandes de sous-sol, protégées par une police privée, enfouies sous des plates-formes construites au-dessus du niveau du sol et qui nient leur fonction publique communautaire[16] ». Ce dessin révélait de façon brillante le fait qu'une grande partie de la nouvelle ville souterraine était en réalité construite au-dessus du niveau du sol.

Charney ne rejetait pas toute cette production architecturale. Parmi les nouvelles réalisations, il jugeait que la Place Bonaventure réussissait mieux que toutes les autres « Places » à répondre à ce nouveau contexte urbain. Mais ce nouveau type bâti, qui se distinguait par son volume surbaissé couvrant un îlot entier, ne faisait que mettre en évidence la contradiction entre l'architecture et son emballage comme produit immobilier. C'est toutefois le complexe le moins reconnu en tant qu'architecture qui capturera son imagination : la Place Alexis-Nihon située à la périphérie ouest du centre-ville, en face du Forum. Mettant l'accent sur les caractéristiques spatiales et fonctionnelles de ce complexe multiusage organisé autour d'une place centrale ouverte, il déclare avec enthousiasme : « Tout ce qui lui manque sont des grues perchées au-dessus des cages d'ascenseurs pour compléter cette vision futuriste à saveur locale[17] ».

Comme ces passages le démontrent, bien que critique de l'architecture du centre-ville moderne, le discours de Charney se développe en parallèle à celui des défenseurs du patrimoine. Une preuve supplémentaire de cet écart sera d'ailleurs donnée peu de temps après. Dans son ouvrage de 1976 intitulé *Megastructure : Urban Futures of the Recent Past*[18], Reyner Banham consacre un chapitre entier aux expérimentations mégastructurales du Montréal d'Expo 67 et du nouveau centre-ville. Largement inspirée par la lecture que fait Charney du noyau moderne – Banham le voit comme un analyste « indigène » qui parle avec la connaissance de l'intérieur –, la section sur le nouveau centre-ville porte

Mises en contexte

une attention particulière à la « plomberie piétonne » et aux réseaux de transport de cette ville souterraine[19]. Banham en vient à la conclusion qu'à Montréal, « les mégastructures ont quitté les planches à dessin des visionnaires[20] » pour devenir un type de bâtiment constructible, une position qui allait à l'encontre des préoccupations des tenants de la conservation.

Montréal comme terrain politique

Pendant les années 1960, Charney publiera près de vingt essais qui constituent un ensemble cohérent de contributions sur l'architecture et la ville considérées comme le résultat de processus sociaux. La décennie qui suit ne provoque pas tant un changement qu'une radicalisation de sa position. Il commence alors à insister sur la dimension proprement politique de l'architecture, une orientation qui transparaît sur toutes les pages de son essai provocateur « Pour une définition de l'architecture au Québec[21] ». Publié en 1971, l'essai paraît à un moment crucial dans l'évolution économique et sociale du Québec, une période marquée par de nombreux événements et mouvements sociaux qui transformeront durablement le paysage politique. Faisant écho à cette agitation politique, la conclusion de son texte est sans équivoque : « Le futur de l'architecture au Québec réside dans la résolution de ces questions. Techniquement, on peut construire presque tout.

3.3 Melvin Charney, *La Main... Montréal, le boulevard Saint-Laurent, entre Sainte-Catherine et Dorchester, le 16 novembre 1965, 4:15*, 1965.
Panneau 1 : montage de 17 épreuves argentiques à la gélatine sur 3 cartons, 44,5 × 111,5 cm, 44,5 × 120 cm et 44,5 × 126,6 cm.
Panneau 2 : montage de 12 épreuves argentiques à la gélatine sur 2 cartons, 44,5 × 111,6 cm, 44,5 × 91,6 cm.

3.4 *La Main... Montréal*, détail côté ouest.

3.5 *La Main... Montréal*, détail côté est.

La ville dans la ville : le Montréal de Melvin Charney

73

Mises en contexte

La résolution se trouve dans une évolution sociale et culturelle où la conception de l'architecture sera fondée sur le contrôle des gens de leur propre vie[22] ». Et d'ajouter en terminant : « Cela veut dire que la libération de l'architecte dépend de la libération politique et sociale de l'individu et de la communauté[23] ». À partir de ce moment, il ne concevra plus l'architecture comme un simple acte de design, même en tant qu'acte socialement construit, mais bien comme un geste profondément politique[24].

C'est à la même période qu'il commence à prendre ses distances de la pratique architecturale, se tournant plutôt vers l'art en tant que moyen le plus approprié pour diffuser ses idées sur l'architecture comme fait social et politique. Son premier travail en ce sens sera *Montréal, Plus ou Moins ?*, une exposition qu'il organise pour le Musée des beaux-arts de Montréal en 1972[25]. Agissant en tant que conservateur, Charney amènera un éventail d'artistes, de militants, et de travailleurs communautaires dans l'orbite du musée en vue de réfléchir sur la transformation sociale et matérielle de la ville. L'introduction du catalogue explique que l'exposition vise à montrer « que l'avenir de la ville se trouve non seulement dans la croissance urbaine, dans les innovations technologiques, ou dans les exercices de planification et de conception, mais aussi dans l'évolution sociale et culturelle de Montréal[26] ». L'événement se penchait sur la ville au moyen d'une série de projets d'art conceptuel politisés. Dans sa contribution artistique au catalogue, Charney présentera un relevé photographique intitulé *The Main... Montréal, 1965*[27] (**fig. 3.3, 3.4, 3.5**). Bien que les photographies avaient été prises au milieu des années 1960, ce panorama cadrait bien avec la vision de la ville mise de l'avant par l'exposition : c'était un travail sur les gens plutôt que sur les bâtiments, ou plutôt, sur des bâtiments marqués par le passage des gens.

Ces préoccupations politiques sous-tendaient également son travail de commissaire pour la désormais célèbre exposition Corridart organisée dans le cadre des Jeux olympiques de 1976[28]. Basée sur un inventaire détaillé que Charney appelait la « morpho-histoire » de la rue Sherbrooke, l'exposition cherchait à mettre en évidence au moyen d'interventions documentaires et artistiques les possibilités inscrites dans la configuration de la rue. Intitulée *Les maisons de la rue Sherbrooke*, la contribution de Charney à cette exposition collective était une « construction » qui questionnait – et contestait – la condition physique et sociale de cette rue. Imitant les façades de deux maisons en pierre grise du 19ᵉ siècle situées sur le coin opposé de l'intersection, cette réalisation – une construction en contreplaqué fixée à un échafaudage tubulaire – faisait allusion à la symétrie des espaces baroques avec leurs axes se terminant sur un monument urbain. Cette construction éphémère dévoilait à la fois l'état de ruine du site et la forme urbaine virtuelle contenue dans ses traces restantes, générant un récit critique sur la nature architecturale de la rue et de la ville.

The Montrealness of Montreal

Quatre ans après le démantèlement nocturne et illicite de l'exposition Corridart, Charney rédige un essai, lequel, tout comme *Les maisons de la rue Sherbrooke*, laissera une marque sur la construction imaginaire de la ville. Paru en 1980, « The Montrealness of Montreal: Formations and Formalities in Urban Architecture[29] » cherche à décrire et expliquer la spécificité de l'architecture urbaine de Montréal. Avec la création du néologisme « montrealness », Charney réussit alors à exprimer dans une expression éloquente le caractère unique de l'identité de la ville. Rappelant le titre de la célèbre étude de Nikolaus Pevsner, *The Englishness of English Art*, un ouvrage dans lequel l'auteur tente de circonscrire l'identité de l'art anglais[30], l'article de Charney est écrit à un moment critique dans le processus de définition de l'identité québécoise. Comme son sous-titre l'indique, l'article se penche sur l'examen des processus et des conventions en jeu dans la formation de Montréal, offrant une synthèse éclairante sur les divers traits qui ont façonné l'éthos architectural et urbain de la ville.

Tout comme les autres productions discursives de Charney, cet essai n'est pas totalement autonome. Il est au contraire le résultat d'une réflexion approfondie sur l'architecture québécoise commencée plusieurs années auparavant, un projet intellectuel où son essai révolutionnaire de 1971 – « Pour une définition de l'architecture au Québec[31] » – joue un rôle de premier plan. C'est dans cet essai qu'il soutient avec force sa conviction profonde dans le *savoir inné* des habitants, une idée clairement énoncée lorsqu'il écrit : « Une tradition fait appel à une attitude face au bâtiment, attitude dont les racines plongent dans une réponse innée au besoin d'organisation physique et conditionnée par les ressources disponibles[32] ».

Mais si l'essai de 1971 avait préparé le terrain pour une discussion sur le rôle actif des « gens », une bonne part du contenu de « The Montrealness of Montreal » dérivait plutôt d'un texte portant spécifiquement sur la ville, « Saisir Montréal[33] », paru en 1975. Publié dans un guide de l'architecture et de la forme urbaine de Montréal, cet essai portait tout autant sur l'état actuel de l'architecture de la ville que sur son histoire. D'entrée de jeu, Charney caractérise la ville comme une entité physique et sociale :

> Montréal est une des rares villes d'Amérique du Nord qui s'apparente à son milieu géographique. Où que vous soyez dans la ville, vous voyez une montagne qui se dresse, presque en son centre ; un fleuve, large, en marque ses limites. Cette présence se traduit par un fort sentiment d'appartenance au lieu qui est source de vitalité et de plaisir, évident dans le caractère bâti[34].*

C'est dans ce contexte que Charney développe pleinement son interprétation de la façon dont la forme urbaine émerge de l'interaction entre les habitants et

* Note de l'éditeur : L'auteur cite ici la traduction publiée en 1975, traduction qui a été revue et modifiée dans cette publication.

Mises en contexte

3.6 Vue aérienne d'un *rang* urbanisé.

leurs ressources limitées : « Le caractère humain significatif de Montréal provient de l'adaptation opportune du milieu, produit dans des conditions climatiques rudes, par la résistance des gens face à l'aliénation de la vie urbaine[35] ». Selon lui, ces interactions sont essentielles pour expliquer les formes bâties des « quartiers populaires », avec leurs logements de masse datant de la première phase d'industrialisation à grande échelle de la ville entre les années 1880 et les années 1920.

Le concept de *savoir inné* est également au centre de son explication de la logique de la trame urbaine. Après avoir affirmé que la transformation des quartiers évoluera à partir de l'adaptation des immigrants ruraux à la vie dans la ville, Charney écrit : « la grille des rues évolua en *avenues*, *rues* et *ruelles* ayant chacune une connotation distincte[36] » Dans ce processus, les seuls agents de changement semblent être les gens eux-mêmes. Il n'y a pas trace d'acteurs ou d'experts spécialisés, comme les arpenteurs-géomètres, qui pourraient avoir joué un rôle dans l'adaptation de précédents et de modèles de lotissement. En outre, cette interprétation implique une séparation claire entre les modèles urbains mis en œuvre par l'élite et ceux développés par le peuple, – tant en termes d'origines que de configuration – suggérant ainsi l'isolement mutuel des deux principaux groupes sociolinguistiques qui formaient la population de la ville[37].

Mais il y a aussi des différences significatives entre « Saisir Montréal » et « The Montrealness of Montreal ». L'une d'elles concerne le ton. Le premier se lit presque comme un pamphlet politique, avec sa dénonciation récurrente de l'élite dominante. En revanche, le second adopte la forme d'un essai disciplinaire. Introduit avec une discussion sur l'évolution des modèles utilisés pour conceptualiser la ville (de la biologie à la sémiologie), « The Montrealness of Montreal » se lit comme un compte rendu plus objectif sur la formation et la forme de la ville. Une autre différence, celle-ci à peine perceptible, concerne les faits. Mais cette différence mineure révèle néanmoins un changement significatif dans l'interprétation de Charney et, par conséquent, de sa conceptualisation de Montréal[38]. Cette différence réside dans son explication de l'origine de la trame urbaine. Dans son essai de 1980, Charney reconnaît toujours l'importance du rang. Mais ce qui change, c'est le rapport du rang à la ville. Pour mieux saisir ce changement, il est utile de citer un passage clé de ce texte :

> On reconnaît dans le plan de la première colonie française la structure essentielle de Montréal. Ce plan est un exemple, parmi beaucoup d'autres en Amérique, de l'organisation d'une ville selon des principes empruntés à l'urbanisme classique puis adaptés aux circonstances. Ces principes ressurgissent à travers l'histoire, en particulier lors de la fondation de villes ; ils ne constituent pas tant un « modèle » qu'une série de rapports reproductibles basés sur une trame orthogonale indifférenciée qui contient implicitement la structure potentielle d'une ville, et qui représente de manière tacite un « savoir » urbanistique[39].

Charney soutient que l'on trouve un principe similaire dans les villes fondées par les Zähringen au 11ᵉ siècle, telles Berne et Fribourg. Il explique que dans les deux cas – dans celui de Montréal comme dans celui de ces villes Suisses – la ville entretient une relation ouverte avec la campagne environnante, « dont le système de lotissement des terres formait la continuité de la structure urbaine ».[40] C'est cette comparaison – ou analogie – qui lui permet d'affirmer « qu'en dehors des limites de Montréal, un système de "rangs" – des lots de terre étroits et profonds, perpendiculaires aux rivières et aux routes – constituait une forme rurale de la trame urbaine qui est restée unique en Amérique du Nord[41] » **(fig. 3.6)**.

La primauté du rang dans le développement de la grille de Montréal était à cette époque un fait bien établi. Les urbanistes en particulier avaient déjà fait référence au lien unissant les lots agricoles longs et étroits, typiques du système de rang, et la forme allongée des îlots urbains de la ville[42]. De plus, l'origine rurale de rang avait été bien documentée par les géographes[43]. Soutenu par ces interprétations, Charney était à l'aise d'affirmer en 1975 que les « quartiers se sont développés à partir de la trame d'origine, le *rang*[44] ». Mais dans son essai sur la « Montrealness » de 1980, Charney affirme désormais que le système de rangs « constituait une forme rurale de la trame urbaine[45] ». Remettant en question l'interprétation acceptée des géographes, il choisira plutôt d'insister sur l'antériorité de la grille urbaine sur le système de subdivision rural. Le rang sera dès lors vu comme le produit de la trame urbaine. Pour Charney, la ville vient maintenant en premier.

Bien que subtil, ce changement se situe au cœur de l'argumentaire développé dans « The Montrealness of Montreal ». Car si la ville devait posséder une identité propre, cette identité devait être trouvée, ou fondée, dans son plan. En regardant le plan de la ville 1672, il écrit : « Une trame orthogonale rudimentaire

3.7 Plan de Ville-Marie, Dollier de Casson, 1672.

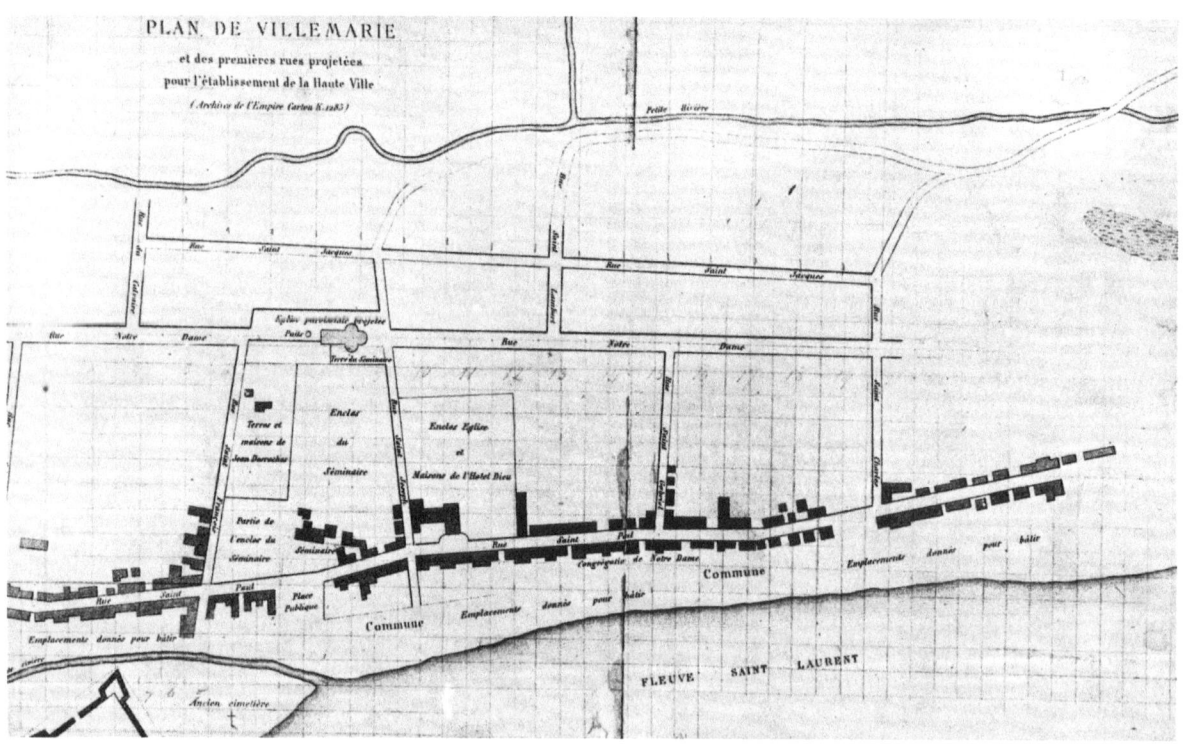

et un alignement continu de maisons qui définissent et sont définies par la rue constituent les éléments essentiels de la ville[46] » **(fig. 3.7)**. La source de la trame urbaine de Montréal pouvait dès lors être trouvée dans la configuration de l'établissement d'origine – qui était elle-même une itération de la planification classique – et non dans une quelconque adaptation locale d'un système de lotissement rural du 17e siècle[47]. Cet ancrage de la grille dans un modèle urbain ancien était essentiel à l'argumentaire visant à privilégier le caractère urbain de son architecture :

> Les plans de nombreuses villes américaines sont structurés par une trame orthogonale. Toutefois, la spécificité de Montréal tient au développement soutenu d'une architecture fondée sur la primauté de la rue : celle-ci se construit comme une entité physique distincte à laquelle sont subordonnés des bâtiments individuels[48].

L'accent mis par Charney sur la rue comme générateur de la forme urbaine montréalaise était sans doute lié à ses activités d'enseignement à l'École d'architecture de l'Université de Montréal, en particulier celles centrées sur son atelier, l'Unité d'architecture urbaine, établi en 1978. Mais le thème principal de « The Montrealness of Montreal » ne peut pas être expliqué par ce seul fait. Synthèse de plusieurs années de réflexion sur la recherche d'une architecture « authentique », cet essai propose une interprétation originale des formes urbaines et architecturales de Montréal. Combinant avec assurance la description et l'explication, l'essai avait le ton convaincant d'un récit historique. Ses sources documentaires étaient toutefois assez minces et les références précises plutôt rares, le mettant en porte-à-faux par rapport aux récits historiques conventionnels. Mais plus significatif encore, c'est son modèle interprétatif qui le distinguait nettement de l'histoire disciplinaire. À l'époque, les recherches en histoire urbaine tendaient à se pencher sur les liens complexes entre les agents, les acteurs et les contingences dans la production de l'environnement urbain[49]. À l'opposé, Charney cherchera plutôt à privilégier un récit historique qui donne le rôle principal à la collectivité elle-même.

Bien que « The Montrealness of Montreal » soit sans l'ombre d'un doute un essai qui tend vers l'histoire, il est peut-être plus précis de le décrire comme un travail de description. D'ailleurs, dans son enseignement, Charney faisait lui-même référence à cette distinction méthodologique nécessaire entre description et prescription[50]. Dans un essai explorant les fondements épistémologiques de la description dans le champ de l'urbain, l'historien André Corboz écrit : « Décrire consiste à (re)construire l'objet *ex novo* après l'avoir déconstruit au moyen de l'analyse descriptive elle-même » ; mais Corboz ajoute : « une

79

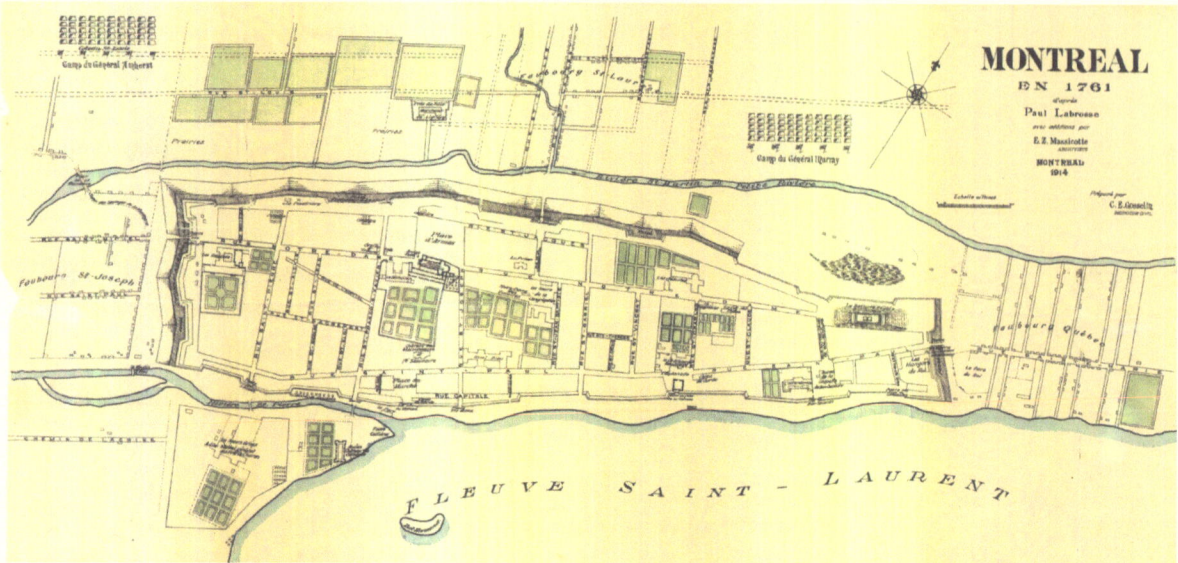

3.8 Plan de Montréal, Paul Labrosse, 1761, révisé par E.Z. Massicotte. Bibliothèque et Archives nationales du Québec, section des cartes.

description n'est jamais finie, c'est-à-dire intégrale, et cela pour un motif très simple : une description n'est jamais "pure", puisqu'elle procède d'une intention souvent implicite[51] ». Quelle pouvait donc être l'intention de Charney ? Elle était, je crois, de proposer un nouveau récit sur la fondation de la ville. Remettant en question les interprétations dominantes qui mettaient l'accent sur le rôle de l'élite marchande et financière anglophone, Charney offrait un modèle alternatif qui cherchait à affirmer le caractère populaire – et principalement francophone – de la ville. En combinant le savoir inné de la population avec les tracés urbains hérités de pratiques ancestrales, Charney proposait une forme de refondation mythique par la naturalisation d'un phénomène historique. Dans sa tentative de relire la ville en tant que fait urbain populaire et culturel, « The Montrealness of Montreal » s'est avéré être un travail de description à la fois inventif et persuasif. Il sera très tôt suivi par sa contrepartie stratégique, celui de la prescription.

La ville dans la ville

L'accent mis par Charney sur les origines anciennes de la structure de la ville ne se limite pas à son travail d'explication. Un essai contemporain, « On Interpreting Montreal: The "City" of the City[52] », est révélateur de la façon dont cette relecture des débuts de Montréal imprégnera toute sa production. Bien qu'il ne sera jamais publié, ce texte témoigne d'un glissement subtil dans l'approche de Charney : celui qui mène de l'histoire à la psychanalyse urbaine.

L'essai commence par la description d'un plan de Montréal datant du 18ᵉ siècle (**fig. 3.8**). On y apprend que tout comme de nombreuses autres villes créées *ex novo*, la structure sous-jacente de Montréal est une grille orthogonale qui se prolonge à la fois à l'intérieur et à l'extérieur des murs « tel un ordre primitif de peuplement humain[53] ». Interrogeant le sens de ce plan, Charney est attiré par une série de jardins composés et clôturés, « dont la forme représente la grille primaire comme fragments d'une ville idéale, paradisiaque[54] ». Pour lui, ces fragments « évoquent les images bibliques de l'Eden et du Temple de Jérusalem, des configurations qui transposent la présence du ciel sur la terre[55] », rappelant ainsi l'interprétation que Joseph Rykwert fera des origines de l'architecture dans son célèbre ouvrage *La maison d'Adam au Paradis*[56].

Cette lecture herméneutique du plan offre une autre clé pour comprendre l'évolution de la pensée de Charney et celle de sa production artistique. Il écrit : « Voici donc un ingrédient essentiel de Montréal, et qui informe mon travail. Non seulement y a-t-il un ordre urbain inhérent à la structure de base de la ville, mais on y trouve également, implantées dans sa structure physique, les traces d'un excès de représentations autoréflexives et idéalisées de son existence en tant que ville[57] ». Et d'ajouter : « Ce qui m'intrigue est que dans l'équilibre entre la réalité et la représentation de la réalité, les traces physiques de cette ville sont clairement du côté de la "pensée" et du désir, souvent naïf et illusoire, mais tempéré par les rigueurs de la vie[58] ». Il poursuit en décrivant quatre œuvres qui illustrent sa vision, parmi celles-ci les *Maisons de la rue Sherbrooke* et un travail un peu plus tardif, *Museum Construction* de 1979. La conclusion de ce bref texte ne cache pas son appel à l'imagination figurative et au besoin de réinvention de la réalité :

> Ces constructions s'approprient et transforment les traces existantes de la ville. Ces strates urbaines furent transcrites dans une tentative d'évoquer à la fois l'histoire et un sens d'immanence. Des figures idéales, significatives, inutiles, véridiques et illusoires leur ont été superposées dans le but de soutenir l'impulsion humaine de réinventer la réalité[59].

Ce texte est également révélateur de la nouvelle attitude de Charney envers Montréal : celle d'un « architecte » dont le projet en cours est la réinvention de la ville[60]. L'accent mis sur la réinvention et le rôle de l'imagination figurale ne manque pas d'évoquer le travail théorique de l'architecte italien Aldo Rossi. Que la pensée et les projets de Rossi imprègnent l'œuvre de Charney ne fait pas de doute. Bien que celui-ci ne se réfère jamais à Rossi explicitement, l'analyse que ce dernier fait de la ville comme un « fait urbain » constitue un précédent direct des conceptions de Charney[61]. Il faut toutefois souligner que toute mention de l'influence de Rossi est condamnée à être problématique, d'abord en raison de l'accessibilité de ses travaux en traduction – son ouvrage principal, *L'architettura*

3.9 Melvin Charney, *Villas of Pliny*, 1983. Collection du Centre Canadien d'Architecture, DR1984:0579 © Melvin Charney / SODRAC (2012).

della Città, paru en 1966, ne sera disponible en anglais qu'en 1982 –, ensuite à cause des changements significatifs de sa pensée au cours des années 1970[62]. Prenant ses distances de l'approche « scientifique » proposée dans *L'architecture de la ville*, Rossi se tourne plutôt vers un projet, la « ville analogue[63] », qui met de l'avant le rôle de l'imagination dans la conception de la ville. Vu sous cet angle, l'appel de Charney à réinventer la réalité de la ville n'est pas très éloigné de la promotion de l'imagination que Rossi fait dans la « ville analogue ».

Le double processus de lecture et de réinvention que Charney met en place fera également une large place aux éclairages apportés par la psychanalyse. Son article « À qui de droit[64] » paru en 1982 est révélateur à cet égard. Cet essai manifeste est illustré avec une série de photographies prises par des étudiants en architecture, des images jugées comme « des manifestations importantes de

3.10 Melvin Charney, *Pliny on my Mind – n° 1 et n° 2*, 1983. Photo : Brian Merrett.

l'architecture contemporaine[65] » au Québec. Présentées sous le titre « La cité du savoir », une paire d'images est décrite comme suit :

> À Montréal, il existe encore deux villes : celle du *savoir urbain*, une ville de quartiers, celle de l'*architecture*, enterrés dans cette autre ville qu'est la métropole. Ces deux villes vivent l'une dans l'autre comme une analogie de la psyché collective que Freud a proposé à partir d'une image de Rome où tous les édifices des diverses périodes de l'histoire existaient ensemble. On peut dire alors que la libido de Montréal, donc sa vie, existe encore dans la ville du *savoir urbain* où des ruines nous présentent son avenir[66].

L'idée qu'une ville imaginaire, libidinale puisse vivre au sein de la ville existante fut réitérée dans sa contribution à l'exposition *Les villas de Pline* présentée au Musée des beaux-arts de Montréal en 1983[67]. Basée sur le concours d'émulation portant sur la restitution de la célèbre villa romaine décrite dans une lettre à Pline, cette exposition offrit à Charney le contexte idéal pour donner forme à son regard psychanalytique sur la ville. Il en fait mention dans « Of Temples and Sheds[68] », son essai publié en parallèle à l'exposition. Il en fait également allusion dans *Pliny on My Mind*, l'installation qu'il construit à l'intérieur des murs du musée (fig. 3.9, 3.10). Dans le texte qui accompagne l'une des deux composantes de l'installation, il écrit : « Les ruines d'une villa romaine sont reconstruites à partir des fragments d'un immeuble montréalais à trois étages – un "triplex" –, établissant ainsi des assonances contemporaines d'objets anciens[69] ». Ici encore, c'est la forme urbaine de Montréal qui fournira le substrat matériel de cette réinvention transhistorique.

Cette volonté de réinvention, où la ville existante se propose comme sujet d'analyse, trouvera sa matérialisation la plus convaincante dans son projet pour le jardin du CCA inauguré en 1989. Construit sur un terrain quasi abandonné situé juste en face du musée, le jardin offre à Charney l'occasion idéale de poursuivre son déchiffrement de la ville. Compte tenu de la complexité et de la richesse de ce projet, qui comprenait une arcade, des murs cadastraux, onze colonnes allégoriques, ainsi que diverses espèces végétales, il sentira le besoin de décrire longuement à la fois le processus conceptuel et la signification du résultat obtenu[70]. Cependant, de son propre aveu, cette rationalisation ne visait à tromper personne :

> Le jardin du CCA est très étroitement argumenté, mais la logique qui le soutient, c'est de la création pure. Au fond, ces rêves n'existent pas. Comme le fait de remorquer la ville industrielle du 19ᵉ siècle sur le belvédère : si on regarde bien du belvédère vers la ville en bas, il n'y a presque plus rien. Il faut vraiment pousser l'imagination[71].

Mais ce vide dans le panorama ne signifiait pas une absence dans la pensée. En fait, tous les types bâtis associés à ses premières découvertes de Montréal – les élévateurs à grains, les bâtiments industriels, les triplex – sont là, monumentalisés dans ces rangées de colonnes allégoriques. Ceci confirme, si une confirmation semble nécessaire, que cette invocation du processus d'imagination concernait tout autant l'analyste que le sujet analysé.

Vers « l'École de Montréal »

Comme je l'ai mentionné plus haut, la publication de « The Montrealness of Montreal » a coïncidé avec la création de l'Unité d'architecture urbaine à l'Université de Montréal[72]. Bien que Charney n'était qu'un des trois professeurs enseignant dans cet atelier, ses écrits étaient au cœur du développement

La ville dans la ville : le Montréal de Melvin Charney

du discours et de la méthodologie de l'Unité. Au cours de ses douze années d'existence (1978-90), l'Unité s'avéra être un formidable véhicule par lequel son travail de description de la ville pourra trouver sa traduction en termes de prescription architecturale.

Au tout début, l'accent des travaux de l'Unité portait sur l'analyse de la ville existante. Les étudiants étaient alors fortement déconseillés de dessiner. La figuration reviendra toutefois en force dès le début des années 1980. Ce changement radical sera mis en lumière dans deux expositions de travaux étudiants. La première de celles-ci, *Intervention en contexte montréalais* présentée dans une galerie d'art en 1982, soulignera la « réintroduction de la figuration architecturale » et la « reprise du dessin d'architecture comme instrument visionnaire[73] ». Deux ans plus tard, la seconde exposition sera organisée sous le titre *Lieux et figures : Montréal – neuf projets d'architecture*[74]. Il y sera présenté une série de travaux où la ville était soumise à une sorte de lecture herméneutique au moyen du dessin. Mettant l'accent sur les espaces urbains de Montréal, les projets illustraient l'idée d'une « construction de la ville » dans un esprit rappelant le manifeste pour la reconstruction de la ville européenne de Léon Krier[75].

3.11 Couverture du livre *Ville métaphore projet : architecture urbaine à Montréal, 1980-1990* (Montréal : Éditions du Méridien, 1992).

Mais les étudiants ne se limiteront pas à un mode de figuration unique, leurs représentations graphiques évoquant des sources aussi diverses que *L'espace de la ville* de Rob Krier (1975), *Collage City* de Colin Rowe et Fred Koetter (1978), et *Delirious New York* de Rem Koolhaas (1978).

En 1992, le travail de l'Unité fut présenté dans une exposition rétrospective, *Montréal en projets: Dix années d'architecture urbaine*[76], et analysé dans le catalogue bilingue qui l'accompagnait, *Ville métaphore projet: architecture urbaine à Montréal 1980-1990*[77] (**fig. 3.11**). La formulation de l'objet même de ces travaux – « La spécificité de Montréal, la persistance d'une structure urbaine unique en Amérique du Nord, est à la fois le sujet et l'objet du travail de l'Unité[78] » – était clairement redevable à Charney. Le même constat peut être fait du changement d'approche de l'Unité au cours des années, changement qui fait écho à son propre tournant sémiologique[79]. Dans son évaluation rétrospective de l'histoire de l'Unité, Charney écrit: « L'omniprésence de la forme urbaine comme texte dans le travail de l'Unité, et l'importance accordée au précédent historique en tant qu'outil conceptuel, ont provoqué une série de glissements dans la manière de concevoir le projet: le précédent devenant analogie, et l'analogie se transformant en métaphore[80]. » Mais si le précédent, l'analogie, et la métaphore étaient certes des éléments clés de son travail, c'est au dernier terme qu'il donnera le rôle central[81]. Faisant ainsi écho à sa propre pratique, Charney fera la remarque que « dans l'étape la plus récente, le travail de l'Unité s'est tourné vers la métaphore comme instrument générateur de l'architecture urbaine[82] ».

Quoi qu'il en soit, à la fin de la décennie, les travaux étudiants étaient en effet devenus largement métaphoriques, et le Montréal qui y était dépeint apparut de plus en plus comme une ville imaginaire. Les glissements évoqués par Charney furent tels que la structure urbaine unique de la ville s'est avérée être un palimpseste plutôt qu'un simple manuscrit. De fait, l'exposition offrira une démonstration claire que la prescription architecturale proposée par l'Unité avait plus à voir avec la représentation qu'avec la reconstruction de Montréal.

Alors que les douze années d'existence de l'Unité furent un véritable laboratoire qui aura permis à Charney d'explorer la figuration architecturale, sa propre pratique dans le champ de la prescription urbaine allait produire un résultat nettement différent[83]. Le cœur de cette entreprise sera la production d'un rapport sur le Faubourg Saint-Laurent pour le Service de l'habitation et du Développement urbain de la Ville de Montréal. Celui-ci était le tout premier travail de consultation que Charney obtiendra de l'administration de la ville. Portant sur un quartier fortement endommagé situé immédiatement au nord de la vieille ville, le rapport portait le sous-titre « D'un savoir urbain à une vision éclairée du développement du faubourg[84] ». Terminé au début de l'année 1990, le rapport avait été commandé par l'administration du maire Jean Doré qui avait fait, en 1986, la promesse électorale d'aborder le développement de la ville sous un angle neuf après les longues années d'urbanisation spéculative[85]. Le contexte était donc mûr pour la production d'une étude qui permettrait à la fois d'établir les bases d'une nouvelle compréhension de la forme de la ville et d'une nouvelle méthodologie pour guider les interventions urbaines. Divisé en trois parties, le rapport étudie le caractère et la structure urbaine du faubourg, sa dynamique actuelle, et les stratégies de développement proposées.

Au début de l'étude, Charney souligne le fait largement reconnu que la ville possède un caractère urbain unique, une idée qu'il avait lui-même fortement contribué à faire reconnaître[86]. À la question rhétorique : « Qu'est-ce qui constitue le caractère urbain unique de Montréal ? », il répond :

> Il est évident qu'on ne se réfère à rien d'autre qu'à la forme de la ville traditionnelle, que nous appelons la ville "classique" : la structure de la ville de quartiers existants dans la structure de Montréal entre 1850 et 1925. Les traces de cette structure démontrent clairement l'existence d'un "projet urbain", d'un *savoir inné* inscrit dans la forme physique la ville[87].

Ce bref passage met à l'avant-plan les deux idées centrales sur lesquelles se fonde l'étude. La première est que la structure et les composantes des quartiers résultent de la mise en œuvre d'un *savoir inné* – que l'on pourrait traduire par « connaissance urbaine immanente ». Développée dans ses écrits des années 1960, et appliquée directement à ses lectures de Montréal dans les années 1970, cette idée de *savoir inné* atteindra son expression ultime dans le rapport. Pourtant, contrairement aux essais précédents, où la présence des « gens » est souvent évoquée, le rapport est étrangement muet sur le corps social qui incarne cette connaissance urbaine immanente. La deuxième est l'idée que si Montréal a traversé quatre stades de développement, l'une de ces étapes est celle de la *ville "classique"*. Adaptant le modèle interprétatif proposé dans son essai « Montrealness », Charney associe chacune de ces phases historiques avec un modèle urbain spécifique. Le modèle de la ville "classique" correspond au moment où la ville – suivant la logique de son "projet urbain" immanent – a atteint son plus haut niveau de cohérence et d'achèvement. Mais les guillemets qu'il ajoute au mot *classique* ne manquent pas de souligner la signification ambiguë du terme. Car si celui-ci pointe certes vers le sens de « modèle établi ou standard », il fait également allusion à l'idée de « valeur pérenne » ainsi qu'à celle d'une période historique spécifique.

Allant au-delà du mandat qui lui a été donné, Charney choisira de produire un rapport didactique plutôt que simplement prescriptif, offrant une véritable *méthode* pour reconstruire la ville. Cette méthode était principalement fondée sur l'identification des « éléments irréductibles du plan général[88] » afin de formuler « une grammaire et une ontologie » de la forme urbaine du quartier. Basée sur la description d'une série d'éléments *typiques* – l'îlot, la rue, la place, le boulevard urbain –, la grammaire de Charney mettait en lumière la morphologie et la syntaxe qui structurent la ville existante. Compte tenu de la diversité des composantes formelles de la ville, cette grammaire tendait à simplifier quelque peu les complexités du processus de formation et des formes existantes des quartiers de Montréal. Mais elle offrait sans aucun doute un puissant outil pour saisir la structure complexe de la ville.

La méthode proposée par Charney était de construire la ville au moyen de ses principaux espaces publics – ses rues et ses places – et la dernière section du rapport était illustrée avec des dessins représentant les différentes interventions envisagées. Fondées sur une lecture attentive des fragments existants, ces interventions proposaient une sorte de restitution architecturale qui émulait les types identifiés dans la

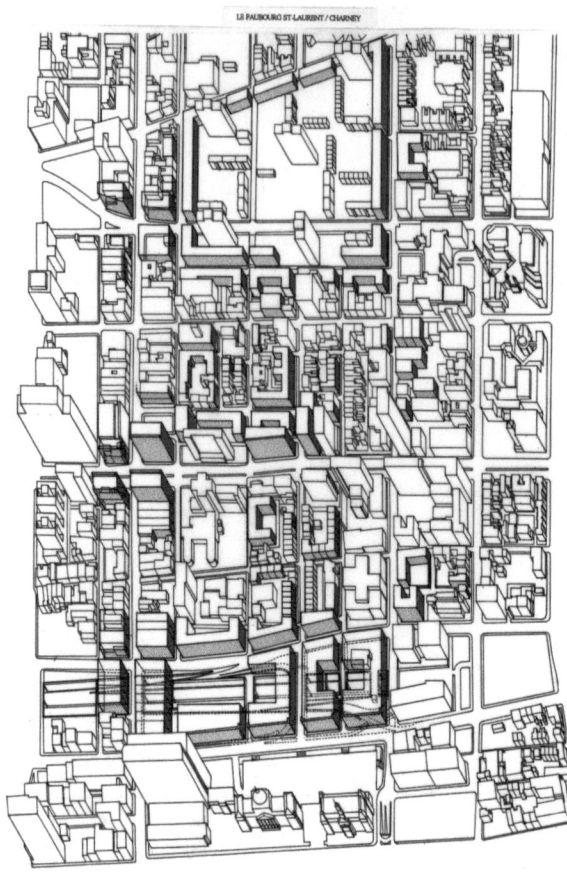

3.12 Axonométrie du faubourg Saint-Laurent reconstitué. Melvin Charney, 1990.

"grammaire" urbaine. Un des dessins, intitulé « Le faubourg reconstitué », est un axonométrique qui montre le quartier tel qu'il apparaîtrait après les interventions proposées **(fig. 3.12)**. Prenant en compte les deux échelles de la ville existante – la ville classique et la ville moderne – cette reconstitution graphique dégageait une étrange, pour ne pas dire inquiétante, aura : celle d'une *cité idéale* à la fois homogène et intemporelle[89].

Cette vision de la ville *reconstruite* contrastait de façon frappante avec les explorations figuratives et les constructions métaphoriques conçues au sein de l'atelier d'enseignement. Cependant, les deux types de représentations graphiques étaient liés par la même philosophie, celle qui envisage la ville comme une forme plutôt que comme une idée, ou plus précisément, comme une idée de la ville incarnée dans une forme. De fait, le rapport de Charney se fonde essentiellement sur la lecture et la production de documents graphiques (cartes, plans, axonométries, etc.) desquels la présence humaine et l'intentionnalité sont totalement absentes, dépeignant un monde où les processus et les formes semblent se générer par eux-mêmes[90]. Sachant que la méthodologie adoptée pour le rapport était largement informée par les études morphologiques et typologiques produites par les partisans européens de l'architecture urbaine, cette absence d'acteurs ne devrait pas être une réelle surprise[91]. Après tout, ces études étaient principalement intéressées par l'analyse formelle de la ville, même si certaines d'entre elles n'hésiteront pas à prendre en considération les pratiques du citadin ainsi que les expériences sensorielles du spectateur / utilisateur[92]. Mais l'explication de son adoption d'une telle approche, qui faisait soudainement peu de cas des acteurs ou de l'intentionnalité collective, se situe peut-être ailleurs. Il est en effet possible qu'après toutes ces années, Charney en soit venu à la conclusion que l'architecture urbaine, comme toute pratique architecturale, repose avant tout sur l'imposition d'un geste formel guidé par la main experte de l'architecte.

Quoi qu'il en soit, le rapport de Charney eut un impact direct sur le tissu urbain du quartier. Le plus tangible fut la construction de la Place de la Paix en 1994. Construite sur les traces de l'ancienne Place du marché située sur le boulevard St-Laurent, juste en face du théâtre du Monument-National, la Place de la Paix a été érigée sur le même tronçon de rue que celui qui avait fait le sujet du premier panorama photographique de Charney un quart de siècle plus tôt. Son rapport aura également un impact significatif sur la façon dont l'administration municipale envisagera le développement urbain. Le Service de l'urbanisme adoptera ses préceptes d'architecture urbaine avec la commande d'une série d'études visant à régénérer certains quartiers ciblés de Montréal[93]. Certaines de ces études seront réalisées par Charney lui-même, telle celle sur le Faubourg Québec situé à l'extrémité est du Vieux-Montréal, qu'il complète en 1991[94]. Poursuivant sur l'hypothèse que les espaces publics sont les générateurs de la ville, le rapport contient une proposition pour la reconstruction du Carré Viger, un square érigé au milieu du 19ᵉ siècle qui avait presque disparu du tissu urbain et de la mémoire collective. La même année, il contribue à une autre étude dont le mandat était de repenser la configuration de la rue de la Commune dans le Vieux-Montréal, revenant ainsi sur le site de son tout premier essai sur la conservation de la vieille ville[95].

Quelques années après l'étude sur le Faubourg Saint-Laurent, la production étudiante de l'Unité et les études urbaines de Charney seront réunies sous le même vocable, celui de ladite « École de Montréal[96] ». Identifiée pour la première fois lors du colloque *Montréal : Agir dans la ville* organisé en 1994, l'École de Montréal viendra couronner plus de vingt ans d'engagement de Charney envers le déchiffrement et la réinvention de la ville[97]. Pourtant, au moment même où « l'École » sera finalement reconnue, son entité concrète et vivante avait déjà cessé d'exister. Mais les connaissances et les méthodes qu'elle avait aidé à mettre de l'avant auront un impact durable sur la pratique du design urbain à Montréal.

Mises en contexte

De « Montrealness » à montréalité

Au début du 21ᵉ siècle, la rencontre dialogique de Charney avec la ville avait commencé à décliner, un changement qui coïncidait alors avec sa retraite de l'enseignement à l'Université de Montréal. Fait intéressant, c'est justement à ce moment que l'idée de « Montrealness » – la métaphore qui traduisait mieux que toute autre expression la spécificité et l'unicité de la ville – commença à acquérir sa vie propre.

Dans un important article paru en 2003, Luc Noppen et Lucie K. Morisset, historiens de l'architecture à l'Université du Québec à Montréal, ont été les premiers à se pencher sur l'idée de « Montrealness ». Intitulé « La montréalité de Montréal, ou l'invention du paysage montréalais[98] », leur essai visait à relire la contribution de Charney à la lumière des nombreuses tentatives de définition de l'identité de Montréal. Cet essai s'inscrivait au cœur de leurs travaux sur les représentations urbaines, à l'exemple de leur ouvrage *Identités urbaines. Échos de Montréal* paru en 2003. Ils suggèrent qu'après plusieurs tentatives de conceptualisation de l'identité de la ville, c'est Charney qui aura finalement réussi à lui donner une « forme matérielle[99] ». Les auteurs ne manquent pas de souligner le caractère parfois évasif des traits décrits par Charney. Cependant, malgré les réserves exprimées, les deux historiens vont reconnaître l'importance de sa contribution, lui donnant dès lors une légitimité nouvelle et un attrait certain. Ce qui retient l'attention ici est que c'est dans ce texte que l'idée de « Montrealness » de Charney sera pour la première fois traduite sous le vocable de *montréalité*. Depuis lors, l'expression française a eu une fortune critique impressionnante. Faisant directement référence aux travaux de Noppen et Morisset, des chercheurs de divers domaines – dont l'histoire, la sociologie, l'anthropologie et la littérature – vont adopter la notion de *montréalité* comme concept clé de leur interprétation[100].

Mais si Charney fut le brillant géniteur de l'expression « Montrealness », il ne porte, semble-t-il, aucune responsabilité dans la naissance de son supposé alter ego, la *montréalité*. De fait, la traduction française de son article, qui est paru douze ans plus tard – en 1992 – ne fait aucunement référence à la *montréalité*. En français, l'article s'intitule, tout simplement, « Montréal ». Dans cette traduction comme dans toute la production écrite de Charney, le terme *montréalité* est tout simplement introuvable.

Comment expliquer cette hésitation à traduire « Montrealness » par *montréalité* ? Une enquête auprès du traducteur du texte a permis de lever une partie du voile sur la question[101]. Lui ayant demandé s'il se souvenait des raisons qui avaient motivé cette décision, il répondra :

> C'est à la demande de Melvin que nous avons opté pour "Montréal". De mémoire, j'avais proposé "La Montréalité de Montréal" et ça ne l'avait pas du tout convaincu.

> Il n'a pas été très explicite sur ses raisons, mais je soupçonne que ça n'avait pas à ses yeux la sonorité très concrète, et tirée du parler quotidien, de «Montrealness» (comme dans smallness, hardness, cluelessness). *Montréalité* ou *Montréalitude*, ça fait plutôt invention savante ou programme militant. Ça n'évoque pas non plus la recherche d'un essentiel que contient le titre original.

Cette hésitation s'explique peut-être aussi par la connotation associée au terme même de *montréalité*. En fait, l'expression existait déjà depuis longtemps. Dès 1963, on la retrouve dans un numéro thématique de la revue *Liberté* portant sur Montréal, dans un texte d'Alain Stanké intitulé «Montréalités[102]». Avec sa description ironiquement factuelle de la ville de Montréal, les *montréalités* de Stanké n'avaient évidemment rien à voir avec l'essence recherchée par Charney.

Qu'il l'ait jugé trop connoté, ou simplement inadéquat, Charney n'adoptera jamais le terme de *montréalité*. Mais comme nous l'avons vu, ceci n'empêchera pas l'expression d'acquérir une vie propre. Certains auteurs vont même l'utiliser pour discuter de l'identité architecturale de bâtiments conçus par des architectes, alors que Charney l'invoquait plutôt pour caractériser l'interaction entre un groupe social et son environnement physique. Une chercheure ira même jusqu'à identifier trois types de *montréalité* – la progressiste, la préservationniste et la *melvinienne* – brisant ainsi l'unité du concept au profit de paradigmes divergents[103]. Sans préjuger du potentiel heuristique de ces approches, il va sans dire que nous sommes ici fort éloignés de la «Montrealness» évoquée par Charney. En somme, si l'idée de «Montrealness» de Charney a eu un impact significatif sur la façon de conceptualiser la ville et ses formes, c'est sa traduction en français sous le vocable de *montréalité* qui va tout à la fois assurer sa pérennité, et ouvrir la porte à une pluralité d'usages et de sens qui ont depuis largement dépassé l'intention d'origine de son auteur.

Épilogue

«Pendant des années, le phénomène de la ville m'a intéressé. J'y voyais une sorte d'encyclopédie de l'existence[104]», déclare Charney dans une entrevue de 1989. Dans cette encyclopédie, c'est sans doute Montréal qui occupera le plus grand nombre de pages. Que la trajectoire personnelle, intellectuelle et créative de Charney ait été profondément ancrée à Montréal est une évidence. Son Montréal ne fut pas toujours un lieu réconfortant. Transformé, pour ne pas dire violenté, par les interventions radicales menées au cours de la période d'après-guerre et au-delà, le Montréal de Charney fut plutôt une *cité souffrante*, pour rappeler l'image évoquée par Johanne Lamoureux[105]. Mais ce fut aussi un Montréal où il trouva un certain espoir, bien que timide, pour un avenir meilleur.

Si l'on devait porter un regard rétrospectif sur les travaux de Charney sur Montréal, il serait tentant de diviser sa trajectoire en deux grandes périodes, la première consacrée à la description, la seconde à la prescription. Ce déplacement significatif pourrait être commodément articulé autour de la publication de « The Montrealness of Montreal » – les essais sur la description architecturale venant avant, l'atelier étudiant et les réalisations venant après. Bien qu'il soit sans doute possible de tenir cette position, je crois plutôt que l'engagement de Charney envers Montréal faisait partie intégrante d'un projet unifié – non pas simplement un projet architectural, mais un projet conçu en termes anthropologiques, c'est-à-dire en tant que *fiction opératoire* suivant la définition donnée par Jean-Pierre Boutinet dans son célèbre ouvrage *Anthropologie du projet*[106]. Un aspect central de la *fiction opératoire* de Boutinet est l'attention continue et réfléchie portée sur quelque chose qui demeure insaisissable. Mais, comme il l'explique :

> voir dans le projet une fiction, c'est en même temps affirmer, si l'on prend la fiction dans sa signification étymologique, qu'il y a création, modelage par la pensée d'un quelque chose que la pensée ne pourra jamais totalement inscrire dans la réalité : un quelque chose qui la dépasse, lui échappe, tout en polarisant continuellement son attention[107].

Le projet montréalais de Charney s'est manifesté à travers une variété de médium et a pris plusieurs expressions différentes : essais d'inspiration historique, manifestes critiques, études urbaines, explorations étudiantes, œuvres photographiques, installations éphémères, et constructions permanentes. Il constitue un convaincant témoignage du fait qu'il avait toujours Montréal en tête. Et si, d'une certaine façon, le Montréal de Charney n'avait été qu'une construction imaginaire, ce fut une œuvre de fiction qui a déjà laissée une marque profonde et pérenne sur la perception et la construction de la ville contemporaine.

Remerciements

Les premiers travaux qui ont mené à la rédaction de cet essai ont été soutenus financièrement par le Fonds de recherche du Québec – Société et culture (FRQSC). Mes réflexions sur le sujet ont beaucoup bénéficié de longues discussions avec Louis Martin. J'aimerais le remercier ici pour la rigueur avec laquelle il a mené ce projet à bien. Mes remerciements vont également à Cammie McAtee pour sa critique éclairée et son soutien constant. Je dédie cet essai à la mémoire de Claude Lamoureux.

Notes

1. Voir Julien Gracq, *La forme d'une ville*, Paris, José Corti, 1985.
2. Melvin Charney, « The Montrealness of Montreal : Formations and formalities in urban architecture », *The Architectural Review*, n° 999, mai 1980, p. 299-302. Chapitre 14 dans ce livre, p. 209.
3. Pour une discussion du travail photographique de Charney, voir Pierre Landry (dir.), *Melvin Charney*, Montréal, Musée d'art contemporain de Montréal, 2002.
4. Yasmeen Siddiqui, « In Conversation », dans Gwendolyn Owens, Saul Ostrow, Yasmeen Siddiqui et Melvin Charney, *The Painted Photographs of Melvin Charney – Between Observation and Intervention*, Americas Society, 2009, p. 3. Ma traduction.
5. Melvin Charney, « Old Montreal No One Wants to Preserve », *The Montrealer*, vol. 38, n° 12, décembre 1964. Chapitre 4 dans ce livre, p. 99.
6. « Règlement créant le Commission Jacques-Viger », n° 2760, Ville de Montréal, 16 août 1962.

L'arrondissement historique du Vieux-Montréal sera établi par le Gouvernement du Québec avec une loi votée le 8 janvier 1964.

7   Chapitre 4, p. 99.
8   Pour une discussion sur la vision de l'architecture moderne que Charney développe au cours des années 1960, voir mon essai « "Pour une définition de l'architecture…" : Melvin Charney et la modernité architecturale dans les années 1960 », *Trames*, n° 15, 2004, p. 25-52.
9   Melvin Charney, « Place Victoria, Montreal », *The Canadian Architect*, vol. 10, n° 7, juillet 1965, 37-54. Chapitre 5 dans ce livre.
10 Pour une analyse de ce modèle, voir mon article : « Pour une définition de l'architecture… », *op. cit.*
11 Melvin Charney, « Place Victoria, Montreal », *op. cit.* Chapitre 5 dans ce livre, p. 105.
12 Voir Norbert Schoenauer, « The New City Centre », *Architectural Design*, vol. 37, n° 7, juillet 1967, p. 311.
13 Melvin Charney, « Saisir Montréal », dans Pierre Beaupré et Annabel Slaight (dir.), *Découvrir Montréal*, Montréal : Éditions du Jour, 1975, p. 14-27. Chapitre 10 dans ce livre, p. 155.
14 *Ibid.*
15 *Ibid.*
16 *Ibid.*
17 Voir la version anglaise du texte. Melvin Charney, « Understanding Montreal », dans Pierre Beaupré et Annabel Slaight (dir.), *Exploring Montreal, Its People, Buildings and Places*, Toronto, Greey de Pencier Publications, 1974, p. 23. Ma traduction.
18 Reyner Banham, *Megastructure: Urban Futures of the Recent Past*, London, Thames and Hudson, 1976. Pour une discussion approfondie sur ce sujet, voir Inderbir Singh Riar, « Montreal and the Megastructure, ca. 1967 », dans Rhona Richman Kenneally et Johanne Sloan (dir), *Expo 67: Not Just a Souvenir*, Toronto, University of Toronto Press, 2010, p. 193-210.
19 Un argument qui sera soutenu à l'aide d'une reproduction de la coupe du nouveau centre-ville dessinée par Charney. *Ibid.*, p. 199.
20 *Ibid.*
21 Pour une discussion de cet essai, voir mon article : « "Pour une définition de l'architecture…" », *op. cit.*
22 Melvin Charney, « Pour une définition de l'architecture au Québec », dans Melvin Charney et Marcel Bélanger (dir.), *Architecture et urbanisme au Québec*, Montréal, Les Presses de l'Université de Montréal, 1971, p. 9-42. Chapitre 8 dans ce livre, p. 131.
23 *Ibid.*
24 La position critique de Charney était proche de celle formulée à la même époque par Alexander Tzonis dans l'introduction de son livre *Towards a Non-Oppressive Environment: An Essay*, New York, G. Braziller, 1972. Il est important de souligner qu'au cours de cette période, Charney travaillera sur trois différents manuscrits, chacun traitant d'une facette de la dimension politique de l'architecture au Québec. Bien qu'ils ne seront jamais publiés, ces essais révèlent un réel engagement de Charney sur cette question.
25 Melvin Charney, dir., *Montréal : Plus ou moins ? = Montreal: Plus or Minus?*, Montréal, Musée des beaux-arts de Montréal / The Montreal Museum of Fine Arts, 1972. Chapitre 9 dans ce livre, p. 149.
26 Voir Johanne Sloan, « Conceptual Art Meets Urban Attitudes: Melvin Charney and the 1972 Exhibition *Montréal Plus ou Moins ?* » (résumé de conférence), 25 janvier 2011.
27 *Montréal : Plus ou Moins ?*, p. 212. Ce panorama rappelle le travail photographique d'Edward Ruscha intitulé *Every Building on the Sunset Strip* (1966).
28 Sur Corridart, voir Hélène Lipstadt et Michèle Picard, « Corridart : Public Space Destroyed and Remembered », *Architecture and Ideas*, n° 2, automne 1998, p. 76-91.
29 *Op. cit.* Pour la traduction française de ce texte, voir « Montréal : formes et figures en architecture urbaine », dans Irena Latek (dir.), *Ville métaphore projet : architecture urbaine à Montréal 1980-1990*, Montréal, Éditions du Méridien, 1992, p. 17-30. Chapitre 14 dans ce livre, p. 209.
30 Nikolaus Pevsner, *The Englishness of English Art*, London, Architectural Press, 1956.
31 Chapitre 8, p. 131.
32 *Ibid.*
33 Melvin Charney, « Saisir Montréal » dans Découvrir Montréal, Montréal, Éditions du Jour, 1975, p. 16-35. Chapitre 10 dans ce livre, p. 155.
34 *Ibid.*
35 *Ibid.*
36 *Ibid.*
37 En réponse à cette interprétation séduisante, mais contestable, j'ai tenté de démontrer que la grille montréalaise et la forme urbaine qui lui est associée furent le résultat d'un processus basé sur des modèles de lotissement qui étaient partagés par les professionnels des deux principaux groupes sociolinguistiques de la ville. Voir Réjean Legault, « Architecture et forme urbaine à Montréal : le développement du quartier Saint-Jean-Baptiste de 1870 à 1914 », Mémoire de maîtrise, Faculté de l'aménagement, Université de Montréal, 1986.
38 À ce moment de la discussion, je suis tenté de revenir aux mots de Paul Veyne, qui a rappelé que dans le récit historique, il n'y a pas de faits, seulement des interprétations. Paul Veyne, *Comment on écrit l'histoire*, Paris, Seuil, 1971.
39 Melvin Charney, « Montréal : formes et figures en architecture urbaine ». Chapitre 14 dans ce livre, p. 209.
40 *Ibid.*
41 *Ibid.*
42 Voir particulièrement l'article de Michel Barcelo, urbaniste et professeur à l'Université de Montréal : « Montreal – Planned and Unplanned », *Architectural Design*, vol. 37, n° 7, juillet 1967, p. 307-310.
43 Voir : Pierre Deffontaines, *Le rang, type de peuplement rural du Canada français*. Québec, Presses de l'Université Laval (*Cahiers de Géographie*, n° 5), 1953, 32 p. et Max Derruau, « À l'origine du "rang" canadien », *Cahiers de géographie du Québec*, vol. 1, n° 1, 1956 : 39-47.
44 Chapitre 10, p. 155.

Mises en contexte

45 Chapitre 14, p. 209.

46 *Ibid*.

47 Dans un essai publié en 1978 (voir chapitre 8), Charney fait valoir que la grille de rues orthogonales de Montréal, qui suivait l'alignement des rangs, témoigne d'une continuité depuis ses origines étrusques jusqu'au cardo romain, de la tradition médiévale – qui produira les villes nouvelles des Zähringen au 11ᵉ siècle – jusqu'à la typologie des villes au 19ᵉ siècle. Toutefois, ce n'est que dans le texte de 1980 qu'il fera référence à l'essai de Paul Hofer dans R. Hager (dir.), *The Zahringer New Towns*, Zurich, Swiss Federal Institute of Technology, 1966.

48 Dans son étude exhaustive sur l'origine des plans des villes de l'Amérique du Nord, John Reps montre que ceux-ci étaient toujours basés sur l'adaptation de certains modèles pré-existants. Voir John Reps, *The Making of Urban America A History of City Planning in the United-Stated*, Princeton, Princeton University Press, 1965.

49 Voir Paul-André Linteau, « L'histoire urbaine au Québec : bilan et tendances », *Revue d'histoire urbaine*, nº 1, février 1972, p. 7-10.

50 En plus de ces deux termes, Charney fera parfois référence à la triade description – prescription – mise en œuvre.

51 André Corboz, « La description : entre lecture et écriture », dans *Le territoire comme palimpseste et autres essais*, Paris, Éditions de l'Imprimeur, 2001, p. 251.

52 Melvin Charney, « On Interpreting Montreal: The City of the City » (essai inédit), ca. 1981, non paginé.

53 Melvin Charney, « On Interpreting Montreal », p. 1.

54 *Ibid*.

55 *Ibid*.

56 Joseph Rykwert, *La maison d'Adam au paradis*, Paris : Éditions du Seuil, 1976.

57 Melvin Charney, « On Interpreting Montreal », p. 2.

58 *Ibid*.

59 *Ibid*., p. 5.

60 C'est la notion of *réinvention* qui est au cœur de l'ouvrage publié en parallèle avec l'exposition des travaux de Charney sur les paraboles, présentée en France en 1997. Jean-François Chevrier et al., *Melvin Charney. Parcours de la réinvention = about réinvention*, Caen, FRAC Basse-Normandie, 1998.

61 Voir Aldo Rossi, *The Architecture of the City*, Cambridge (MA), MIT Press, 1982.

62 Avant la traduction de 1982, les écrits et projets de Rossi furent principalement connus grâce à des publications telles que le numéro spécial de la revue japonaise *A+U* 65 (1976).

63 Aldo Rossi, « An analogical architecture », *Architecture and Urbanism* 56, 1976, p. 74-76.

64 Melvin Charney, « À qui de droit : au sujet de l'architecture contemporaine au Québec », *ARQ Architecture/ Québec*, nº 5, janvier/février 1982, p. 13-23. Chapitre 15 dans ce livre, p. 221.

65 *Ibid*.

66 *Ibid*. Voir également l'article « The City within the City », *Domus*, juillet 1980, qui a été intégré dans les derniers paragraphes de la traduction française de « Montrealness ».

67 Organisée conjointement par le Musée des beaux-arts de Montréal et le Centre Canadien d'Architecture, l'exposition *Les villas de Pline et l'architecture classique à Montréal* sera présentée du 14 octobre au 11 décembre 1983.

68 Charney écrit : « L'idée n'est pas tant que l'on puisse découvrir la villa de Pline tapie dans la structure de ce quartier [Hochelaga-Maisonneuve], mais bien plutôt de confirmer l'existence d'un ordre fondamental qui donne forme à la ville comme construction urbaine : la figure d'une ville dans une ville ». Melvin Charney, « Of Temples and Sheds », *ARQ Architecture/Québec*, nº 15, octobre 1983, p. 11-15. Chapitre 16 dans ce livre, p. 245.

69 Alessandra Latour (dir.), *Paraboles et autres allégories. L'œuvre de Melvin Charney 1975-1990*, Montréal, Centre Canadien d'Architecture, 1991, p. 137.

70 Melvin Charney, « Un jardin pour le Centre Canadien d'Architecture », dans Larry Richards, *Centre Canadien d'Architecture : Architecture et Paysage*, Montréal : Centre Canadien d'Architecture, 1989, 87-102.

71 Louis Martin, « L'architecture comme roman : entretien avec Melvin Charney », *Parachute*, nº 56, octobre-décembre 1989, p. 11.

72 Officiellement mis sur pied en 1978, l'Atelier d'architecture urbaine était dirigé par les professeurs Melvin Charney, Denys Marchand et Alan Knight.

73 Louis Martin et Claude Lamoureux, « Projets d'architecture urbaine », *Intervention*, nº 18, 1983, p. 26-27. L'exposition fut présentée à la galerie Articule à Montréal en août 1982.

74 L'exposition fut présentée à la galerie Optica du 5 au 29 septembre 1984. Voir Claude Lamoureux, « Architecture urbaine : innover dans la continuité », *Continuité*, nº 22, 1984, p. 23-24.

75 Voir Robert-L. Delevoy et Anthony Vidler, *Architecture rationnelle : la reconstruction de la ville européenne*, Bruxelles, Éditions A.A.M., 1978.

76 *MONTRÉAL EN PROJET : Dix années d'architecture urbaine*, une exposition présentée au Centre de design de l'Université du Québec à Montréal du 21 mai au 28 juin 1992.

77 Irena Latek et al., *Ville métaphore projet : architecture urbaine à Montréal 1980-1990*, Montréal : Éditions du Méridien, 1992.

78 « Préface », dans *Ville métaphore projet*, p. 7.

79 Pour une discussion en profondeur du « tournant sémiologique » chez Charney, voir le texte de Louis Martin.

80 Melvin Charney, « La tribune d'architecture urbaine », dans *Ville métaphore projet*, p. 101.

81 En 1977, Charney écrit : « Ce qui commença avec la *Memo Series* en 1970, qui déchiffraient des métaphores contextuelles incluant certaines tirées des médias dans le but de constituer un musée, évoluera pour devenir Corridart en 1976, un musée qui construit des métaphores contextuelles dans le domaine public ». Melvin Charney, « Other Monuments: Four Works, 1970-1976 », dans *Vanguard* (The Vancouver Art Gallery), vol. 6, nº 2, mars 1977, p. 3-8. Ma traduction.

82 Melvin Charney, « La tribune d'architecture urbaine », dans *Ville métaphore projet*, p. 102.
83 Entre 1980 et 1990, plus de 250 étudiants auront travaillé au sein de l'Unité. *Ville métaphore projet*, p. 125.
84 Melvin Charney, *Le Faubourg St-Laurent : d'un savoir urbain à une vision éclairée du développement du faubourg*, Étude préparée pour le service de l'habitation et du développement urbain de la Ville de Montréal, 14 mars 1990.
85 L'étude fut vraisemblablement commandée par Serge Carreau, directeur associé au Service de l'habitation et du développement urbain de la Ville de Montréal et ancien professeur à l'École d'architecture de l'Université de Montréal.
86 *Le Faubourg St-Laurent*, op. cit., p. 22.
87 *Ibid.*
88 *Ibid.*
89 J'emprunte cette description à l'architecte Pierre Beaupré, qui fera un intéressant compte rendu du rapport. Voir Beaupré, « Aux portes du Vieux-Montréal », *ARQ Architecture/Québec*, nº 56, août 1990, p. 21.
90 Cette absence de la vie sociale et de ses contradictions fut bien notée par Beaupré qui écrira : "Les brisures, les antagonismes sociaux, les hiatus s'effacent par la magie du prince." *Ibid.*, p. 21.
91 Voir Philippe Panerai et al., *Eléments d'analyse urbaine*, Bruxelles, Éditions AAM, 1980 ; voir aussi Jean Castex et al., *Lecture d'une ville : Versailles*, Paris, Éditions du Moniteur, 1980.
92 Voir plus particulièrement Jean-Charles Depaule, « La pratique de l'espace urbain », dans *Eléments d'analyse urbaine*, p. 127-52.
93 En plus des rapports préparés en 1991-92 par Alan Knight, un professeur de l'Unité qui travaillait alors au sein de la Service de l'urbanisme de la ville, de nombreuses études furent préparées par des consultants extérieurs qui avaient été influencés par l'enseignement de l'Unité d'Architecture Urbaine.
94 Melvin Charney, *Le carré Viger/Le faubourg Québec*, Étude réalisée pour la Société d'habitation et de développement de Montréal, 15 mars 1991.
95 *Promenade de la Commune. Plan de réaménagement*, Service de l'habitation et du développement urbain de la Ville de Montréal, juillet 1991. Les autres architectes ayant contribué à l'étude étaient Aurèle Cardinal et Peter Rose.
96 Louis Martin, « De l'école à la ville : la naissance d'une école de Montréal », *ARQ Architecture/Québec*, nº 83, février 1995, p. 8-13.
97 Organisé conjointement par le Service de l'habitation et du développement urbain de la Ville de Montréal, la Société d'habitation et de développement de Montréal, la Faculté de l'aménagement de l'Université de Montréal et le Centre Canadien d'Architecture, le colloque *Montréal : Agir dans la ville*, se tiendra au CCA les 11 et 12 novembre 1994.
98 Luc Noppen et Lucie K. Morisset, « La montréalité de Montréal, ou l'invention du paysage montréalais », dans P. Dieudonné, L.K. Morisset et J.-F. Simon (dir.), *Réinventer pays et paysages*, Brest, Centre de recherches bretonnes et celtiques, 2003, p. 71-101 ; voir aussi Luc Noppen et Lucie K. Morisset, « Entre identité métropolitaine et identité urbaine : Montréal », dans *Identités urbaines : Échos de Montréal*, Montréal, Éditions Nota bene, 2003, p. 157-79.
99 Melvin Charney, « La montréalité de Montréal », p. 87.
100 Voir particulièrement les contributions suivantes : Ignace Olazabal, « Le Mile-End comme synthèse d'une montréalité en devenir », dans *Les Cahiers du Gres*, vol. 6, nº 2, hiver 2006, p. 7-16 ; Kenza Benali, *Les représentations médiatiques d'un quartier en processus de gentrification : le cas du Plateau Mont-Royal à travers la presse francophone*, Thèse de doctorat, Université du Québec à Montréal/INRS-Urbanisation, 2007 ; Jean-Sébastien Barriault, *De la montréalité : L'émergence de Montréal comme lieu de référence*, Mémoire de maîtrise, Université Laval, 2007. Depuis 2010, la notion aura même atteint de nouveaux rivages, informant même les travaux de chercheurs germanophones. Voir Nadine Klopfer, *Die Ordnung der Stadt : Raum und Gesellschaft in Montreal (1880 bis 1930)*, Köln, Böhlau-Verlag, 2010.
101 Le traducteur du texte est le professeur Nicholas Roquet, qui était alors étudiant à l'École d'architecture de l'Université de Montréal.
102 Voir Alain Stanké, « Montréalités », *Liberté*, nº 28, juillet-août 1963, p. 348–350. Plus récemment, le terme est aussi apparu dans : Guy Bellavance, « Développement culturel : montréalités », *Possibles*, vol. 11, nº 3, printemps-été 1987, p. 53-72 ; Francine Couture, « L'exposition comme lieu de construction indentitaire : la montréalisation de l'art contemporain », dans Andrée Fortin (dir.), *Produire la culture, produire l'identité ?*, Québec, Les Presses de l'Université Laval, 2000, p. 87-103.
103 Voir Alena Prochazka, *Le projet urbain vu comme un catalyseur identitaire : analyse de contributions récentes à la montréalité (1992–2003)*, Thèse de doctorat, Université du Québec à Montréal, 2009.
104 Louis Martin, « L'architecture comme roman : entretien avec Melvin Charney », *Parachute*, nº 56, octobre-décembre 1989, p. 9-11.
105 Johanne Lamoureux fait référence au texte de Robert-Jan Van Pelt, « Into the Suffering City », dans Alessandra Latour, *Paraboles et autres allégories*, op. cit., p. 35-53. Voir Johanne Lamoureux, « De la construction, ou la traduction des modèles », dans *Melvin Charney parcours de la réinvention = about reinvention*, op. cit., p. 55.
106 Jean-Pierre Boutinet, *Anthropologie du projet*, Paris, PUF, 1990.
107 *Ibid.*, p. 363-364.

MELVIN CHARNEY: ÉCRITS CHOISIS

4.
LE VIEUX MONTRÉAL QUE PERSONNE NE VEUT PRÉSERVER, 1964

Comme nos aïeux, nous avons tendance à rejeter l'architecture du passé récent.

Afin de regarder le vieux, et aussi pas si vieux Montréal, convenons de procéder à l'aide d'une trame simple : divisons les rues et les édifices de Montréal en quatre groupes correspondants aux quatre étapes particulières qu'on peut distinguer dans le développement de cette ville.

Le premier groupe appartient à la ville du 18e siècle qui était autrefois cachée derrière des murs de pierre médiévaux. Le « Vieux Montréal » : les rues étroites mal éclairées, les murs de pierre percés d'ouvertures sévères, rectangulaires, encadrées de pierres de taille, les corniches et les débords de toit caractéristiques sont tous de cette période, qui est maintenant regardée avec nostalgie comme celle du temps mythique de l'innocence, quand la vie était simple et directe (**fig. 4.1**). L'allégeance du public pour la vieille pierre a fait en sorte que l'image ancestrale du 18e siècle est toujours présente.

Le deuxième groupe de rues et d'édifices est issu du 19e siècle, soit de la période entre le début des années 1820 et la fin de la Première Guerre mondiale. À cette époque, la ville s'est déplacée en dehors des murs, vers l'est et vers l'ouest ; elle a gravi la montagne et traversé le fleuve sur le premier pont de fer. Les bâtiments de pierre archaïque de la ville du 18e siècle ont été remplacés à la manière de vieux vêtements démodés qui ne conviennent plus. Le mépris généralisé pour les bâtiments anciens était conforme, autant à la mentalité caractéristique d'une population qui avait quitté ses terres ancestrales en venant dans ce pays qu'à l'esprit progressiste d'un 19e siècle résolument tourné vers l'avenir. La ville grandit : des avenues majestueuses bordées

Le texte original en anglais « The Old Montreal No One Wants to Preserve » est paru dans la revue *The Montrealer*, Décembre 1964, p. 20-24. Traduction de l'anglais Dominic Beaudry, relue par Louis Martin et Alessandra Mariani.

4.1 Rue Saint-Paul. Les façades de pierre planes des édifices commerciaux, percées par quelques fenêtres, ont cédé la place, au cours du 19ᵉ siècle, aux ossatures de pierre transparentes. L'usage généralisé du verre et de l'ascenseur, qui sont devenus synonymes d'édifices à bureaux, a été introduit pour la première fois dans ces bâtiments.

d'arbres ; de longues rues d'immeubles locatifs à deux ou trois étages ; l'afflux d'immigrants. Le début de l'industrialisation a façonné le caractère de la ville au 19ᵉ siècle. C'est ce caractère qui marque encore le « génie du lieu » du Montréal que nous connaissons.

La croissance de la ville et l'industrialisation amorcées au 19ᵉ siècle se sont accélérées rapidement au 20ᵉ siècle. Le groupe suivant de rues et de bâtiments distinctifs appartient approximativement à la première moitié du 20ᵉ siècle – c'est la troisième phase de notre jeu. Auparavant, la ville avait été soumise à d'intenses pressions pour accommoder l'avènement de la nouvelle ère moderne. Cette période, en ce qui concerne Montréal, n'était pas encore équipée pour maîtriser la conception de grands édifices, une grande croissance de la population, ni les innovations technologiques. Les murs porteurs en pierre des bâtiments du 19ᵉ siècle sont devenus à cette époque des parements de pierre portés par une ossature métallique. Les rues originellement conçues pour le cheval et la calèche ont progressivement été remplies par les automobiles. Les rues ont été élargies, les trottoirs sont devenus étroits, et les arbres, abattus. En continuité avec l'esprit du 19ᵉ siècle, il y avait un mépris absolu des vieux bâtiments, sauf pour quelques connaisseurs excentriques.

Une stérilité caractérise plusieurs bâtiments de cette troisième période. Les historiens locaux ont exonéré cette architecture sous prétexte qu'elle est issue d'une « période économique ». Mais, la vacuité de ce travail et l'incapacité à faire face à la réalité de façon imaginative sont difficiles à défendre, spécialement lorsqu'on considère la présence, à proximité, de quelques exemples du 19ᵉ siècle. Les grands bâtiments de cette époque ressemblent à de petits bâtiments qui ont échappé à toute règle, à l'image d'une souris attifée d'un cou de girafe.* Cependant, dans une phase plus récente, les constructeurs-concepteurs ont appris comment faire les grandes choses en grand. Par exemple, le récent édifice de La Banque Impériale de Commerce n'a pas l'air grand, il est grand !†

La période contemporaine, à laquelle nous sommes arrivés, est la quatrième phase dans le cours du développement de Montréal. La ville que

---

* Note de l'éditeur : Charney reprend ici l'image évoquée par Louis I. Kahn dans la conférence qu'il a prononcée lors du dernier CIAM en 1959. Voir Louis I. Kahn, « Concluding Remarks to the CIAM Congress, Otterlo, 1959 », dans Oscar Newman (dir.), *CIAM '59 in Otterlo*, London, Tiranti, 1961, p. 207-214.

† Note de l'éditeur : l'édifice de la Banque impériale de commerce du Canada, inauguré en 1962, a été conçu par l'architecte d'origine britannique Peter Dickinson.

Le Vieux Montréal que personne ne veut préserver, 1964

4.2 Palais commerciaux. La rythmique robuste et répétitive de la pierre; une emphase verticale contrôlée par la projection de bandes horizontales et stoppée au ciel par une corniche. La corniche surplombe la rue; des saillies au sommet de chaque élément vertical articulent la façade avec des ornements et créent un événement à chaque jonction importante de la construction. De la rue, on découvre une architecture riche, modulée et convaincante.

* Note de l'éditeur : aujourd'hui, avenue Viger.
† Note de l'éditeur : aujourd'hui rue Saint-Antoine.

nous connaissions a été démembrée. À la différence des autres périodes où les vieux bâtiments étaient démolis, dans cette phase, l'idée même de la « ville » semble être devenue obsolète.

L'étalement urbain s'accélère maintenant à tel point que Montréal n'est plus une ville aux limites identifiables, mais une région dont les frontières ont dépassé de loin l'île d'origine (voir les problèmes d'annexion des banlieues jadis éloignées). L'automobile détermine maintenant le *modus operandi* du lieu. Les autoroutes qui sont construites présentement dans la région de Montréal séparent la ville en sections disparates et les lient entre elles telle une courtepointe de grands et de petits ensembles de bâtiments connectés les uns aux autres par des routes.

Avec ces nouvelles voies rapides, le développement de nouveaux « centres » particularise le nouveau type de bâtiment qui correspond à la quatrième phase de Montréal. Bien connu, le centre d'achat fut le premier prototype à faire son apparition : un groupe de bâtiments dense entouré d'autoroutes, où il n'est possible accéder qu'en automobile et, une fois sur place, la voiture est laissée derrière pour poursuivre à pied dans une ville remplie de délices en conserve. Le complexe de la Place Ville-Marie est un centre de ce genre avec une population dépassant, pendant le jour, celle de l'ancien Montréal emmuré ; les rues intérieures de la Place Ville-Marie sont aussi étroites que celles des villes médiévales.

La nouvelle autoroute transcanadienne qui traversera Montréal en tranchée le long de la rue Vitré* va couper et isoler la vieille partie de la ville bordant le port. Par sa proximité de l'autoroute ainsi que la densité des bâtiments et les rues étroites qui le caractérisent, ce secteur deviendra un « centre » parmi d'autres du nouveau Montréal. La montée de la sympathie populaire pour la préservation, qui coïncide avec la quatrième phase, a déjà assuré qu'une bonne partie de ces vieux bâtiments seront embaumés (le marché Bonsecours, par exemple). L'afflux de la trilogie « boutiques, culture, charme du vieux monde » assurera aussi le succès commercial de ce nouveau « vieux centre-ville. »

La partie la plus ancienne de la ville, qui fait présentement l'objet d'un sauvetage qui la transforme en centre historique, est localisée entre les rues McGill, Berri, Craig† et le bord de l'eau. Ce territoire correspond approximativement au secteur de la ville du 18ᵉ siècle. Peu de bâtiments de cette période ont survécu, la plupart d'eux furent démolis ou modifiés, mais le tissage serré des rues d'autrefois demeure visible. Les places principales et la plupart des bâtiments datent du 19ᵉ siècle lorsque cette partie de la ville était « la vieille ville », où l'Hôtel de Ville, le Palais de justice et les « palais » commerciaux étaient situés **(fig. 4.2)**. Toutefois, le centre de gravité principal de cette ville du 19ᵉ siècle était localisé au nord-ouest.

C'est dans la partie principale de la ville du 19ᵉ siècle, à l'extérieur de la vieille ville, que la rénovation urbaine contemporaine – la démolition et la reconstruction – a lieu. La plupart des bâtiments dont on se débarrasse ont été construits à cette époque, comme le sont la plupart des vieux bâtiments qui parviennent à résister au nouvel urbanisme. Nous en savons très peu sur la contribution architecturale du 19ᵉ siècle à Montréal. Il y a une forme de vengeance dans le mépris, la vitesse et la facilité qui entraînent la disparition de ces bâtiments. Plusieurs semblent être mis au rebut uniquement pour libérer une partie de terrain de leur présence. Personne n'aime les bâtiments de ses prédécesseurs immédiats : pour la plupart des gens, le 19ᵉ siècle est encore un vêtement vieux et embarrassant, dont il faut se départir, [il n'est] pas encore les lambeaux vénérés d'un habit ancestral.

Comme la plupart des bâtiments construits aujourd'hui, les bâtiments du passé sont, pour la plupart, des déchets de la spéculation immobilière. N'importe quelle société peut demander le remplacement de ses bâtiments. Il n'y a pas un seul bâtiment qui ne soit pas indispensable ; fabriqués par l'être humain, ils sont soumis aux besoins humains et souvent, doivent survivre au-delà de la période de leur utilité. Mais, ce qui est intéressant est le fait que certains de ces vieux bâtiments n'étaient pas des « déchets », et que tout un chacun ait, plus ou moins accepté que la continuité de la vie urbaine dépende de vestiges culturels composés, en l'occurrence, de la préservation partielle des structures bâties de nos villes. L'utilité est aussi une notion compliquée puisqu'elle est liée autant aux besoins collectifs de l'homme qu'à ses opportunités matérielles. Bien qu'une grande partie du Montréal du 19ᵉ siècle ait été démolie, il reste bon nombre de bâtiments de grande qualité et représentatifs et, clairement, il est nécessaire de réfléchir à ce qui doit être conservé et ce qui doit être détruit.

C'est dans le Montréal du 19ᵉ siècle qu'apparaissent les premiers exemples des types de bâtiments qui sont devenus familiers dans nos villes contemporaines. Ces bâtiments d'autrefois se dressent comme un témoignage d'une période d'ingéniosité et de vigueur qui n'a pas hésité à inventer, dans un élan architectural, de nouveaux types de bâtiments pour répondre aux besoins alors inédits de l'époque. Le développement de l'archétype de l'immeuble de bureaux, de l'immeuble de logements, et du style « fonctionnel » présentement en vogue s'est produit au 19ᵉ siècle.

Les remarquables silos à grains qui longent le bord de l'eau ont été développés au 19ᵉ siècle, bien qu'ils aient été construits au début du 20ᵉ, en utilisant des techniques qui n'avaient été que récemment mises en œuvre dans l'industrie du bâtiment. Les grands architectes européens du premier quart du 20ᵉ siècle ont d'ailleurs exprimé leur admiration face à ces silos à grains, puisqu'ils représentaient à leurs yeux le potentiel architectural d'une nouvelle ère. En 1925, par exemple, Le Corbusier a inclus plusieurs photographies de silos à grains de Montréal dans son influent livre *Vers une architecture**. Il faut toujours une certaine imagination pour considérer le silo à grains du 19ᵉ siècle comme un monument architectural de notre nouvelle société cybernétique. Les Montréalais, en général, n'ont pas vu ces structures. Face à l'apparition d'un sentiment désormais répandu, selon lequel les silos à grains obstruent les liens physiques et visuels entre le Vieux-Montréal et le port, une campagne de sauvegarde des silos devra probablement être initiée.

Le premier développement des tours à bureaux contemporaines peut être vu sur la rue Saint-Paul. Les bâtiments commerciaux datant de la moitié du 19ᵉ siècle étaient les premiers à être pourvus d'une façade entièrement vitrée pour maximiser l'apport de lumière naturelle aux espaces internes et d'un plan ouvert ouvert se prêtant à la disposition flexible de ces mêmes espaces. Les façades de plusieurs de ces bâtiments ont une surface de verre plus

---

* Note de l'éditeur : Le Corbusier, *Vers une architecture*, Paris, Collection de L'Esprit Nouveau, 1923.

Le Vieux Montréal que personne ne veut préserver, 1964

grande que celle de la tour de la Place Ville-Marie. Les arêtes de la façade expriment avec une clarté parfaite la structure de l'édifice – une simple cage de colonnes et de poutres (**fig. 4.3**). Pour accentuer la clarté des bâtiments, les constructeurs-concepteurs ont modulé la taille des éléments et les proportions des édifices selon leur hauteur et leur position par rapport à l'observateur dans la rue ; à la Place Ville-Marie, le détail du premier étage est identique au détail du trente-et-unième étage.

Les rues à l'est de la rue Saint-Denis, au nord et au sud de la rue Sherbrooke, datent du 19ᵉ siècle. Ici, des maisons furent construites en séries par des spéculateurs. Notons un groupe situé sur la rue Rivard qui présente sur la rue une façade de maçonnerie plane et ordonnée typique du style montréalais de cette période pour des maisons modiques. Un exemple un peu plus tardif de ce même type de maisons en séries se situe sur la rue Berri (**fig. 4.4**). Les deux groupes ont été construits de la même manière – une boîte de bois revêtue d'une mince paroi de maçonnerie. Toutefois, dans ce dernier

4.3 **L'esprit fonctionnel.** Réduite à l'essentiel, une structure de pierre austère enclose par des pans de verre rattache ce bâtiment à la grande architecture du 19ᵉ siècle, celles de Liverpool et de l'École de Chicago. Parmi les aspects essentiels de cette architecture : l'articulation des proportions des éléments, la base à la bordure du trottoir et le profil du faîte de l'édifice. La clarté « Miesienne » de cette architecture anticipe le style de ce qui deviendra plus tard le Mouvement moderne international.

4.4 **Groupe de maisons sur la rue Berri.** L'habitat dense regroupe les logements en unités de deux étages juxtaposés le long de la rue. Les intérieurs de ces maisons sont simples et confortables ; l'énergie de cette architecture est consacrée à la création de l'environnement de la rue comme entité sociale. La façade sur rue est composée d'une répétition d'éléments identiques ; pourtant, l'effet total est visuellement riche en variations.

4.5 Le style Bijou.
Le bâtiment se compose fondamentalement d'un « pastiche » de vignettes décoratives au goût de l'époque, qui décentrait tout détail ayant une certaine importance sur le bâtiment. Les intérieurs étaient généralement spacieux et minutieusement ouvrés. [Note de l'éditeur : l'image illustrant l'essai original est introuvable. Cette carte postale montre la maison au début du 20ᵉ siècle ; elle a été démolie pendant les années 1960.]

exemple, nous pouvons voir l'esprit de la grande époque victorienne. La façade donnant sur la rue a été enrichie visuellement par le positionnement méticuleux d'éléments ornementaux. Pour les deux groupes de maisons, la densité d'occupation du sol d'un ratio de 200 personnes par acre s'est, contre toute attente, avérée plus élevées que celle des récentes formules proposées pour résoudre les problèmes de logement de la planète.

Les édifices de la rue Saint-Paul, le groupe de maisons sur la rue Berri et les autres vestiges du 19ᵉ siècle montrent que les édifices définissent la rue comme un lieu important dans la vie de la ville. En accord avec une longue tradition issue de la Renaissance, les façades des bâtiments ont été conçues pour être vues de la rue. Toute la verve* de l'édifice était destinée aux passants déambulant dans la rue ; la façade leur faisait part de ce qui se passait à l'intérieur. Le 19ᵉ siècle appréciait énormément la décoration. Les détails riches en motifs gravés étaient placés à la vue du passant. Cette libido décorative était définie et contenue ; les murs austères devenaient exubérants à des endroits spéciaux et contrôlés, tel qu'aux contours des fenêtres et des portes. Le profil de la ligne de toit, souvent crènelée, était utilisé pour imbriquer† le ciel dans la partie supérieure de l'édifice. On devait avoir recours à la vue pour regarder les rues de la ville.

Ces édifices du 19ᵉ siècle témoignent du dynamisme virtuose des constructeurs dans leur utilisation du fer, de la pierre et du bois (**fig. 4.5**). Il y a dans l'ouvrage une force et un plaisir visuel qui reflètent une confiance optimiste dans le monde limité de l'homme, la science et la « belle vie ». Maintenant, nous savons que la science, par exemple, a un double tranchant qui peut effacer complètement la vie aussi facilement qu'elle peut la rendre meilleure. Et nos édifices, à l'enveloppe mince, anonymes, [aux façades] sans fin, affirment notre monde.

* Note de l'éditeur : « excitement » en anglais.
† Note de l'éditeur : « to bring the sky into the upper part of the building » en anglais.

5.
PLACE VICTORIA, MONTRÉAL, 1965

Le texte original en anglais « Place Victoria, Montreal », est paru dans la revue *The Canadian Architect*, vol. 10, n° 7, juillet 1965, p. 37-54. Traduction de l'anglais, Louis Martin et Alessandra Mariani.

* Note de l'éditeur : « cluster » en anglais, expression tirée des publications récentes de Team X, qui furent rassemblées plus tard dans le *Team X Primer*. Voir Alison et Peter Smithson (dir.), *Team X Primer*, Cambridge (Mass.), MIT Press, 1974.

Une « place » dans une ville était autrefois un espace ouvert entouré de bâtiments. Elle était le point de convergence de plusieurs rues et un lieu de rassemblement pour les gens et les véhicules. Son vide et sa délimitation lui donnaient sa signification de chambre urbaine extérieure.

Le Square Victoria était une telle « place » à Montréal. Lors de sa création, le square était une parcelle de terrain marécageux située à l'ouest des fortifications de la vieille ville, et par la suite, un marché à foin. Au 19ᵉ siècle, les rues étroites du centre des affaires de la vieille ville convergeaient vers ce lieu ensoleillé. Les palais commerciaux faisaient place à une simple rangée d'arbres, à une pelouse publique, à des sentiers, à des bancs, à des fontaines à boire et à une toilette publique. Une statue de bronze de la reine Victoria agrémentait ces installations urbaines.

Aujourd'hui, la Place Victoria est un complexe immobilier imposant, situé sur le côté ouest du vieux Square Victoria **(fig. 5.1)**. Ce bâtiment surplombe le square et a usurpé son nom. Une tour haute, à ossature robuste et bien « emballée », s'élève sur 47 étages au-dessus d'un bloc d'immeubles peu élevés et d'un podium. Le bloc inférieur est articulé en éléments séparés, la tour elle-même est divisée en trois parties égales, et le complexe dans son ensemble apparaît telle une grappe* de bâtiments semblables insérés dans une énorme grille tridimensionnelle.

La nouvelle Place est implantée 80 pieds [24 m] en retrait de la ligne du vieux square, et la surface de celui-ci a été agrandie de 40 %. Aujourd'hui, en dépit de l'aménagement paysager proposé, le vieux square est devenu une partie du podium et un vide qui permet à la tour de respirer. C'est le bâtiment même, comme son nom l'indique astucieusement, qui est devenu le centre d'intérêt.

En tant que square, la place Victoria appartenait au 19ᵉ siècle. La nouvelle Place appartient au nouveau Montréal qui s'étend et transforme rapidement la vieille ville. La mise en place d'un

Place Victoria, Montréal, 1965

système de transport urbain rapide et la construction d'autoroutes ont démantelé Montréal tel que l'on connaissait. La reconstruction en cours du cœur de la ville adopte une configuration dense et verticale qui servira de centre à une région urbaine en expansion. Les points de convergence du nouveau centre sont des grappes de bâtiments, tels la Place Victoria et la Place Ville-Marie. L'échelle de chacun de ces complexes est équivalente à un quartier de la vieille ville. Ainsi, la Place Victoria est un lien physique efficace entre la zone financière du Vieux-Montréal et le nouveau développement commercial du boulevard Dorchester*. La Place abritera une population équivalente à celle d'une ville médiévale importante, mais ses occupants vont quitter la ville durant la nuit.

Les deux composants élémentaires de la Place Victoria sont la base et le fût de la tour à bureaux. La tour se tient sur la base qui s'étend au-delà de celle-ci, formant un point d'attache pour une éventuelle deuxième tour. La base ainsi prolongée forme des points de branchement† et des liens pour une éventuelle séquence de tours : bien qu'une seule tour ait été érigée, la configuration‡ pour la mise en place d'une autre est prête.

Le premier projet que Nervi et Moretti ont conçu pour la Place Victoria proposait trois tours alignées en diagonale au-dessus de la base. Dans le second projet, dont une partie est maintenant en voie de réalisation, deux tours indépendantes sont liées à la base. Les deux projets sont composés d'une séquence de tours : tandis que le premier était davantage un produit fini, le second met l'emphase sur la notion de processus. En même temps, la tour est devenue davantage un élément assemblé. L'idée de processus, configurée autant dans le regroupement que dans le séquençage des éléments de ce bâtiment, engage l'édifice dans un dialogue qui formule les premières réponses à certains problèmes générés par ce nouveau type urbain. Le caractères audacieux de certaines de ces réponses est démontré à même l'architecture de la Place Victoria. On devine, dans la grappe§ d'éléments de construction, certaines hésitations sur la configuration finale de la forme, même si chaque élément est complet en soi.

La tour à bureaux partage la silhouette de la ville avec la Place Ville-Marie, la maison C.I.L. et la Banque Impériale de Commerce¶. Toutefois, autant de loin que de près, la franche expression physique de cette tour la sépare de toutes les autres. L'articulation des étages, l'expression audacieuse des coins, l'exposition au regard des contreventements diagonaux, et le mur rideau tendu et saillant établissent la présence structurale et physique de cet édifice.

L'articulation des colonnes de coin et les supports diagonaux introduisent, à l'intérieur de l'échelle de la structure de la tour tout entière, l'échelle intermédiaire de la superstructure. Ici aussi, la logique du processus mis en œuvre dans l'ensemble du projet est réalisée. Les supports intermédiaires diagonaux divisent l'ensemble des étages en trois blocs semblables, et ces trois blocs d'étages semblent avoir été insérés dans la superstructure entre les planchers de service intermédiaires qui servent de liens d'attache**.

Les blocs d'étages sont enveloppés par un mur rideau qui est traité comme une peau tendue, étirée entre les coins. La membrane lisse est bombée pour enclore les colonnes périphériques ; un rail de métal plus massif s'élance le long du mur rideau en suivant l'alignement de ces colonnes. Au sommet et au bas des planchers intermédiaires, où le contreventement diagonal est attaché, de même qu'à la base, le mur rideau est interrompu, articulé par l'interruption des rails métalliques qui supportent le pan de verre. Ici, seuls les deux plus gros rails, isolés, poursuivent leur course. Comme dans tout le projet, le mur rideau est à la fois, bien intégré et conçu comme un assemblage d'éléments.

La tour à bureaux, comme composante de hardware architectural, a été développée depuis le 19ᵉ siècle. Les édifices commerciaux anonymes

---

* Note de l'éditeur : aujourd'hui boulevard René-Lévesque.
† Note de l'éditeur : « plug-in points » en anglais. L'expression « Plug-in » a été disséminée par la revue *Archigram* et reprise par le critique Reyner Banham.
‡ Note de l'éditeur : « system » en anglais.
§ Note de l'éditeur : « cluster » en anglais.
¶ Note de l'éditeur : Charney fait référence à la Place Ville-Marie par I.M. Pei and Associates ; la Maison CIL par Skidmore, Owings and Merrill ; et la Banque impériale de commerce du Canada par Peter Dickinson and Associates.
** Note de l'éditeur « Service plug-in links » en anglais.

5.1 Place Victoria, Tour de la Bourse, Victoria.

du 19e siècle qui peuvent être trouvés à Montréal, New York ou Liverpool, présentent de façon très directe le loft multifonctionnel comme un type architectural. Il y a eu depuis un développement constant de ses systèmes, et l'interlude de l'architecture Moderne était, en ce sens, seulement le constat qu'une révolution technologique avait déjà eut lieu. Ce type d'édifice est devenu, sur le plan technique, une réalisation très complexe et un défi d'intégration pour le design architectural. Les deux tours avoisinantes, la Place Ville-Marie et la maison C.I.L. permettent une comparaison immédiate avec la tour de la Place Victoria. Toutes deux ont été conçues en association avec de grandes firmes new-yorkaises et sont typiques de l'architecture corporative américaine. Toutes deux démontrent, par contraste, un formalisme explicite et une composition bidimensionnelle des parties. Le signe physique de la tour comme structure complexe ne pénètre pas leurs peaux lisses. Plutôt que de permettre à la technologie de jouer son jeu logique, comme ce fut assez bien fait à la Place Victoria, leur architecture adhère à l'idéologie de l'emballage qui prend l'apparence d'une froide intégration. La tour de la Place Ville-Marie est une version de ce type parmi les mieux intégrés. Toutefois, à la Place Victoria, l'intégration elle-même est devenue une partie de la forme; la technologie de cette tour est réalisée dans l'architecture, et, comme architecture, la technologie y devient un facteur humain.

Même si la tour à bureaux est un type d'édifice connu, c'est le contexte de la tour qui a beaucoup changé. Ce contexte n'est plus l'environnement de la rue, mais une grappe* de bâtiments dont la tour est un élément. Dans le cas de la Place Victoria, hormis la tour elle-même, le complexe est composé par des édifices hauts de cinq étages qui forment sa base et qui s'enfoncent sur quatre niveaux en dessous de son podium. C'est ici que l'on arrive et que l'on repart. C'est ici où les véhicules sont stationnés et où la vie commerciale de la Place a lieu. Chacune des fonctions que l'on trouve dans cette partie de l'édifice occupait dans la vieille ville son propre édifice, telles la pharmacie, la banque ou la bourse. En ce sens, les rues marchandes de cette partie de la ville, qui ont été remplacées par la Place, ont emménagé dans cette partie de l'édifice. La Place Ville-Marie, qui était le premier complexe à Montréal à intégrer une galerie intérieure, voit aujourd'hui 80 000 personnes par jour circuler dans son enceinte commerciale. À l'exemple de la vieille ville, où les quartiers étaient connectés les uns aux autres, un système de tunnels, destiné à lier le métro à la Place Victoria, à la Place Ville-Marie et à d'autres groupes d'édifices importants, est en cours de construction.

Les composantes de base de la Place présentent par conséquent un problème environnemental spécial. Les espaces de circulation intérieurs, galeries, halls d'entrée, corridors, escaliers et ascenseurs, font partie d'un édifice privé, mais par la taille du complexe, ils desservent réellement le public comme des rues et sont, à cet égard, une extension de la ville publique. À la Place Victoria, comme dans les autres complexes immobiliers semblables, cette dichotomie n'est pas résolue clairement dans le projet. L'esplanade commerciale intérieure est traitée comme un corridor, et les strates de boutiques et de stationnement ne sont pas reliées au podium ou à ce qui reste du vieux square. L'arrivée et l'entrée en voiture sont encore traitées comme une histoire secondaire même si la Place est visiblement inscrite dans le nouveau réseau routier régional.

C'est la conception claire de la tour de la Place Victoria qui consolide la force du projet. Dans la mesure où les architectes et les ingénieurs de Montréal qui ont participé à la construction du bâtiment ont compris l'esprit de sa vision, et l'esprit de leurs métiers, ils ont contribué à sa réalisation. Si l'on évalue la conception du mur rideau, et des dalles nervurées qui, dit-on, ont été conçues par les associés locaux, c'est à ces spécialistes qu'une partie du succès revient. Toutefois, comme Marshall McLuhan l'a noté, un spécialiste est quelqu'un qui ne fait pas de petites erreurs,† et cela est illustré par une grande partie de l'architecture locale de Montréal. C'est le génie de Nervi, et celui de Moretti, qui doivent être encensés. La Place Victoria, qui ne cherche aucune excuse pour son expression esthétique, parvient à exprimer par son existence même

---

* Note de l'éditeur: « cluster » en anglais.
† Note de l'éditeur: « The specialist is one who never makes small mistakes while moving toward the grand fallacy. » Voir: « Housing: New Look and New Outlook », dans Marshall McLuhan, *Understanding Media: The Extensions of Man*, New York, McGraw-Hill, 1964.

Place Victoria, Montréal, 1965

qu'un édifice peut être un acte* humain élégant. Sa réalisation est un événement important, et il est évidemment heureux pour Montréal que son centre puisse inclure un bâtiment de cette qualité.

* Note de l'éditeur : « gesture » en anglais.

chapitre 6.
NAISSANCE D'UNE ARCHITECTURE : TENDANCES RÉCENTES DE L'ARCHITECTURE CANADIENNE, 1967

Texte publié en version anglaise et en traduction française dans *Cimaise* (Paris), juillet 1967, p. 30-42. Traduction relue par Louis Martin et Alessandra Mariani.

Plus qu'un mouvement architectural défini à l'intérieur duquel ou contre lequel les architectes travailleraient, ce sont les conditions sociales, économiques et climatiques qui orientent de façon déterminante l'architecture au Canada. Si l'on considère l'étendue de ce pays, son climat rigoureux, sa population dispersée, partagée au minimum entre deux langues et deux cultures, occupant la plus vaste, mais aussi la plus froide partie de ce continent qu'il partage avec les États-Unis – le super-pays omniprésent du 20e siècle – on a le sentiment d'une architecture qui a eu peine à se trouver.

Ce problème d'identité est un problème que connaissent également d'autres pays, à une époque de communication de masse où il n'est pas rare de voir tel courant architectural venir enrichir tel autre. Et, à la différence d'autres pays, en raison de sa position unique, le Canada est en mesure d'absorber dans une certaine mesure l'influence dominante de l'architecture américaine et sa propagande écrite : il peut participer à l'élaboration d'un nouveau monde technologique qui utilise les microcircuits et le vinyle sans nécessairement tomber dans les excentricités du « formalisme Coca-Cola ».

Le problème de l'intégration de l'architecture au paysage s'est imposé en Amérique du Nord comme une sorte de phase stratégique inévitable. Bien que les paysages varient considérablement d'un bout à l'autre du pays, on y éprouve avec acuité un certain sens du vide. Dans un livre récent, l'écrivain américain Edmund Wilson remarque que «… comme dans l'Amérique précoloniale, la dimension de l'humain paraît si réduite… qu'en dépit de tout le

6.1 Université Simon Fraser, Arthur Erickson et Hart Massey, architectes.
6.2 Scarborough College, John Andrews, Page et Steele, architectes.

décor, il semble agir dans le vide… par exemple l'île d'Orléans, sur le Saint-Laurent, près de Québec. D'une haute falaise, le fleuve calme et large et les berges plates de part et d'autre sont d'une grandeur sidérante… une telle vue paraît réduire à néant les manifestations humaines qui pourraient espérer faire une petite impression… »*

Comme partout ailleurs, le phénomène d'urbanisation générale est évident. En même temps que de nouvelles formes de vie urbaine, les nouveaux moyens technologiques sont générateurs de programmes et de procédés de construction entièrement nouveaux. Le rôle de l'architecte et la nature de l'architecture changent. La recherche-développement en de nombreux domaines a ouvert de vastes possibilités d'organisation de l'environnement humain et les spécialistes en sciences sociales ont établi que les hypothèses formulées sur la façon dont les gens vivent, se conduisent et réagissent, ont un effet déterminant sur l'architecture. Pourtant, une bonne partie de ce qui se construit dans ce pays comme ailleurs dans le monde demeure au niveau de l'amateurisme.

C'est dans ce contexte que nous essayons de situer l'évolution récente de l'architecture. La conception d'un certain nombre d'universités illustre assez bien diverses théories nouvelles. En tenant compte du rôle nouveau que l'éducation est appelée à jouer dans la société contemporaine et de l'ampleur des nouveaux programmes, la conception d'une université est devenue un problème type qui illustre les possibilités de l'architecture actuelle.

L'université du Manitoba, avec ses bâtiments indépendants conçus à l'origine comme des pavillons isolés dans un paysage suburbain s'apparentant à un parc, constitue une étape de transition. Cet aménagement, qui est peut-être adapté au climat tempéré d'Angleterre, forçait les étudiants à affronter le froid rigoureux de l'hiver entre les classes sans même leur offrir en été, en contrepartie, un campus bien défini dans la vaste prairie du Midwest canadien. Au fur et à mesure que l'Université se développa, les distances à parcourir se firent plus grandes, et un nouveau « Centre Universitaire » a été récemment conçu ; il consiste, en fait, en une large rue qui relie les différents bâtiments les uns aux autres. Les universités sont devenues des villes en puissance, et un tel plan admet la nouvelle condition urbaine.

Présentement en cours de construction, l'Université Simon Fraser, située à Burnaby en Colombie-Britannique, constitue un exemple d'un campus universitaire conçu entièrement comme un projet d'urbanisme (**fig. 6.1**). Les architectes Erickson-Massey ont réussi à satisfaire à la fois l'unité symbolique et la très grande hétérogénéité que requiert l'université moderne. La flexibilité, l'expansion et les autres mots-clés de ce qu'on peut considérer être le fondement de l'esprit architectural contemporain se voient ici attribuer un sens formel. Le site de l'Université, au haut d'une montagne, est particulièrement théâtral, de façon peut-être un peu gratuite, mais constitue sans aucun doute un décor très canadien avec les montagnes, l'eau, le ciel, et l'exubérante verdure de la « jungle » tempérée de la côte du Pacifique. Les bâtiments sont groupés, assemblés en grappes†, suivant une séquence très serrée qui souligne, au sommet de la montagne, le sens atavique de l'échelle humaine et des besoins humains. L'Université est à la fois un bâtiment et un ensemble de bâtiments : le « bâtiment » principal, au centre de l'ensemble, est un vaste mail couvert, une agora et un lieu de rassemblement, qui confirme une présence urbaine.

Le Scarborough College, en Ontario, par les architectes John Andrews, Page et Steele, est un autre exemple de collège conçu comme un bâtiment, qui est, en réalité, un environnement pluraliste subvenant aux besoins de 6 000 personnes (**fig. 6.2**). Les couloirs servant aux piétons sont ici devenus des rues, et c'est tout au long de ces rues que tous les environnements secondaires spécifiques (c'est-à-dire les bâtiments de l'ancienne université) se trouvent groupés. À Scarborough, la grappe‡ est centrée : d'un centre où se trouve un lieu de rassemblement et la croisée des chemins de l'Université, s'élancent les deux ailes en forme de coude réservées aux sciences et aux humanités. Dans l'architecture multifonctionnelle contemporaine de forte densité, la dimension verticale est devenue importante, et la coupe de ce bâtiment utilise des décrochements,

---

* Note de l'éditeur : Edmund Wilson, *O Canada: An American's Notes on Canadian Culture,* New York, Noonday Press, 1966.
† Note de l'éditeur : « cluster » en anglais.
‡ Note de l'éditeur : « cluster » en anglais.

6.3 Cité des jeunes de Hull, Melvin Charney et Oscar Newman, architectes.

des profils marqués qui créent «un sens du lieu*» intérieur et laissent pénétrer la lumière naturelle. L'utilisation de béton et de matières plastiques, et l'intégration des nouvelles méthodes électroniques d'enseignement et de services mécanisés, participent à la traduction en une forme architecturale expressive d'un nouveau programme et des nouvelles conditions.

Au Québec, l'éducation secondaire et supérieure a été négligée pendant de nombreuses années et la province prévoit des campus régionaux qui centralisent les équipements. Ces «cités étudiantes», comme on les appelle, constituent un nouveau programme qui pourrait recevoir, en agrandissant les installations, 4 000 étudiants ou plus. Dans le plan de la cité étudiante de Hull[†], prévue pour 10 000 étudiants, les architectes Melvin Charney et Oscar Newman ont développé les potentialités de cette architecture nouvelle, en concevant un vernaculaire urbain fait d'éléments imbriqués, qui servent les environnements d'enseignement spécifique [qui sont] branchés* sur une grille de communication et de services. (fig. 6.3)

Une université ne peut jamais être une ville, mais l'analogie urbaine a beaucoup servi à produire de nouveaux concepts et à définir l'architecture d'un nouveau style de vie. Là, les architectes peuvent dessiner des projets expérimentaux à l'échelle urbaine qu'ils n'ont jamais pu réaliser ailleurs. Montréal, toutefois, est devenue un exemple unique sur ce continent, pour avoir construit au cours de la dernière décennie un centre urbain à multiples fonctions et à multiples usages qui répond parfaitement à bon nombre de ces aspirations actuelles, et ceci, indépendamment de l'architecture des bâtiments. Parmi les nouveaux édifices du centre de Montréal, mentionnons : la Place Victoria, dessinée par Moretti et Nervi, qu'on dit être la plus haute structure en béton armé au monde ; le complexe de la tour de la Place Ville-Marie par la firme I. M. Pei ; une tour de bureaux anodine de la firme Skidmore, Owings et Merrill ; la Place Bonaventure par les architectes locaux de la firme ARCOP ; et l'œuvre de nombreux architectes dont la nationalité indique la source des capitaux

---

* Note de l'éditeur : «sense of place» en anglais.
[†] Note de l'éditeur : aujourd'hui partie de la Ville de Gatineau.
‡ Note de l'éditeur : «plugged» en anglais.

6.4 Place Bonaventure, Montréal, ARCOP, architectes.

investis dans ces bâtiments. Les soubassements de ces complexes se sont étalés et ont été raccordés pour former un réseau intérieur de rues piétonnières, de systèmes de transport, de stationnements, de boutiques, d'hôtels, de théâtres... tous les avantages de la vie urbaine dans des conditions climatiques contrôlées. Pour donner une idée de l'échelle et de la complexité des éléments de ce centre, la place Bonaventure comprend quinze étages de bureaux, galeries marchandes et halls d'exposition, couvrant cinq acres, avec un hôtel de 400 chambres sur le toit. La prouesse multifonctionnelle de cet énorme bloc en fait davantage un morceau de ville sur plusieurs niveaux qu'un bâtiment distinct. Les réminiscences de Paul Rudolph et l'allure « brute, » soi-disant « brutaliste, » de l'enveloppe extérieure obscurcissent l'intérêt du bâtiment, son rôle et sa masse, et le fait qu'il est une ville en soi. **(fig. 6.4)**

Le magazine américain *Architectural Forum* (important par son contenu et parce que les architectes canadiens sont plus influencés par lui que par leurs propres revues) a publié des articles de fond sur l'Université Simon Fraser, sur Scarborough College et sur le centre de Montréal, dès que la construction en fut suffisamment avancée. Sur Scarborough on écrivit (mai 1966) : « ... une étape importante dans l'urbanisme d'Amérique du Nord... quelques-unes des nouvelles théories (*Plug-in cities, Action Architecture*, grilles de services et de communications, etc.) trouveront là leur première réalisation pratique. » Et sur le centre de Montréal, *Architectural Forum* (septembre 1966) publie les mots suivants : « ... Montréal est sur le point de devenir la première ville du 20e siècle en Amérique du Nord... peu de gens à Montréal réalisent qu'ils construisent en ce moment le nœud urbain le plus avancé de notre temps... » **(fig. 6.5)**. Le

6.5 Photomontage du centre de Montréal (Place Victoria, Place Bonaventure, hôtel Château Champlain).

but de ce rapport était en premier lieu de situer l'architecture canadienne sur la scène mondiale, ce que ses propres publications ne pouvaient faire, et également de montrer qu'un pays en proie à un problème d'identité préfère voir ses ouvrages consacrés par les autres. Toutefois, les jeunes architectes qui participèrent aux réalisations citées plus haut les considèrent plutôt comme la preuve de l'influence que le Canada exercerait sur les U.S.A. – un «feedback» à l'époque électronique. Après tout, on peut voir que dans les centres mondiaux, comme New York, qui contrôlent la propagande médiatique, une sorte de provincialisme insulaire s'installe bel et bien; tandis qu'à Montréal, Canada, nous devons rester informés de ce qui se fait ailleurs, et cette connaissance du monde est souvent révélée dans l'architecture.

Les bâtiments mentionnés plus haut répondent aux nouvelles exigences d'une manière nouvelle. Ils tiennent compte du changement et changeront la rhétorique d'un dialogue très contemporain. Les techniques de l'aménagement urbain sont à l'œuvre à l'intérieur aussi bien qu'à l'extérieur de ces complexes. Dans le centre* de Montréal, les canons traditionnels du design n'ont plus aucun sens dans l'architecture essentiellement intérieure des grands ensembles de bâtiments interreliés. Même l'élégant édifice de Nervi, lorsque vu d'un peu loin, s'intègre

* Note de l'éditeur: «core» en anglais.

Naissance d'une architecture: tendances récentes de l'architecture canadienne, 1967

6.6 Hôtel Château Champlain, Montréal, Roger D'Astous et Jean-Paul Pothier, architectes.

au centre comme une série d'éléments branchés à une cage d'ascenseur verticale. Nervi accentue cet effet en divisant la tour en blocs de quinze étages, séparés par des paliers qui remplissent des fonctions à la fois structurelles et mécaniques **(fig. 5.1, p. 106)**. L'intérieur devient l'extérieur dans cette nouvelle architecture qui transforme les bâtiments en assemblages ouverts, en non-architecture, et

réalisation de lieux urbains. Et au Canada, pour la première fois, il y a un peu d'architecture qui est non seulement remarquable – c'est-à-dire conçue de façon compétente en ce sens qu'elle peut nous dire ce qu'il ne faut pas faire – mais une architecture avancée qui peut nous indiquer où aller et quoi faire ensuite.

Parmi les nombreux autres édifices plus petits à travers le pays, se trouve des exemples d'architecture qui vont au-delà des rudiments d'une compétence ordinaire. On peut citer ici des réalisations d'Étienne Gaboury, Wolgang Gerson, Fairfield et Dubois, et Ron Thom. La plupart de ces travaux se prennent très au sérieux, et le sens de l'engagement qui ressort de la matérialité de la construction donne le ton d'ensemble de l'architecture la plus intéressante de ce pays. À cet égard, l'irréalisme de circonstance des édifices de l'Expo 67 constitue un phénomène isolé.

Le développement de l'architecture canadienne-française doit être situé dans son propre contexte, car autrement, il semble n'être qu'une aberration locale, provinciale. Le paysage, l'esprit des pionniers et des voyageurs qui ouvrirent le continent nord-américain, ainsi que la mystique nomade associée à l'appel de la route* qu'on trouve à la racine de la vie américaine, imprègnent l'architecture canadienne-française. En dépit de la langue et des différences culturelles, ses racines sont profondément américaines. Ces tendances s'expriment par les symboles bruts et mal articulés d'une architecture anti-urbaine, qui préfère, et tire son inspiration du paysage local.

De nombreux architectes et critiques ont quelque peine à évaluer ces œuvres, ce qui s'explique par leur incapacité à assimiler et à travailler dans le courant d'architecture populaire qui a produit un corpus anonyme et riche sur le continent nord-américain.

De ce point de vue, l'œuvre de l'architecte Roger D'Astous peut être appréciée pour son audace et pour son attachement à un idiome populaire américain fortement influencé par l'œuvre de Frank Lloyd Wright. D'Astous étudia à Taliesin et fit siennes les

---

* Note de l'éditeur: L'expression «on-the-road mystique» utilisée par Charney est une référence explicite au roman *On the Road* de Jack Kerouak publié par Viking Press à New York en 1957 et en version française par Gallimard à Paris en 1960.

6.7 Collège de Chicoutimi, Paul-Marie Côté et Léonce Desgagnés, architectes.

idiosyncrasies bien connues de Wright, telles que la mystique des matériaux « naturels », quelque puisse être le sens de ce mot à une époque où la presque totalité de ce qui nous entoure est le produit de synthèse. Ses églises et maisons privées révèlent clairement une extravagance de la forme poussée bien au-delà des nécessités structurelles et utilitaires. C'est une sorte d'architecture folklorique, par un héros folklorique qui a abattu les arbres, scié les planches et taillé les pierres de son bâtiment lui-même. L'hôtel Château Champlain, qu'il a conçu pour le centre de Montréal en collaboration avec l'architecte [Jean-Paul] Pothier, utilise des éléments tirés du Centre administratif Marin County de Wright **(fig. 6.6)**. Et pourtant, en dépit de l'aspect « papier-mâché » du béton armé, cet édifice dégage une force rarement vue dans des hôtels contemporains du même type.

Dans l'œuvre personnelle d'architectes tels qu'Henri Brillon et Paul-Marie Côté **(fig. 6.7)**, on retrouve le même manque de mesure et de contrôle que dans l'œuvre de D'Astous. Là, la volonté agressive de l'architecte devient une sorte d'ingénierie d'ambiances, et la fonction de l'édifice a souvent peu de rapport avec l'acrobatie des formes. Cet état d'esprit se retrouve dans l'architecture des bords de route américaine.

Au-delà de ce qu'on considère encore comme l'architecture, on doit faire état de l'architecture vernaculaire actuelle qui reste encore une source d'inspiration (comme elle l'était pour Gropius et Le Corbusier au début du siècle) pour la conception de bâtiments qui intègrent rapidement les nouveaux moyens technologiques à même des usages environnementaux immédiats. Les motels et les maisons mobiles qui peuplent les routes fournissent des exemples sommaires, mais opérationnels d'une réponse préfabriquée et transportable aux nécessités de l'habitat humain. À inclure dans cette catégorie également, l'architecture néon, où des myriades de couleurs créent des formes qui correspondent aux plus récentes découvertes électroniques, ainsi que les implantations industrielles locales, comme l'usine de General Motors, près de Montréal, et le système des silos à grains qui s'étend à travers tout le Canada.

Également, en périphérie de ce qu'on considère traditionnellement comme l'architecture, notons le développement d'une industrie du bâtiment hautement spécialisée, où la nécessité d'un système évolutif de pièces interchangeables produites en très grande quantité soustrait la construction traditionnelle du giron de l'architecture proprement dite et la transforme en un ensemble de produits industriels. La Compagnie Triodetic, par exemple, a mis sur le marché un système [de structures tridimensionnelles autoportantes composées de tiges et de connecteurs variés] permettant de réaliser différentes formes [dômes, pyramides, cônes, etc.] utilisables dans différents contextes*. De plus, les études et la production de ces structures peuvent être confiées à un ordinateur et les constructions définitives n'ont ainsi nul besoin d'être dessinées. Les Industries Atco réalisent et assemblent des maisons préfabriquées et des écoles tandis qu'une entreprise de polymère (plastique)† fabrique des maisons pliées qui peuvent servir de logement sous les tropiques. Pour le moment, ces édifices sont encore utilisés dans des situations marginales comme pour la construction d'environnements humains habitables dans les conditions climatiques subarctiques. Une grande partie du territoire canadien reste marginal, et le [développement du] grand Nord posent des problèmes inédits qui seront résolus avec le potentiel d'une architecture nouvelle, riche de solutions novatrices.

* Note de l'éditeur : traduction de « The Triodic Company, for example, markets a system that can be used to assemble any combination of structural members at any vertical and horizontal angle, and to vary the angularity to conform to various shapes and conditions… »

† Note de l'éditeur : Charney fait peut-être ici référence à la Fiberglass Company of Canada ou à la Polyfiber Limited, compagnies avec lesquelles il avait pris contact dans le cadre de son enseignement à l'Université de Montréal. Voir Melvin Charney, « Environmental Chemistry – Plastics in Architecture », *Journal of the Royal Architecture Institute of Canada*, vol. 43, n° 5, mai 1966, p. 105-7 ; traduit et publié dans *Architecture, Bâtiment, Construction*, juin 1966, p. 39-43.

7.
LES SILOS À GRAINS REVISITÉS, 1967

Le texte original en anglais, « The Grain Elevators Revisited, » est paru dans la revue *Architectural Design*, vol. 37, n° 7, juillet 1967, p. 328-331. Traduction de l'anglais Sophie Jacotot publiée dans *Les Cahiers de la recherche architecturale et urbaine* n° 22/23, février 2008, p. 205-218, relue par Louis Martin et Alessandra Mariani.

La manutention du grain fut mécanisée pour la première fois au milieu du 19e siècle. L'ensachage fut éliminé par l'introduction de machineries permettant de déplacer le grain comme s'il s'agissait d'une substance semi-fluide.

Le premier élévateur à grains en acier construit en Amérique du Nord fut achevé à Philadelphie en 1866. Vers 1911, le béton armé, désormais moins coûteux que l'acier, [devint un matériau avantageux] pour la construction d'élévateurs. Le design et la construction des élévateurs étaient loin d'être « anonymes »[1]. En Allemagne et en Angleterre, l'expérimentation associée à la conception de silos, les détails concernant les divers systèmes de construction, les brevets, et les innovations techniques des concepteurs et des firmes d'ingénierie, se retrouvaient dans des manuels et des revues spécialisées. On y apprend les noms des premiers concepteurs. Max Tolz, un ingénieur en mécanique du Great Northern Railroad, conçut le grand élévateur de Buffalo en 1897 et un autre à West Superior, Wisconsin en 1899, à la suite des expériences qu'il avait menées sur les pressions fluides du blé stocké. Les entreprises John S. Metcalf et MacDonald Engineering de Chicago utilisèrent leur système breveté pour la construction d'élévateurs à grains aux États-Unis et au Canada. L'ingénieur montréalais J. A. Jamieson créa des élévateurs en béton armé avant le tournant du siècle. En 1923, il y avait 3 800 élévateurs à grains au Canada et les ingénieurs-constructeurs forts de vingt années d'expérience dans la construction de silos en béton armé utilisaient des techniques innovatrices tel que le coffrage glissant.

Au Canada, le système actuel comprend des élévateurs de transfert dans les ports des Grands Lacs, où le grain arrive par chemin de fer et est recueilli puis chargé dans des navires, et des élévateurs terminaux ou de collecte, comme ceux du port de Montréal, qui desservent la navigation internationale. Les postes d'amarrage, monte-charges,

goulottes télescopiques et tours marines font penser aux lanceurs mobiles de Cap Kennedy.

Les silos de transfert et les silos de collecte sont eux-mêmes des sous-systèmes internes au déplacement du grain (**fig. 7.2, 7.3, 7.4**). La linéarité des équipements de transport et de manutention instaure une disposition des silos en lignes parallèles. L'alvéole [orthogonale] de cellules verticales est incisée en haut et en bas, là où les convoyeurs de distribution déchargent le grain dans les silos de collecte et où les convoyeurs à l'expédition recueillent le grain provenant des trémies. Les séries de convoyeurs sont reliées par des monte-charges qui transportent le grain plusieurs étages au-dessus des silos vers les machines de nettoyage, de séchage et de calibrage. Le blé ne peut pas être entreposé

7.1 Le port de Montréal est dominé par six groupes d'élévateurs à grains. Chacun est constitué d'une grappe de silos interconnectés dont plusieurs (numéros 1, 2, et 5 montrés sur cette photographie) sont connectés par des convoyeurs se déployant sur 24 km, rejoignant vingt quais. Ils se détachent du reste des édifices de la ville : des surfaces arrondies en béton, de longs convoyeurs sur de grêles pattes d'acier, des conduites diagonales, des tours mobiles, et des tentacules télescopiques. À l'avant-plan, l'élévateur nº 5 est constitué de l'élévateur B en acier (1902), au centre, de l'annexe en béton (1923) à gauche, et du long rajout en béton B-1 (1959). Les élévateurs numéros 1 et 2 sont reliés par des convoyeurs.

Les silos à grains revisités, 1967

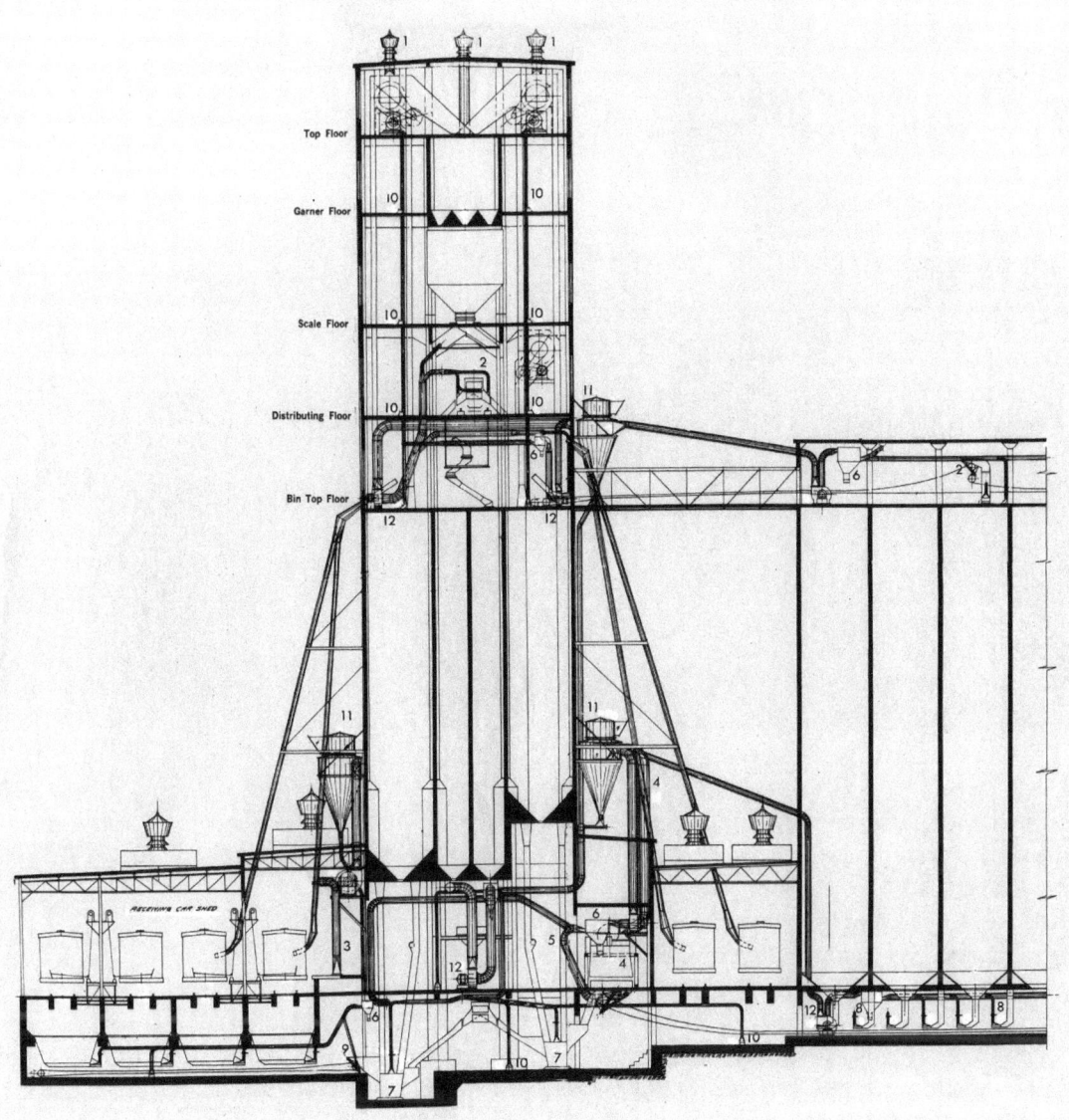

7.2 Coupe transversale exposant le système de dépoussiérage d'un élévateur à grains de collecte (à Port Arthur, Thunder Bay, Ontario), avec hangar à wagons, centre de traitement et annexe de stockage. Ce silo de la région de la Tête-des-Grands-Lacs est destiné à recevoir le grain en provenance des prairies de l'Ouest canadien et à le traiter aux fins d'exportation par bateaux via les Grands Lacs et la voie maritime du Saint-Laurent.

1. prises d'air ;
2. groupe de déclenchement d'aspiration ;
3. système d'évacuation de poussière du déchargeur de wagon ;
4. collecteurs de poussière ;
5. système principal d'aspiration ;
6. trappe à grains ;
7. pied de l'élévateur ;
8. convoyeur de réception ;
9. convoyeur de distribution ;
10. balayage du sol ;
11. double gaine de réception ; capteurs doubles ;
12. ventilateur d'évacuation.

7.3 Élévateurs à grains de la Tête-des-Grands-Lacs (à Port Arthur, Thunder Bay, Ontario), où le blé est transbordé vers les élévateurs de transfert pour l'exportation.

dans un même lieu pendant très longtemps et, à l'intérieur de l'élévateur, il est transféré d'un silo à un autre et aéré sur les convoyeurs.

Les élévateurs sont ventilés pour éviter les explosions de poussière. Les conduits de ventilation s'enclenchent dans les conduits de distribution des grains et se terminent par de gros ventilateurs. Les minces conduits formant le dispositif de contrôle électrique parcourent en petits groupes les contours des silos et des colonnes, introduisant un troisième type de circuit.

À l'origine, les observations des ouvriers contrôlaient le flux du grain, mais l'automatisation récente des dispositifs de contrôle a éloigné les hommes des machines.

Vers une architecture*

Au début du 20ᵉ siècle, les élévateurs à grains furent « découverts » par des architectes. Ils ont été perçus comme des exemples de construction démontrant le potentiel d'une nouvelle ère de la machine. Les architectes ont vu dans les élévateurs à grains une nouvelle architecture anonyme qui refléterait de nouvelle façon les nouveaux impératifs industriels. Parce qu'il ressemblaient à des édifices, les groupements de silos ont plus facilement étés acceptés en tant que forme canonique que la plupart des artéfacts industriels. Les élévateurs pouvaient être perçus comme des compositions architecturales d'éléments formels dont les dimensions faisaient physiquement écho aux possibilités héroïques envisagées pour le futur[2]. Ils offraient également une image de techniques nouvelles et de nouveaux matériaux.

Plus encore, la simplicité géométrique précise des élévateurs à grains était l'antithèse de l'art nouveau. Les formes géométriques élémentaires faisaient écho à la vision cubiste de plans de lumière à plusieurs facettes. À l'époque où Cézanne observait que « tout dans la nature est modelé selon la sphère,

* En français dans le texte.

Les silos à grains revisités, 1967

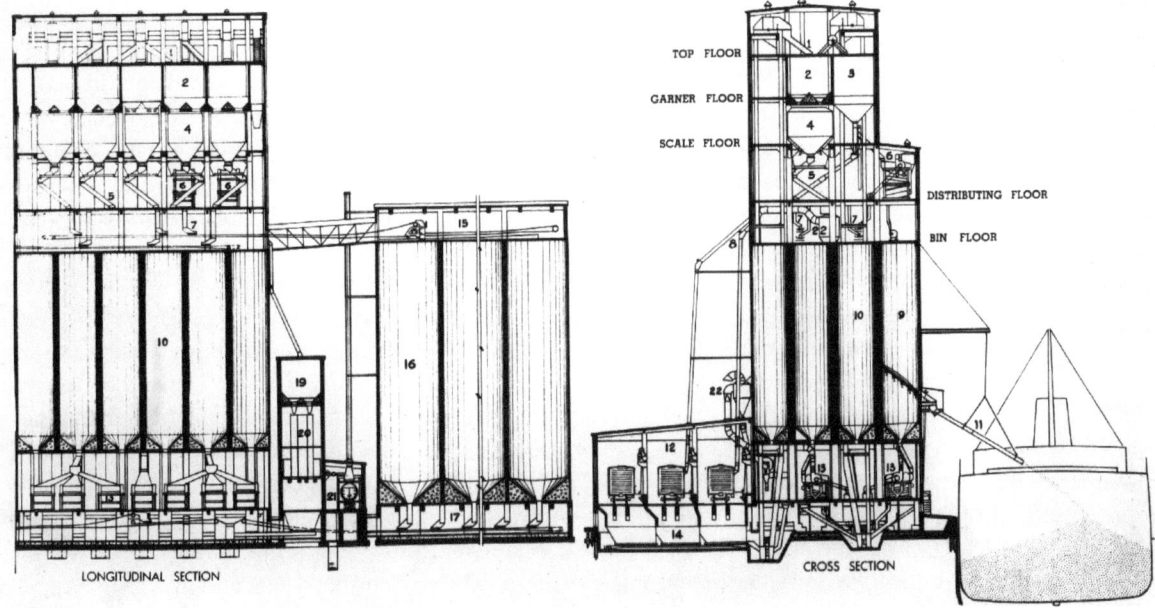

le cône et le cylindre* », des ingénieurs concevaient les élévateurs à grains à partir de silos cylindriques et de trémies coniques.

Les premières références aux élévateurs à grains en lien avec la nouvelle architecture apparurent avant la Première Guerre mondiale dans des publications d'architecture allemandes[3]. Le Corbusier avait seulement vu les élévateurs à grains en photographie lorsqu'il les intégra, en 1923, dans *Vers une architecture*. Dans l'essai « Trois rappels à Messieurs les Architectes » figurait son célèbre bon mot : « l'architecture est le jeu savant, correct et magnifique des formes assemblées sous la lumière », tandis qu'accompagnent cette affirmation des images de silos apparaissaient en gros plan, sans échelle [de référence], dans la grisaille.

Les silos cylindriques, dans ces images, reposent sur une base lourde, sont coiffés de galeries de convoyage rectangulaires ressemblant à des linteaux, et évoquent une composition tripartite classique. Cette composition devient familière lorsque, dans un essai suivant, le lecteur est confronté à une colonnade de Paestum, à des colonnes du Parthénon et même à la photographie d'une métope

7.4 Coupes longitudinale et transversale d'un élévateur à grains terminal montrant le système de dépoussiérage.

1. goulotte de déchargement depuis l'élévateur à godet ;
2. trémie supérieure de pesée ;
3. trémie supérieure de nettoyage ;
4. trémie de pesée ;
5. goulottes mayo et goulottes de distribution télescopiques ;
6. séparateur de criblures ;
7. goulotte de chargement des convoyeurs de stockage ;
8. goulotte de chargement des wagons ;
9. cellule d'expédition ;
10. cellule de transfert ;
11. goulotte de chargement de navires ;
12. hangar de déchargement des wagons ;
13. séparateurs de réception ;
14. trémies de réception ;
15. étage supérieur de l'unité de stockage ;
16. cellule de stockage ;
17. sous-sol de l'unité de stockage ;
19. cellule de séchage ;
20. séchoir ;
21. chaufferie ;
22. capteurs de poussière.

* Note de l'éditeur : Lettre de Cézanne à Émile Bernard, 15 avril 1904.

du Parthénon qui renvoient à tous ces élévateurs. De plus, ces illustrations des élévateurs à grains sont placées entre des photographies de la cathédrale de Pise et de la cour du Belvédère par Bramante au palais du Vatican, leur attribuant une importance historique inattendue. Ils apparaissent à la place d'une architecture nouvelle, encore embryonnaire.

En 1929, les élévateurs à grains figurent dans *Modern Architecture* de Bruno Taut parmi les édifices dits « industriels ». Ici, l'élévateur à grains américain est devenu de l'architecture moderne. Cependant, Taut prévient le lecteur des défauts de l'architecture « américanisée au point d'être réduite à de simples considérations utilitaires et lucratives*».

Le culte de la machine s'est dissipé au même moment où l'intérêt envers les élévateurs à grains s'est estompé. Ils n'ont pas été étudiés comme des organismes fonctionnels. Pratiquement aucun des architectes vénérant ces élévateurs ne connaissait leur mode de fonctionnement. Ils ont donc été incapables d'apprécier leur système d'organisation, ou de formuler des déductions qui auraient pu être réinvesties dans leurs propres conceptions. Les élévateurs à grains n'ont été appréciés qu'en termes de composition géométrique et surfaces lisses.

Vers une non-architecture[†]

Cependant, les silos sont des faits physiques, ni « beaux », ni « brutaux ». Ils appartiennent à un système répondant à un usage spécifique. Comme modèle analogique pour l'architecture, l'élévateur à grains peut être compris tel un édifice, un système ou la partie d'un système, dont les mécanismes sont régis par le mouvement.

Les techniques structurales mise à l'œuvre dans les regroupements d'élévateurs tel l'élévateur n° 5 dans le port de Montréal sont multiples **(fig. 7.5)**. Certains silos sont construits à partir d'un système de maçonnerie renforcée par des anneaux en acier ; les silos de forme carrée sont en acier, renforcés par des contreventements diagonaux ; les silos circulaires sont en acier et en béton armé. L'élévateur B fut le premier grand élévateur en acier construit à Montréal ; soixante-cinq ans plus tard, l'installation originale fut agrandie et sa capacité [de manutention] multipliée par cinq par l'ajout de nouveaux convoyeurs, de nouveaux conduits de ventilation équipés de prises d'air à haute vitesse et de contrôles automatisés.

Ce système n'avait pas été pensé pour être évolutif. Mais parce qu'il fut d'abord conçu comme un outil de manutention du blé plutôt qu'un concept de machine particulière, de nouveaux besoins et des innovations technologiques ont rapidement été intégrés. Résultat logique du processus, la dernière génération d'élévateurs dispose de nouvelles composantes qui optimisent le système **(fig. 7.6)**.

Lorsqu'on les voit et qu'on en vit l'expérience directement, les élévateurs, comme le n° 5, sont trop grands pour être appréhendés comme des événements physiques singuliers. L'ensemble ne peut pas être vu ; il demeure un concept presque aussi abstrait que celui de la multitude de personnes que le blé contenu à l'intérieur est destiné à nourrir. Lorsqu'on se déplace à travers ces lieux, on perçoit des ensembles d'éléments répétés et un vocabulaire logique dont résultent une image globale, des épisodes et même une histoire. Le concept d'un « élévateur » comme objet n'est pas facile à saisir. Le fonctionnalisme, ici, se rapporte à l'action de chaque élément, mais plus spécifiquement à l'interaction complexe entre tous les éléments. Il existe dans ces groupes de silos un esprit d'adéquation aussi satisfaisant que celui évoqué par les ensembles de greniers à blé néolithiques les plus simples.

Les élévateurs de Montréal sont infiniment plus complexes et méritent une étude plus approfondie [que celle des « modernes »], si l'on veut bien les comprendre et transférer cette connaissance à notre architecture. Des para-symboles, dernières formes d'innovation, ont été utilisés pour donner une image « moderne » à des édifices traditionnels. Les architectes cherchent à trouver dans la technologie des traces d'un style de vie nouveau. Ils ne s'intéressent cependant qu'à l'image. Ces jours-ci, nous sommes émus par les structures du Kennedy Space Center **(fig. 7.7)**. Dans le numéro d'*Architectural Forum* de janvier-février 1967, les structures en acier et les conduits des plates-formes mobiles de lancement, ainsi que les bâtiments d'assemblage de véhicules, étaient illustrés à profusion, encore plus que les vaisseaux Apollo ou les détails de la conception de leurs systèmes autonomes de survie qui pourraient

---

* Note de l'éditeur : Bruno Taut, *Modern Architecture*, London, The Studio, 1929.

[†] En français dans le texte.

Les silos à grains revisités, 1967

7.5 Élévateur à grains nº 5, Montréal, avec les séries de convoyeurs et les tours marines mobiles.
7.6 Intérieur de l'élévateur nº 4, Montréal.

7.7 Rampe de lancement mobile pour la fusée Saturn V au Kennedy Space Center.

7.8 et 7.9 Élévateur nº 1, Montréal, construit en 1903, typique des élévateurs reproduits dans les textes d'architecture des années 1920. Les monte-charges et les convoyeurs ont été ajoutés pour augmenter les capacités de manutention.

Les silos à grains revisités, 1967

7.10 Le conduit chargeant de grain la cale d'un navire.

avoir une influence véritable sur nos impératifs environnementaux. Encore une fois, comme lorsque Le Corbusier acclamait les élévateurs, des qualificatifs tels que « gigantesque », « fantastique », et des formules du type « implications pour une nouvelle architecture et une nouvelle technologie urbaine » sont employés pour nous persuader.

Cependant, les transformations technologiques continuent et les nouveaux styles de vie évoluent. Similairement, nous pouvons avec les élévateurs à grains opter pour une compréhension de la complexité de leur organisation plutôt qu'une simple évaluation de leur image. Nous pouvons choisir les goulottes télescopiques, les tours et les grues mobiles, les convoyeurs, les multiples parties pouvant être introduites dans le système, les silos comme des tubes distendus dans le mouvement des conduits, plutôt que les néo-monuments statiques et informes d'autrefois **(fig. 7.8, 7.9, 7.10)**. Nous ne devons pas les choisir uniquement comme des images formelles. C'est le processus dont ils sont l'image qui est important. Et c'est ce processus qu'il faut étudier, si l'on croit que l'architecture est concernée par les processus humains plutôt que par les objets de design.

Les élévateurs à grains peuvent, de cette façon, encore suggérer aux architectes une voie pour dépasser les limites qu'ils se sont eux-mêmes imposées.

Notes
1. Milo S. Ketchum, *The Design of Walls, Bins and Grain Elevators*, New York, 1911; voir les chapitres 15 à 17.
2. Eric Mendelsohn, *Amerika*, Berlin, 1926.
3. Walter Gropius, « Die Kunst in Industrie und Handel », *Jahrbuch des Deutschen Wekbundes*, Jena, Eugen Diederichs, 1913, p. 21-22.

Écrits choisis

7.11 Côté maritime de l'élévateur n° 4, Montréal, construit en 1956. Il mesure 365 mètres de long et 71 mètres de haut et a l'une des plus grandes capacités du monde pour un élévateur autonome (capacité de déchargement de 22 942 m³ par heure).

7.12 Silos à grains construit en 1960, Baie-Comeau, Québec. Sur la droite, l'angle formé par l'accumulation du grain détermine la pente des composants de stockage ; sur la gauche, les réservoirs d'acier pour le vrac sont utilisés comme unités de stockage complémentaires.

8.
POUR UNE DÉFINITION DE L'ARCHITECTURE AU QUÉBEC, 1971

Publié en français dans Melvin Charney et Marcel Bélanger (dir.), *Architecture et urbanisme au Québec*, Montréal, Les Presses de l'Université de Montréal, 1971, p. 9-42.

Il est grand temps que l'on essaie de faire le point sur l'architecture québécoise. Il n'existe ni cadre historique, ni perspective critique, permettant de situer les œuvres et les tendances contemporaines. C'est dans une sorte de vide qu'ont lieu les activités architecturales au Québec, avec seulement quelques rares indices comme points de repère. Il y a de nombreuses causes à cette situation. On peut en attribuer quelques-unes au problème plus général de la culture et des arts au Québec d'une part, et au contexte social, politique et économique, d'autre part. Mais les causes principales de cette situation se trouvent dans l'état de l'architecture elle-même.

Dans un ouvrage récent, intitulé *Architecture contemporaine au Canada français*[1] et publié par le ministère des Affaires culturelles du Québec en 1969, on nous présente un choix de trente bâtiments récents qui, selon l'auteur, couvre l'étendue de l'architecture contemporaine au Québec. D'une part, ce choix est limité et partiel ; d'autre part, on avance que l'expression formelle de ces bâtiments est due à une influence extérieure plutôt qu'à une inspiration nationale : « S'il fallait courir à la recherche de ses inspirations nationales pour faire le point sur l'architecture actuelle au Canada français, le bilan serait plutôt mince. » En résumé, l'inventaire de l'architecture contemporaine au Québec est jugé « plutôt mince » et ses sources d'« inspiration nationale » quasi inexistantes.

Cette affirmation n'est pas un fait isolé : ce jugement est largement partagé par les institutions culturelles du pays. Par exemple, un livre tel que *Building Canada. An Architectural History of Canadian Life*[2], publié en 1966 et ayant eu une large audience, reprend à son compte l'opinion commune voulant que depuis 1850 « dans les parties françaises des villes [du Québec] et dans sa campagne est apparu

8.1 Maison-magasin à Saint-Canut, Québec.

un hideux mélange de structures qui n'appartiennent à aucune tradition architecturale quelle qu'elle soit». Pour illustrer cette observation, l'auteur, Alan Gowans, montre la photographie d'une maison des années 1920, construite à Saint-Canut[3] (**fig. 8.1**). Ce qu'on voit sur la photographie est un bon exemple d'une maison typique qu'on trouve partout au Québec. La maison se cache derrière un fronton stylisé, le simulacre d'une composition néoclassique. Elle est construite d'une charpente en colombage – un système de construction en bois standardisé et courant – le fini extérieur est fait d'un matériau produit industriellement, et une pompe à essence orne le premier plan comme un totem du nouvel âge des transports de masse : capacité d'adaptation aux nouvelles conditions de l'architecture. L'auteur, incapable de le voir, recourt au ridicule.

Si on revient à la réalité et qu'on regarde les villages, les villes et les centres urbains des différentes régions du Québec, on découvre alors des lieux et des ensembles riches en formes et en organisation. On y trouve les éléments d'une véritable architecture contemporaine aussi intéressante et réelle que partout ailleurs.

Voici donc les deux dimensions de la situation de l'architecture au Québec : d'une part, une architecture comme système institutionnalisé, limitée par un préjugé esthétique et une idéologie traditionnelle ; d'autre part, une architecture authentique née dans les choses concrètes et enracinées dans la vie des gens. Pour le moins, on peut dire que l'architecture institutionnalisée, telle qu'elle est reconnue présentement, a perdu sa signification. L'étude qui suit est une esquisse des contours d'une nouvelle optique permettant de situer la source des tendances récentes de l'architecture au Québec.

La tâche n'est pas facile. Il faut d'abord tracer l'évolution de l'identité culturelle de l'architecture, puis la relier à l'identité changeante des Québécois et à leur statut en Amérique du Nord.

Puisque l'architecture se reflète dans l'état des choses elles-mêmes, ce sont des exemples concrets qui illustrent le mieux la conjoncture dans laquelle se trouve l'architecture. Prenons les deux exemples suivants.

Premièrement, la maison d'un architecte, créée au début des années 1960 et située dans les Laurentides, au nord de Montréal (**fig. 8.2**). Cette maison a été citée et mise en valeur dans l'ouvrage *Architecture contemporaine au Canada français*[4] – c'était la seule maison illustrée et décrite en détail dans le chapitre « La maison » ; elle figurait même sur la couverture. La maison est soigneusement composée sur un plan biaxial. Chaque partie en est contrôlée et est incorporée au schéma d'ensemble formel. On peut rattacher son style, une sorte de « néo-palladien », à celui des maisons de Walter Gropius et Marcel Breuer construites aux États-Unis dans les années 1940 et 1950, modifié et formalisé par le goût du musée d'Art moderne à New York. À la fin des années 1950, on retrouve ce langage architectural dans le style des villas créées par de nombreux architectes américains pour leurs riches clients ; un des meilleurs exemples est la maison de I. M. Pei, – une autre maison d'architecte.

L'intérêt de ce genre d'architecture est généralement apparent dans la composition judicieuse de chaque espace et dans sa relation avec l'ensemble de la maison. Dans notre exemple, la composition se perd dans l'ambigüité ; elle se perd dans une confusion entre l'importance des espaces habitables et les lieux de service, dans un emballage traditionnel. On pourrait répondre que c'est un exemple mal choisi, s'il n'y avait un effort évident dans le design, rappelant l'ambigüité de la conception d'autres édifices contemporains bien connus, tels que le Pavillon du Québec à l'Expo 67 ou le Grand Théâtre de Québec.

À l'intérieur de la maison, cette ambigüité est accrue par un encombrement d'objets qui habitent les espaces ; les touches impulsives de rouge vif et les douces surfaces d'objets d'art travaillés à la main semblent les fétiches d'une mise en scène et

8.2 La maison d'un architecte, façade principale : adaptation néoclassique d'un mythe esthétique. (*Vie des arts*, nº 42, 1966, p. 32).
8.3 La maison d'un inconnu, façade principale ; la réalité des gens. (*Culture vivante*, nº 15, 1969, p. 12).

tiennent lieu d'une occupation humaine. Le monde réel est soigneusement dissimulé. Les surfaces de bois travaillées à la main imitent des finis faits à la machine. On ne peut accéder à la maison qu'en voiture, mais tous les signes de la présence de l'automobile sont camouflés. Les axes de la maison se prolongent dans le paysage par des pelouses en terrasse et des allées pavées de pierres des champs et le site est détaché de son environnement et modifié pour être intégré dans la géométrie de la composition. Elle pourrait être n'importe où, figée dans l'esprit de son créateur. Dans la même veine, le critique américain Edmund Wilson commente la fiction de Anne Hébert qui «... nous fait pénétrer dans les maisons... et nous sommes en partie dans le royaume du rêve... la vieille lignée des Canadiens français, dans son enclave culturelle sur le continent nord-américain ne sait pas toujours où elle est[5] ».

La seconde maison (**fig. 8.3**) est située dans la même région que la première. Elle date à peu près de la même époque et utilise le même type de charpente en bois. Mais la ressemblance s'arrête là. Cette maison est vraiment intégrée au monde qui l'entoure. Elle n'est pas citée dans l'ouvrage sur l'*Architecture contemporaine au Canada français*, mais découverte sur le bord de la route. Une Chevrolet est stationnée devant la maison, modèle classique du style de Détroit des années 1950 ; l'axe de l'allée suit la ligne de moindre résistance tracée par la voiture à une vitesse moyenne de quarante milles à l'heure [65 km/h] à partir de la route.

Cette maison est entièrement construite de matériaux standardisés et courants. Les matériaux *naturels* constituant l'enveloppe de la maison sont des produits synthétiques dont la fabrication industrielle est complexe. Ils sont préfinis et ne demandent que peu d'entretien : toiture de tôle ondulée galvanisée, imitation de bardeaux d'ardoise à base d'un composé de bitume et de pierres concassées et teintes, bois coupé à l'avance, portes et fenêtres préfabriquées en aluminium. La signification esthétique du revêtement extérieur mérite une analyse sémantique poussée : une épaisseur de 3/8 de pouce [10 mm] de bitume imitant une épaisseur de 2 pouces [50 mm] de pierre de béton imitant un revêtement de pierre naturelle qui fut d'abord utilisé sur les cottages du *Middle West* des États-Unis. Plusieurs portes d'aluminium sont appuyées sur le flanc de la maison comme des éléments interchangeables. Un mât de bois s'élance au-delà du niveau du toit pour recevoir les câbles électriques et téléphoniques ; une cheminée supporte le mât d'une antenne de télévision. La présence des gens est très apparente ; une corde à linge arbore les drapeaux de luttes quotidiennes. La maison est spécifique à ses occupants et à son emplacement, même si l'on trouve des maisons identiques à travers le Québec.

Nous avons donc ici deux maisons, et toutes deux démontrent une architecture. Ce qui importe pour définir une architecture c'est une approche sans hiérarchie, sans l'idée particulière de vouloir trouver un monument, sans classement particulier, c'est de considérer les deux maisons comme événements importants et historiques.

La première renoue avec le passé à travers l'habit du vocabulaire moderne. Elle révèle dans une image formelle et isolée, faisant appel au langage d'un mythe esthétique. Il y a dans l'expression de la maison une tentative d'adaptation au monde nouveau, mais elle ne peut se dégager du passé, retenue par des barrières traditionnelles, retenue, enfin, par l'incertitude qui se révèle dans un formalisme obsédant et autoritaire.

En d'autres termes, l'existence de la première maison s'appuie sur la possession d'un surplus de ressources et sur la possibilité de retenir les services de ceux qui la construisent et l'entretiennent. La seconde maison reflète clairement la condition de ceux qui ont à lutter avec un minimum de ressources pour satisfaire leur besoin de logement. Le langage formel de cette deuxième maison est le plus courant au Québec et sa reconnaissance fait sortir l'architecture de son moule traditionnel vers une recherche de la logique du monde présent.

L'idée exprimée ici est que l'on trouve la source de l'architecture contemporaine au Québec dans l'architecture populaire et dans une façon de bâtir qui a défini les rapports entre les gens et la forme de leur milieu construit.

L'historien Ramsay Traquair dans son livre, *The Old Architecture of Quebec*, remarque « là où le Vieux-Québec était à son apogée, c'était dans les ouvrages populaires, en dehors du cadre de l'architecture académique[6] ». Ce qu'on doit faire c'est donc de retracer l'évolution de ces « ouvrages populaires » jusqu'aux années 1960.

On retrouve ces « ouvrages populaires » dans la description des structures les plus anciennes du Québec. Gérard Morisset, historien et ancien directeur du Musée du Québec décrit ainsi l'architecture ancienne : « Pour peu qu'on examine notre architecture d'autrefois... la pierre et le bois y sont combinés avec la connaissance expérimentalement exacte des ressources de chaque matériau... un plan simple, rationnel et adapté à ce que la société humaine recèle... c'est bien l'esprit du style roman qu'on perçoit dans les murailles nues...[7] ». Ce que Morisset voulait dire, comme l'a résumé Alan Gowans, c'est que l'architecture de la Nouvelle-France « n'avait tout simplement pas l'air roman, elle était une expression intégrale de la tradition romane de l'architecture occidentale[8] ».

Que signifie « une expression intégrale de la tradition romane » à propos de l'architecture québécoise ?

Pour une définition de l'architecture au Québec, 1971

8.4 Maison Hector Brossard, bâtie à la fin du 17ᵉ siècle, à Laprairie.
8.5 La rue Petit-Champlain, à Québec.

Une tradition fait appel à une attitude face au bâtiment, attitude dont les racines plongent dans une réponse innée au besoin d'organisation physique et conditionnée par les ressources disponibles. L'appellation « romane » est une invention de l'historien qui, selon Panofsky, « ne peut s'empêcher de découper sa matière en périodes⁹ ». C'est bien, en effet, l'attitude face au bâtiment qui, durant la période romane de l'histoire de l'Europe occidentale, a permis le développement de l'architecture significative de cette époque. Mais son expression, communautaire plutôt que personnelle, est enracinée dans l'architecture populaire ; elle naît de l'expérience du chantier et des mains de l'ouvrier

– artisan, journalier, et maître d'œuvre¹⁰. Cette attitude s'est répandue de la Méditerranée occidentale à la mer du Nord ; on peut dire qu'elle a précédé la période romane, mais aussi qu'elle s'est prolongée après elle, présente par exemple dans l'architecture préféodale, et persistant encore au 20ᵉ siècle dans certaines régions isolées de l'Europe occidentale ainsi qu'au Québec. Au Québec, Traquair le souligne, cette tradition du bâtiment fut « si longtemps isolée qu'elle s'est profondément enracinée d'une façon originale¹¹ ». On peut voir le ferment de son expression dans la « variété et les contradictions du Roman qui va de la simplicité planaire de l'école d'Hirsau et du sévère structuralisme normand et anglais au riche protoclassicisme de l'Italie et du sud de la France¹² ». Au Québec, cette tradition aboutit aux rudes maisons des pionniers et un essor néo-classique venant d'Angleterre au 18ᵉ siècle, d'où sont issus bon nombre de bâtiments protomodernes du 19ᵉ siècle.

Gowans distingue trois caractéristiques de cette tradition. Elles sont quelque peu superficielles, souvent reprises dans les études sur l'architecture romane, mais suffisantes ici pour être mises en relation avec les polémiques tout aussi superficielles de certains travaux sur l'architecture moderne. Il souligne d'abord « un principe additif en composition » des bâtiments, c'est-à-dire une organisation de la forme ouverte et cumulative ; ensuite, la « franche expression de la structure », et, enfin, l'« expression naturelle des matériaux¹³ ». Ces caractéristiques se retrouvent dans l'expérience pionnière de la formation du Québec et dans la période d'isolement suivante, tempérées par une « simplification fonctionnelle et une standardisation égalitaire¹⁴ ». De tels mots jouèrent un rôle important dans la formation de l'idéologie du Mouvement moderne en architecture qui se développa en Europe au début de notre siècle.

Au Québec, on eut recours à cette tradition pour prendre en charge les nouveaux problèmes d'organisation du milieu physique qui apparurent à la fin du 19ᵉ siècle. On peut suivre le fil de cette continuité depuis un exemple primitif de maison de colon, la maison d'Hector Brossard à Laprairie, datant du 17ᵉ siècle **(fig. 8.4)**, en passant par les édifices du 18ᵉ siècle de la rue Petit-Champlain à Québec **(fig. 8.5)**, jusqu'à un bâtiment commercial du 19ᵉ siècle à Montréal, prototype des futurs immeubles de bureaux à pans de verre **(fig. 8.6)**, images familières de notre paysage urbain*. Ces bâtiments ont une qualité persistante de beauté rudimentaire. Lorsqu'on les regarde maintenant, ils semblent presque être des produits de la nature, plutôt que des objets architecturaux.

Afin de clarifier ces observations, il serait bon de prendre des exemples concrets. En 1912, l'élévateur à grains n° 2 fut érigé dans le port de Montréal par l'entreprise John S. Metcalf Co. de Chicago. C'était un élévateur terminal d'un réseau de transport de blé, équipé des dernières méthodes de transfert du grain et entièrement mécanisé. Les systèmes de manutention linéaires introduisirent une implantation en nid d'abeilles des tambours verticaux des silos, munis, en haut et en bas, de tapis roulants reliés par des ascenseurs à godets, se prolongeant vers les quais de chargement par des bras télescopiques et des tours mobiles. Le volume dominant était une simple botte de silos de béton, tube d'emmagasinage distendu du système en mouvement[15].

L'élévateur fut construit par une main-d'œuvre locale qui se servait des techniques les plus avancées en construction d'acier et de béton, mises au point par la firme Metcalf et d'autres entreprises de construction et d'ingénieurs durant une période de quarante ans. Les expériences dans la conception de silos et d'élévateurs, les noms d'inventeurs importants tels que Max Toltz, les différents systèmes de construction brevetés comme celui de Metcalf – silos d'acier carrés renforcés diagonalement qui ressemblent à nos actuelles structures tridimensionnelles – la construction à coffrage coulissant, tout cela a été publié et promulgué dans des libres et revues spécialisées de l'époque. Par exemple en 1911, le livre *The Design of Walls, Bins and Grain Elevators*[16] en était à sa 11ᵉ édition ; ce livre donne une description détaillée des élévateurs à grains montréalais et d'une recherche sur les silos en béton armé érigés à Montréal avant la fin du siècle dernier. Une photographie de l'élévateur à grains n° 2 en construction **(fig. 8.7)** montre clairement les éléments d'acier et de béton et les conduits électriques courant le long de la surface de l'équipement. À l'arrière-plan, le marché Bonsecours, construit un demi-siècle seulement avant l'élévateur, mais conceptuellement séparé par les conditions irréversibles d'une ère nouvelle.

Une photographie de ce même élévateur, qui avait été prise quelques semaines plus tôt alors que la prolongation de la partie gauche des silos était inachevée, fut insérée par Le Corbusier dans son ouvrage important *Vers une architecture*, en 1923† **(fig. 8.8)**. On voit dans la partie : « Trois rappels à MM. les architectes. Premier rappel : le volume », sur la page suivant le fameux truisme : « L'Architecture est le jeu savant correct et magnifique des volumes assemblés sous la lumière. » Sur la photographie de *Vers une architecture*, le marché Bonsecours est soigneusement effacé. Le volume de l'élévateur à grains est isolé et sans échelle, détaché de la réalité de son environnement ; il semble se dresser au bord d'une steppe dans une Amérique mythologique. La déification de la machine est rendue encore plus emphatique par le manque d'identification du responsable de sa construction et de celle de sa localisation‡. De plus, la partie gauche des silos, inachevée, laisse le corps central de l'élévateur dans une symétrie parfaite. Il est clair que l'on donne à l'exemple une dimension héroïque ; dans le texte qu'illustre la photographie, Le Corbusier rattache les élévateurs à grains à d'autres monuments tels que le temple de Luxor, à cause de leurs similitudes dans les volumes géométriques élémentaires – vision platonique d'une esthétique de cylindres et de cuves parfaits, issue de Cézanne à travers le cubisme.

L'intérêt porté aux élévateurs à grains est avant tout formel. Ils tiennent lieu d'une nouvelle architecture héroïque que l'on attend toujours. Ils ne sont pas étudiés comme machines fonctionnelles ni comme système d'organisation. Au fond, Le

---

* Note de l'éditeur : Dans un texte rédigé en anglais trouvé dans l'archive de Charney, l'auteur utilise le Manoir Mauvide-Genest à l'Île d'Orléans comme premier exemple et le Séminaire de Québec comme second.

† Note de l'éditeur : L'image utilisée par Le Corbusier est la même que celle publiée par Walter Gropius dans son essai « Die Entwicklung moderner Industriebaukunst » dans *Die Kunst in Industrie und Handel, Jahrbuch der deutschen Werkbundes 1913*, Jena, Eugen Diederichs, 1913, s.p. La source de Charney fut probablement *Old and New Montreal* (Montreal : International Press Syndicate, 1913), s.p. Voir l'introduction de Jean-Louis Cohen dans Le Corbusier, *Toward an Architecture*, trad. John Goodman, Los Angeles, Getty Research Institute, vers 2007, p. 8.

‡ Note de l'éditeur : La légende accompagnant l'image de l'élévateur n° 2 dans *Vers une architecture* situe celui-ci aux États-Unis.

8.6 Bâtiment commercial *loft*, 417, rue des Récollets, Montréal.

8.7 Port de Montréal, silos et élévateur à grains n° 2.
8.8 Élévateur à grains n° 2 (Le Corbusier, *Vers une architecture,* Paris : Crès, 1923).

Corbusier les regarde comme quelqu'un d'autre regarderait le marché Bonsecours ; dans les deux cas, un protoclassicisme se dissimule derrière les apparences formelles. On se sent chez soi quand, dans un essai postérieur du livre, les temples grecs à Paestum et le Parthénon apparaissent. L'image formelle des silos et élévateurs à grains eut une influence considérable sur le développement de l'architecture moderne. Elle fut en grande partie assimilée, stylisée et répandue par Bruno Taut* et d'autres dans le « style international ». En tant que style formel, l'architecture moderne était facilement acceptable et exportable, ne demandant que peu de changement dans la conception existante de l'architecture comme système culturel.

Ce furent les éléments de ce style qui revinrent au Québec plus tard, dans les années 1930, importés et soutenus par une petite intelligentsia architecturale.

L'architecte Marcel Parizeau admira les élévateurs à grains à son retour de France en 1933[17] ; les surfaces lisses de béton jouèrent un rôle dans la création d'une maison bourgeoise typique d'Outremont comme la maison Larocque construite en 1937 (fig. 13.6, p. 202). Mais ces élévateurs à grains n'affectèrent que peu sa conception. Même si certains des architectes montréalais travaillèrent dans les bureaux des constructeurs et des ingénieurs responsables, ces constructions n'eurent pas d'influence sur l'orientation de l'architecture. Ce n'est que trente années plus tard que devaient apparaître les conditions nécessaires à un changement d'esprit. Avant cela, les silos et élévateurs furent tout au plus associés à un idéal esthétique plutôt qu'aux

---

* Note de l'éditeur : Bruno Taut, *Modern Architecture,* London, The Studio, 1929.

8.9 Habitation de masse, Montréal, fin du 19ᵉ siècle. Afin de faire le lien conceptuel avec le développement de l'architecture moderne en Europe, les historiens ont essayé de tracer l'évolution de l'architecture fonctionnelle – murs de briques simples – en Amérique du Nord, tradition qui produisit une grande partie de l'habitation montréalaise de la fin du 19ᵉ siècle.

conditions fondamentales d'une attitude moderne qui aurait pu être trouvée sur place.

Si l'on veut retracer l'évolution d'une authentique architecture moderne au Québec au cours de la seconde partie du 19ᵉ siècle et de la première moitié du 20ᵉ, c'est dans les rues qu'il faut la chercher. Les changements qui advinrent pendant cette période eurent lieu en dehors du cadre de l'architecture officielle et académique. Non seulement la littérature concernant ce qui était reconnu comme œuvre d'architecture est presque inexistante, mais aussi la définition même de l'architecture était récemment encore très étroite, si bien qu'il n'y a pratiquement aucun document sur cette période, mises à part de rares études offrant un certain intérêt ; c'est le cas, par exemple, d'une étude faite par le géographe Raymond Tanghé sur l'évolution de l'habitation montréalaise*.

Ce que l'on pourrait chercher dans les rues, ce sont des exemples annonciateurs de quelques-uns des thèmes majeurs du 20ᵉ siècle. Ces exemples peuvent être divisés en deux catégories. La première traite de la structure de l'organisation physique. On peut ranger dans cette première catégorie des exemples d'occupation du sol qui influencèrent la suite du développement urbain. La forme la plus commune était une organisation linéaire et cumulative, prolongeant le village et son groupement de bâtiments ecclésiastiques, le long d'une rivière, d'un chemin, d'un rang, sur lequel venaient se greffer des lots profonds et étroits, répartissant le terrain depuis le bord de la rivière jusqu'à la forêt. On peut trouver d'autres exemples dans la forme dominante de la rue et dans la forme collective de l'organisation de l'habitation.

La seconde catégorie comprend des exemples donnant une réponse nouvelle à de nouveaux problèmes. Nous les trouvons principalement à Montréal. Ils virent le jour comme réponses spécifiques à des problèmes particuliers posés par l'urgence des besoins physiques – l'équipement nécessaire à la croissance rapide de Montréal comme centre commercial et industriel du Québec et de l'Est du Canada. Les exemples consistent donc essentiellement en des structures commerciales et industrielles, telles que les élévateurs à grains, l'habitation pour une population ouvrière croissante émigrant des zones rurales, et la structure même de la ville en pleine croissance.

La croissance rapide de la dernière moitié du 19ᵉ siècle fut la première expansion à grande échelle de Montréal. L'urbanisation eut tendance à suivre une grille de rues orthogonale basée sur les lots profonds et étroits, quelques-uns des chemins ou rangs devenant les artères principales. L'habitation meubla les rues avec ces façades de brique de logements empilés sur deux ou trois étages. Une densité relativement élevée – 200 personnes par

---

* Note de l'éditeur : Raymond Tanghé, *Géographie humaine de Montréal*, Montréal, Libraire d'Action canadienne-française, 1928.

8.10 Immeuble d'habitation à structure de béton armé, rue Saint-Denis, à Montréal.
8.11 Immeuble, 2, rue Sherbrooke Ouest, à Montréal. Le plan multifonctionnel, groupant habitation, activités commerciales et industries légères, l'ascenseur et la construction entièrement en béton armé montrant un bâtiment important dans l'architecture moderne au Québec.

acre – fut alors établie. La rue fut prolongée dans la profondeur du lot à travers une première rangée de logements par des portes-cochères, permettant d'accéder à une seconde série de logements. La densité fut atténuée par un tissu de cours et d'espaces communs. Le revêtement mural des surfaces de brique, la construction en bois, la forme du « toit montréalais » convenant bien au drainage, les intérieurs minimums, tout cela formait une expression fonctionnelle, utilitaire, mais humaine, directement issue de la tradition québécoise[18] **(fig. 8.9)**.

Le bâtiment – *loft* – à étage libre fit son apparition en même temps que le développement de l'industrie secondaire. Il y a de nombreux et excellents exemples de ce type de bâtiment à Montréal : plan ouvert convenant à de nombreux types de division, fenestration totale, expression de l'utilité sans compromis comme dans l'exemple **(fig. 8.6)**. La fenestration standardisée, la construction standardisée à charpente de bois et l'utilisation de façades de fonte, présentes dans un bon nombre de ces exemples, montrent l'introduction de la production en série et la conception des bâtiments en composants. Par exemple, une usine à Trois-Rivières produisait des éléments préfabriqués en béton armé dès 1910 – système *Siegwert*.

L'échelle héroïque des bâtiments industriels du début du 20e siècle et l'utilisation de nouvelles techniques de construction se trouvent dans des exemples tels que l'installation de la compagnie *Canada Cement* à Pointe-aux-Trembles. Là encore, comme dans le cas des silos et élévateurs à grains, la masse à grande échelle des volumes est articulée par les diagonales des convoyeurs, les fines membranes des cadres d'acier et la ligne des rails. On trouve là les matériaux bruts d'une image de la future forme urbaine telle qu'on la voit par exemple dans l'œuvre des constructivistes et du futuriste Sant'Elia. L'installation de la compagnie *Armstrong Whitworth*, à Longueuil, en est un autre excellent exemple, ainsi que l'installation de déchargement de la compagnie *Dominion Coal* avec sa batterie de grues mobiles et télescopiques.

Deux édifices importants de cette période, situés sur les rues Saint-Denis et Saint-Laurent tout près de la rue Sherbrooke **(fig. 8.10 et fig. 8.11)**, furent construits en béton armé au début de ce siècle. La structure de béton, les fines poutres en arc et le porte-à-faux des balcons sinueux illustrent un effort conscient pour utiliser la force d'un nouveau matériau dans la conception d'un bâtiment en donnant une expression authentique à ce matériau plastique et composite, typique des matériaux d'avant-garde introduits un peu plus tard.

Ces exemples présentent des solutions apportées aux problèmes architecturaux que de nombreuses œuvres de l'architecture du Mouvement moderne semblent seulement esquisser. Comme le remarque Colin Rowe, à propos de l'architecture de l'école de Chicago de la même époque: «l'Architecture était là, elle n'avait pas à être[19]». Cependant la présence de ces bâtiments n'affecta pratiquement pas l'architecture académique et officielle du Québec. Son engagement était ailleurs, toute préoccupée qu'elle était à fournir à la nouvelle classe de commerçants l'apparat approprié à sa richesse récente. Le contenu de la nouvelle condition ne devait devenir évident que plus tard, après une transformation de l'identité de l'architecture et de celle de l'architecte.

Au Québec, cette transformation de l'architecture et de l'architecte peut approximativement se diviser en quatre phases distinctes. Chacune de ces phases possède une certaine unité, correspondant aux transformations sociales et politiques du pays. Chacune chevauche le développement de l'autre, quelques éléments de l'une persistant pendant qu'un changement général se produit dans la substance de l'architecture dominante, certaines poches de continuité restant enfermées dans le temps.

La première phase correspond à la tradition populaire originelle, avec son sens de la forme collective née de l'expérience de la construction et avec sa prédisposition au protoclassicisme. Il est assez bien établi que l'histoire de cette tradition constitue la base de l'histoire de l'architecture québécoise. En tant qu'attitude d'organisation du milieu, cette tradition se prolonge jusqu'au 20e siècle, constituant la base d'une réponse authentique pour l'évolution de l'architecture au Québec.

La seconde phase commence au 18e siècle avec les premiers essais de constitution d'une expérience architecturale distincte de l'expérience de la construction elle-même, tel qu'on peut la voir dans le style baroque adopté par la Compagnie de Jésus pour ses églises. Cette phase est marquée par un premier schisme entre le courant de l'architecture populaire et celui de l'architecture d'une élite dominée par une succession de modes stylistiques. Des contraintes iconographiques furent imposées à la forme des bâtiments en accord avec les normes d'un mythe esthétique promulguées par l'élite. On retrouve ces mythes dans le fétichisme néogothique de l'église paroissiale de Notre-Dame de Montréal (1829), un gothique de charpentier exécuté en pierre, dans le Panthéon miniature de la Banque de Montréal (1846), ou encore dans les motifs classiques grotesques du Musée des Beaux-Arts de Montréal – un exemple du style réactionnaire le plus pur.

Ce dernier exemple illustre bien un second schisme qui s'est produit vers la fin du 19e siècle entre la fonction de l'édifice et son image. De nouvelles fonctions imposent des changements dans l'utilisation, et celle-ci, une fois transformée, imposa inévitablement un nouveau sens à la conception de l'édifice. Mais, malgré ces changements, il n'y avait que quelques images historiques auxquelles on pouvait se référer. Cet état de choses peut être plus particulièrement noté dans les banlieues de Montréal construites au début du 20e siècle, telles que la nouvelle ville de Maisonneuve. La nécessité de nouveaux équipements urbains – comme un laboratoire pour analyser l'eau et le lait – fut traduite par la forme des monuments publics: l'Hôtel de Ville, la Poste, les Bains, véritables pastiches d'éléments néoclassiques; de plus, un marché public du plus pur style français victorien.

Les bâtiments qui ne faisaient pas partie du consensus stylistique de l'architecture de l'élite étaient relégués dans la catégorie de signification secondaire. La profession de l'architecture était conçue dans ces conditions comme une discipline et un art; elle était ainsi limitée à l'usage qu'en faisait l'élite avec laquelle la profession tendait à s'identifier. L'architecture donc, telle qu'identifiée par les conditions de cette seconde phase et dominant encore la conception de l'architecture actuelle, est éloignée de la vie de la plupart des Québécois par trois facteurs: elle est conçue à l'image d'une élite, elle est entourée d'une culture à prédominance anglophone et elle est située dans un pays implicitement provincial dans sa pensée. Et comme le Québec était un pays relativement pauvre, dont l'élite était pratiquement inexistante, l'architecture populaire formait la majorité des bâtiments importants de cette phase. La tradition populaire du bâtiment a continué à servir de support aux préoccupations stylistiques de l'architecture officielle « sans affecter en rien la continuité de la tradition[20] ». C'est la force de la tradition populaire qui a donné à l'architecture la substance qu'elle a pu avoir.

Dans cette phase, l'architecture moderne était simplement le plus récent et dernier système stylistique. Morisset parle du « style moderne... l'apanage d'un petit groupe d'architectes et de connaisseurs[21] », en donnant des exemples tels que l'Université de Montréal (1925), d'Ernest Cormier, et la maison Larocque (1937), à Outremont, de Marcel Parizeau. Dans les deux cas, le semblant de clarté du style moderne est trahi par la confusion dans la conception du plan et la pauvreté de l'intégration de l'édifice au site. Morisset semble se débattre avec cette contradiction. D'une part, l'iconographie moderniste offre une image parlant audacieusement d'une vie rationnelle et nouvelle, d'une université comme un centre d'études apportant un air nouveau dans l'existence renfermée des Québécois; elle parle de la vie de famille et des avantages rationnels de la technologique nouvelle. D'autre part, les images mentent. Le printemps n'est pas encore venu. L'université reste en fait un bloc monolithique, isolé comme un château fort. La maison reste typique des résidences bourgeoises d'Outremont. Cependant, Morisset reconnaît l'authenticité potentielle de l'architecture moderne quand il dit, à propos de cette maison et d'autres semblables : « Elles possèdent quelques-unes des qualités de nos maisons d'autrefois[22] ». Il aurait pu trouver le lien partout autour de lui, mais, ironiquement, l'architecture populaire ne fait pas partie de son cadre de référence ; les « maisons d'autrefois », elles aussi populaires, étaient acceptables puisque séparées par la distance du temps et de l'esthétique. On peut voir la même attitude chez d'autres historiens comme Gowans et Traquair.

Le style moderniste, éclectique, vit toujours dans les adaptations de l'œuvre de Le Corbusier ou d'autres ; il est sans doute plus au courant des dernières modes qu'avant, grâce aux communications de masse, mais il reste tout aussi étranger à la réalité humaine québécoise.

La troisième phase commence avec la « Révolution tranquille » au début des années 1960, dont l'effet libérateur révéla une phase nouvelle de conscience nationale. Quelques architectes québécois se penchent sur le problème de l'expression de leur propre identité dans leurs œuvres. Dès lors, il n'y a plus de modèle à suivre ; il ne leur reste plus qu'à chercher l'identité d'une architecture propre aux conditions immédiates de leur travail et de leur situation historique. Les œuvres qui en sortirent sont sûres d'elles-mêmes, d'une présence physique imposante et essentiellement nord-américaine, contrairement aux réalisations des architectes du siècle précédent qui se débattaient dans le *no man's land* d'images empruntées. En dépit de son originalité linguistique et culturelle, il est ironique de constater la force de l'expression nationale dans la profondeur de ses racines américaines, comme, par exemple, dans l'œuvre des poètes Raoul Duguay ou Camille Laverdière et celle du chanteur Robert Charlebois.

On peut voir, derrière cette architecture, le paysage, l'esprit des premiers pionniers et des voyageurs qui ouvrirent le continent nord-américain et la mystique du *on the road* dans lesquels prend racine une grande partie de la vie américaine. Ses sources sont les mêmes que celles qui donnèrent naissance au riche patrimoine de l'architecture populaire ailleurs en Amérique du Nord. L'assimilation du paysage fut une phase importante dans l'évolution de l'expression architecturale en Amérique du Nord. Au Québec, ces tendances s'expriment dans le geste brut d'une architecture anti-urbaine, nourrie de paysage local. L'insistance sur un naturalisme original se révèle dans l'emploi de lourdes pièces de bois taillées à la hache et de murs de pierres des champs brutes – le revêtement mural du récent bâtiment de Radio-Canada à Montréal semble essayer de reconstruire une falaise des Plaines d'Abraham infranchissable cette fois-ci. C'est comme si l'architecture était à la recherche d'une mythologie qui ferait revivre l'expérience de l'histoire du pays.

Dans cette troisième phase, le travail de l'architecte Roger d'Astous est particulièrement significatif. Au début de sa carrière, il s'engage dans la voie de Taliesin et de l'œuvre de Frank Lloyd Wright. Ses premiers travaux sont particulièrement wrightien dans leurs motifs, s'appuyant sur des idiosyncrasies bien connues. Ses maisons et ses églises constituent une sorte d'architecture folklorique, bâtie par un

8.12 Église Notre-Dame-des-Champs, Repentigny, 1963. Roger D'Astous, architecte.
8.13 Église Notre-Dame-de-Fatima, Jonquière, 1963. Paul-Marie Côté et Léonce Desgagné, architectes.
8.14 Caisse populaire Desjardins, quartier Saint-Henri, Montréal, 1965. Henri Brillon, architecte.

héros qui aurait abattu lui-même les arbres, scié les planches et taillé la pierre de ses propres bâtiments. Dans ses œuvres, il met au point l'expression des conditions spécifiques à chaque projet auquel il donne une dimension épique. Ses maisons par exemple, contrairement à la maison de la figure 8.2 trouvent leur force dans le paysage ; comme dans l'œuvre de Wright, il y a une tentative pour les intégrer au paysage et même d'en faire des paysages. Avec son église de Notre-Dame-des-Champs, à Repentigny (**fig. 8.12**), il abonde dans le sens de l'architecte Bruce Goff. En 1967, avec l'hôtel Château Champlain (**au premier plan de la fig. 8.15**), dessiné en collaboration avec l'architecte Jean-Paul Pothier le travail de D'Astous atteint son apogée. L'expression du bâtiment est entièrement urbaine, intégrée au milieu environnement bien qu'affirmant sa propre présence ; ce qui n'est pas le cas pour son voisin immédiat, Place du Canada, dessinée à la même époque par l'agence torontoise de John Parkin, avec son expression vide et anonyme, copie dénuée de toute signification des immeubles à bureaux américains dans lesquels semblent se plaire les hommes d'affaires canadiens.

La recherche de l'expression d'identité se manifeste aussi dans les formes sculpturales du bâtiment, qui choquèrent tant la sensibilité architecturale canadienne-anglaise. L'œuvre de Paul-Marie Côté, dans la région de Chicoutimi, est particulièrement remarquable et importante. L'église de Notre-Dame-de-Fatima, à Jonquière, de Paul-Marie Côté et Léonce Desgagné (**fig. 8.13**), un cône en béton, haut, coupé au sommet, fait penser à quelque immense tipi indien, dressé dans le sauvage arrière-pays québécois. Ici, encore, c'est une expérience de retour aux archétypes de la psyché nationale qui répond à un besoin d'assimiler le paysage. On peut dire que c'est contre le vide écrasant du paysage qui réduit tout événement humain qu'est posé le geste exagéré de ces bâtiments. Edmund Wilson parle de cette impression : « nous avons de nos jours aux États-Unis largement perdu le sens du vide. Mais, on le trouve encore au Canada – lorsque l'on regarde le Saint-Laurent de l'île d'Orléans, juste en amont de Québec. Vus d'une haute falaise, le fleuve, large et calme, et la berge opposée, plate, sont d'une grandeur ahurissante... une telle vue paraît réduire à néant les manifestations humaines[23] ».

Cependant, les formes exagérées d'une grande partie de cette œuvre, par exemple dans l'architecture de Henri Brillon et tout particulièrement de sa Caisse populaire de Saint-Henri à Montréal, se perdent dans l'agressivité de l'invention (**fig. 8.14**). Cette dernière nous fait penser à une sorte de décoration sentimentale qui pastiche l'esprit de l'architecture populaire. Dans le cas de Brillon et d'autres, cette architecture tend à exprimer la frustration d'une force d'expression tâtonnante, contredite par la raison d'être de l'architecture elle-même. Son expression hautement personnelle peut avoir un sens aux yeux de Brillon, mais la vraie question est de savoir si elle a une quelconque signification pour les autres.

Cette phase importante de l'architecture québécoise doit être replacée dans son contexte d'une culture nationale en évolution. Franz Fanon, dans son livre *Les damnés de la terre*[24], parle des transformations de la conscience dans l'émergence d'une culture nationale : « la revendication d'une culture nationale, l'affirmation de l'existence de cette culture représentent un champ de bataille privilégié... [il] risque de donner lieu à des ambiguïtés graves... [le] créateur qui décide de décrire la vérité nationale, se tourne paradoxalement vers le passé, vers l'inactuel... Les milieux éclairés s'extasient devant cette vérité bien rendue, mais on a le droit de se demander si cette vérité est réelle, si en fait elle n'est pas dépassée, niée, remise en question par l'épopée à travers laquelle le peuple se fraie un chemin vers l'histoire. »

Même si le travail des architectes québécois de la troisième phase extériorise l'expression d'une conscience nationale, il est coupé des réalités comme l'urbanisation du milieu et l'habitation de masse, affectant la vie de la majorité des gens ; cette expression demeurant prisonnière de ses origines du 19e siècle et n'ayant de signification que pour une petite partie de la population. La « Révolution tranquille », comme André Langevin et d'autres l'ont fait remarquer, était « celle de la bourgeoisie québécoise », née dans sa « forme complexe d'hommes d'affaires et de techniciens »*, dont font partie les architectes, coupée de la vie de la masse des gens,

---

* Note de l'éditeur : André Langevin, « La révolution tranquille est celle de la bourgeoisie », *Maclean*, 4, n° 6, juin 1964.

comme l'ont montré les événements ultérieurs au Québec.

La quatrième phase de cette évolution est toute récente et expérimentale. Elle correspond à un rapprochement avec la communauté et à un changement profond dans la conception de l'architecture elle-même.

On peut montrer la transformation récente de l'architecture en traçant l'évolution de l'habitation. L'habitation occupe une position clé dans l'architecture – la création des lieux de notre vie quotidienne. L'apparition du problème de l'habitation urbaine de masse est un moment tournant dans l'évolution de l'architecture moderne et un thème critique de l'architecture contemporaine.

Au Québec, même si on se représente généralement l'habitation primitive sous les traits de la ferme isolée dans son site rural, la forme de ces maisons « montre l'existence antérieure de villes et de rues[25] ». La ville, chose créée, ainsi que la rue et la place, conditionnent la configuration physique de la maison individuelle. Les lois du Code civil définissent clairement la mitoyenneté, les liens entre les maisons.

La forme collective caractéristique de l'habitation québécoise continue à se développer avec la croissance des villes et cités du 19e siècle. L'organisation en logements denses, en cours intérieures et en une grille orthogonale de rues provient des formes antérieures d'occupation du sol. La masse de la population fut ainsi logée dans une structure d'habitat communautaire, né en dehors du courant de l'architecture de l'élite et créé par des gens ordinaires, faisant des choses ordinaires. Le sens de la propriété collective se révèle évident dans l'organisation de l'habitation comme on peut le voir dans l'ensemble d'habitations ouvrières du secteur est de Montréal, près des rues Papineau et Ontario, dont la forme fait penser au Phalanstère de Fourier. Il est aussi attesté par le phénomène persistant du locataire ; même si 60 % de la population de la ville canadienne moyenne possèdent actuellement leur propre maison, l'inverse est vrai dans la plupart des centres québécois et à Montréal dans les quartiers populaires en particulier où le pourcentage de locataires atteint plus de 80 %.

Le phénomène de l'état de locataire existe pour plusieurs raisons ; les raisons socioéconomiques n'en sont pas les moindres. Mais puisque les gens tendent à définir l'habitation comme objet communautaire, ces conditions font partie de la structure de relation entre les gens et leur conception d'habitabilité et définissent une écologie de l'habitation. Ainsi, l'habitation reflète un mode de vie. La structure physique de l'habitation, au mieux, est le support du contenu de ce mode de vie.

Dans les années 1950, l'habitation de masse au Québec devint véritablement un problème pour l'architecture officielle. La Loi nationale d'habitation donna au gouvernement les moyens de subventionner la construction de l'habitation à loyer modique, c'est-à-dire l'habitation populaire. Un exemple en est fourni par les Habitations Jeanne-Mance situées au cœur de la ville de Montréal. Il illustre parfaitement l'état des choses. Plusieurs hautes tours d'habitation s'élèvent comme un groupe d'îles isolées au-dessus d'une pelouse. Elles semblent flotter dans une partie démolie du centre-ville, telle une apparition déplacée du *London County Council*, apportant une réponse aussi peu adéquate que peut l'être l'aide étrangère d'Ottawa à un pays sous-développé, ignorantes de l'écologie locale et, en dernier lieu, impérialistes dans leur conception – socialement et culturellement impérialistes dans la mesure où l'architecture imposée dans l'habitation signifie une diminution de la souveraineté d'un pouvoir inférieur : les gens qui l'habitent.

L'écologie existante du quartier fut tout simplement démantelée, et les gens furent entassés dans des tours entièrement contrôlées par l'appareil de l'État. Ce genre d'habitation, comme tout le monde le sait, ne répond que partiellement aux besoins des gens. Mais quinze ans plus tard, plusieurs projets d'habitation à Montréal exploitent de la même façon l'écologie de la communauté au nom du monde des affaires, et Habitat 67 le fait au nom d'une vision personnelle de la forme des choses à venir.

En essayant de s'occuper de l'habitation de masse, l'architecture telle qu'elle est présentement conçue reste enfermée dans son moule historique institutionnalisé. L'architecture tend à être l'expression d'une idée de l'habitation et d'un objet spécial plutôt que l'organisation des faits aussi simples par exemple que le besoin d'un restaurant du coin.

On doit faire le parallèle entre cette institutionnalisation problématique de l'habitation en architecture et l'institutionnalisation tout aussi problématique des politiques socioéconomiques de l'habitation. Par exemple, les politiques gouvernementales appliquées au Québec encourageant la propriété domiciliaire et la construction de l'habitation unifamiliale dans les banlieues, au lieu de promouvoir l'habitation communautaire, la rénovation, la copropriété et le contrôle des loyers ; ces politiques font partie d'un processus d'acculturation sociale et économique, qui n'est sans doute pas explicitement formulé comme tel, mais qui donne néanmoins les mêmes résultats.

Le projet d'habitation, « les Îlots Saint-Martin », de l'architecte Jean Ouellet, commandité par le Service de l'habitation de la Ville de Montréal en 1968, représente une évolution remarquable des sensibilités par rapport aux projets que nous avons mentionnés plus haut. Même si c'est un échec à plusieurs points de vue, cet échec est inhérent à notre époque. L'architecture ici acceptait explicitement de respecter et d'intégrer l'habitation existante du quartier. Elle a essayé de comprendre la syntaxe de cette habitation. Quelques-unes des nouvelles maisons étaient construites dans l'enveloppe des anciennes. Des motifs, tels que le profil des toits, étaient répétés dans les nouvelles constructions, et le sens général de l'échelle était maintenu. Cependant, afin de créer un plan de masse, la grille des rues existantes fut supprimée et, avec elle, tout semblant de cohérence communautaire. En tant que produit architectural, le lieu de l'habitation fut transformé en un objet ayant la forme d'un *projet d'habitation*. Auparavant, il constituait l'arrière-plan de la vie des gens. Maintenant, il est passé au premier plan, niant la vie même que ces gens mènent ; on peut le voir, par exemple, dans la détérioration rapide des bâtiments. L'architecture a beaucoup de chemin à faire.

Comme partout ailleurs, l'architecture au Québec est au point où elle doit couvrir le champ diversifié des activités qui affectent la relation entre les gens et leur environnement. On peut classifier ces activités comme étant reliées aux interventions sur ces relations et à l'élaboration de l'environnement physique lui-même.

On reconnaît que l'architecture, comme intervention, est nécessairement politique. Chaque produit d'architecture tend à être normatif dans sa conception ; et la conception elle-même tend à être basée implicitement sur un modèle social et technique (et limitée ou libérée par celui-ci) avant même de répondre aux besoins de la société.

Au Québec, comme ailleurs, les architectes les plus intelligents s'engagent dans une démocratisation et une diversification croissante de leurs activités ; on les retrouve travaillant avec l'appareil de l'État, avec des organisations communautaires, des groupes de citoyens, dans l'industrie et dans la « planification engagée ». Cependant, entre la reconnaissance de la dimension sociale de l'architecture et sa mise en pratique, il y a un fossé énorme même s'il n'est pas toujours évident. En fait, malgré le désir de socialiser l'architecture et de créer des lieux au nom des gens, ou de défendre leur intérêt avec les limites actuelles la planification ou le design – processus de production d'un produit fini tel qu'un plan ou un bâtiment – tend encore à nier les besoins et l'expérience des gens, contredisant les intentions du départ.

Derrière la nécessité d'un changement dans la conception de l'architecture se profile la séparation conceptuelle entre « le processus d'information et le processus de l'énergie[26] ». On peut le voir, par exemple, dans la compréhension du fait que le système d'organisation de l'environnement physique constitue un *langage* de relations entre les gens et les choses. Nous sommes conscients du rôle central des significations de la rue et de la place dans l'organisation des villes et cités québécoises. Le problème réside maintenant dans l'élaboration d'une compréhension valable et dans une capacité à traduire cette compréhension en une forme physique cohérente ; la traduction du langage de la rue ou de la place dans un contexte nouveau, tel que par exemple celui du système piétonnier du centre de la ville de Montréal, à l'intérieur d'un campus universitaire ou d'un lieu d'habitation.

Les prémisses de l'architecture basées uniquement sur l'expression des bâtiments l'enferment dans une vision limitée. Dans le centre-ville de Montréal (**fig. 8.15**), un élément aussi important que Place Bonaventure repose sur l'ambiguïté de la rhétorique de son architecture qui, résolument, essaie d'en faire un bâtiment dans le sens traditionnel du mot, c'est-à-dire un objet particulier et isolé, alors que son sens véritable est celui d'un prolongement

8.15 Le centre de Montréal vers 1967 montrant Place du Canada et Place Bonaventure en construction.

de la ville elle-même, rattaché aux autres grands pôles urbains. L'usage de la chose précède sa signification. Et dans le cas de Place Bonaventure, comme dans celui d'autres bâtiments au cœur de Montréal tels que Place Ville-Marie, son utilisation comme prolongement multifonctionnel et pluraliste de la ville est prise dans un formalisme désuet. La signification réside dans l'intérieur de ce « bâtiment public » qui est devenu l'extérieur d'une architecture publique où l'idée du bâtiment lui-même est simplement une définition légale des limites des propriétés dans un assemblage d'éléments urbains, et non pas une unité d'expression formelle.

L'environnement physique est en effet un système de contrôle, aliénant ou désaliénant selon le cas. L'élaboration de l'environnement physique est donc liée au contrôle du contrôle. Il en résulte que, si l'architecture est considérée comme l'élaboration de l'environnement physique de la société, alors la communauté y est engagée dans la mesure où elle peut exiger un contrôle sur le contrôle de son propre destin.

Cela veut dire qu'il y a au moins deux niveaux possibles d'action en architecture. Le premier se situe au niveau de la création des ressources physiques (énergie) avec lesquelles les différents lieux requis par la société peuvent être réalisés. Le deuxième se trouve au niveau de l'expression (information) d'individus ou de groupes d'individus utilisant ces ressources. Cependant, l'action reconnue en architecture est encore largement limitée au deuxième niveau, et sous de fausses représentations – la création d'une chose ressemblant à un objet culturel en forme de bâtiment, par un individu d'une classe privilégiée, bâtiment présenté comme l'expression de la société entière. Le Grand Théâtre de Québec est produit et érigé dans la forme d'un palais culturel alors qu'on a besoin d'équipement culturel conçu en termes d'un réseau accessible à tous. On construit un Palais de Justice à Montréal comme une affirmation politique d'autorité, au lieu de bâtir un réseau d'endroits pour un système de justice équitable pour tous. On construit encore des zones d'habitation en forme de ghettos pour gens pauvres, isolés comme par une infirmité, sans moyen de s'en sortir. En 1971, on construit une autoroute au-dessus des Îlots Saint-Martin.

Le futur de l'architecture au Québec réside dans la résolution de ces questions. Techniquement, on peut construire presque tout. La résolution se trouve dans une évolution sociale et culturelle, où la conception de l'architecture sera fondée sur le contrôle des gens de leur propre vie. Même les problèmes de l'industrie de la construction ne sont pas principalement dus au manque de savoir technique, mais sont dus au problème de l'organisation de l'industrie face aux besoins de la société.

Au Québec, comme ailleurs, l'architecture valable remet en question l'état de l'architecture elle-même. On ne peut plus trouver de réponses dans le champ habituel. Inévitablement, la condition sociale de l'individu, comme architecte, est mise en évidence. Cela veut dire que la libération de l'architecte dépend de la libération politique et sociale de l'individu et de la communauté. Elle dépend également de l'affirmation d'une identité québécoise renouvelée et originale. Malheureusement, l'hégémonie culturelle de l'architecture traditionnelle dure encore. Mais, maintenant, au moins, elle est de plus en plus un anachronisme.

Notes

1. Claude Beaulieu, *Architecture contemporaine au Canada français*, Québec, Ministère des Affaires culturelles, « Art, vie et sciences au Canada français », 1969.
2. Alan Gowans, *Building Canada. An Architectural History of Canadian Life*, Toronto, Oxford University Press, 1966.
3. Gowans, *op. cit.*, figure 74.
4. Beaulieu, *op. cit.*, p. 36.
5. Edmund Wilson, *O Canada. An American's Notes on Canadian Culture*, New York, Farrar, Straus and Giroux, 1965, p. 123-124.
6. Ramsay Traquair, *The Old Architecture of Quebec*, Toronto, Macmillan Co, of Canada, 1947, p. 93.
7. Gérard Morisset, *L'architecture en Nouvelle-France*, Québec, « Coll. Champlain » 1949, p. 15.
8. Gowans, *op. cit.*, p. 15.
9. Erwin Panofsky, *Gothic Architecture and Scholasticism*, New York, Meridian Books Edition, mars 1957, p. 3.
10. Il est intéressant de noter le thème analogue étudié par Michael Polyani, soutenant qu'une grande partie du succès de la science ultérieure vient de la dimension de la « connaissance tacite » qui est acquise dans la pratique et qui ne peut pas être exprimée autrement.
11. Traquair, *op. cit.*, p. 55.
12. Panofsky, *op. cit.*, p. 3.
13. Gowans, *op. cit.*, p. 16-17.
14. Gowans, *op. cit.*, p. 2.
15. Pour une critique détaillée des silos et élévateurs à grains montréalais voir Melvin Charney, « Grain Elevators Revisited », *Architectural Design*, Londres, juillet 1967. [Chapitre 7 dans ce livre, p. 121.]
16. Milo Ketchum, *The Design of Walls, Bins and Grain Elevators*, New York, Engineering News Publishers, 1911.
17. Marie-Alain Couturier, *Marcel Parizeau*, Montréal, l'Arbre, « Art vivant », 1945.
18. Voir Sigfried Giedion, *Space, Time and Architecture*, Cambridge, Harvard University Press, 1954, p. 353-359.
19. Colin Rowe, « Chicago Frame », *Architectural Design*, Londres, décembre 1970.
20. Gowans, *op. cit.*, p. 16.
21. Morisset, *op. cit.*, 119.
22. Morisset, *op. cit.*, p. 118.
23. Wilson, *op. cit.*, p. 57.
24. Franz Fanon, *Les damnés de la terre*, Paris, Maspero, 1968, p. 143-156.
25. Traquair, *op. cit.*, p. 52.
26. Geoffrey Vickers, *Value, Systems and Social Processes*, London, Tavistock Books, 1968, p. 169.

9.
MONTRÉAL... PLUS OU MOINS, 1972

Introduction à *Montréal plus ou moins?*, Montréal, Musée des Beaux-Arts de Montréal, 1972.

9.1 *Montréal, plus ou moins?* 1972, couverture du catalogue de l'exposition. Reproduit avec la permission du Musée des Beaux-Arts du Montréal.

Montréal et les gens qui y vivent, voilà ce qu'est essentiellement cette exposition. Mettre en évidence ce qu'est Montréal physiquement, dire ce que la ville signifie pour la majorité des Montréalais, par le biais d'une information visuelle ou écrite, tel fut le but visé.

L'image que nous nous faisons de Montréal est rendue floue et brouillée par ce que l'on ne peut qu'appeler les réalités de la vie quotidienne. Quelques chiffres permettent toutefois de les illustrer. La région montréalaise compte ainsi à l'heure actuelle 2 720 413 personnes. C'est le centre urbain du Québec, le plus grand au Canada, Toronto suivant avec une population de 2 609 638, Vancouver venant à la suite avec 1 071 081.

De plus, avec ses 9 300 habitants au mille carré, Montréal compte la plus haute densité de population du Canada, Toronto n'en ayant que 8 200 et Vancouver, 6 000. À la différence d'autres villes, la densité actuelle de population du centre-ville : 26 000 personnes au mille carré, va en augmentant. Quant aux automobiles, Montréal va à contre-courant. Son taux de 0,24 automobile par personne est inférieur à celui de toutes villes de même taille. Pour Toronto, il est d'ailleurs de 0,34, soit le même qu'à Vancouver.

Mais ces chiffres disent fort mal que cette ville est complètement différente de toute autre au Canada. Ils suggèrent à peine que Montréal soit unique en Amérique du Nord.

Cette constatation ne peut se faire que par l'expérience quotidienne.

Au contraire de la plupart des villes américaines, Montréal demeure une ville encore viable pour une grande partie de sa population. Les Montréalais l'habitent par choix. Avec fierté. Aussi est-ce un centre à la fois urbanisé et cosmopolite, dense et vivant. Ses rues sont pleines de gens. Au printemps, les premiers beaux jours créent l'animation. L'hiver, ce sont les passages souterrains au cœur des édifices, tout comme le métro, qui accueillent tout le monde. Rien à voir donc avec ces squelettes éventrés ou les « beaux » édifices neufs protégés par la police qui font les centres-villes de la plupart des villes de ce continent. À la différence de ces villes, Montréal s'est organisée et structurée à l'intérieur d'une tradition urbaine : son origine n'est pas celle d'un petit village, démesurément étendu en mégalopole de banlieues, dont le processus d'évolution est étranger à toute tradition urbaine – conditions qui n'ont rien à voir avec l'esprit de Montréal.

Mais tout change. Montréal se trouve maintenant à un moment décisif de son histoire.

De nouveau, d'autres chiffres, tirés de l'index de l'emploi publié par l'Union des municipales du Québec, peuvent montrer les causes sous-jacentes d'une transformation. De 1961 à 1970, l'indice d'emploi à Montréal indique une augmentation de 21,3, alors qu'il est de 35,1 pour Toronto. Ni l'activité frénétique que l'on associe à Expo 67 ni les discours politiques de l'administration municipale n'ont pu empêcher ce faible rendement. Et cela pendant une décennie durant laquelle Toronto a affermi sa position comme capitale économique de l'est du Canada. Même, on prévoit que la population de Toronto sera supérieure en nombre à celle de Montréal dès la fin de 1974.

Pour la plupart des Montréalais, le changement à Montréal est perçu au jour le jour dans les transformations quotidiennes. Croire que l'on peut gagner sa vie, que nos parcs sont beaux, que l'air est pur : tout ce qui permet au départ de rendre la vie supportable ne peut plus être tenu pour acquis.

Le fléau qui ronge tant d'autres villes attaque maintenant Montréal. Et pour nous qui vivons ici, tout se passe comme si la ville était sous l'emprise d'une force irrationnelle, qui transparaît dans la manière dont nous ressentons notre vie.

Tous, nous avons nos propres exemples. Que ce soit les débris des terrains vagues là où était autrefois le vivant Faubourg à la Mélasse, situé le long de l'une des rues les plus vieilles et les plus pittoresques de Montréal, la rue de la Gauchetière, quartier détruit pour faire place aux studios de télévision et aux bureaux de Radio-Canada. Et le nouvel immeuble n'utilise qu'une faible partie du sol pour n'être qu'une imprenable forteresse de pierre entourant sans raison une tour miroir.

Que ce soit aussi l'autoroute transcanadienne, dont la construction dans le centre-ville démolit tout sur son passage. Étant donné le niveau actuel atteint par la pollution de l'air, on ne peut interpréter cette construction que dans le sens d'un génocide.

Que ce soit encore... et même si le résultat semble de portée moindre, il n'en demeure pas moins significatif... que ce soit la détérioration lente d'un quartier que l'on traverse en se rendant au travail ; ou la disparition d'une maison qui nous était familière ; ou ces espaces vides entre édifices qui s'élargissent continuellement et se comblent avec des automobiles abandonnées ; ou la construction de boulevards vides, qui n'ont pas de raison d'être ; ou l'érection d'un viaduc au-dessus du quartier Mile-End où l'on voit s'écrouler dans la rue les maisons de nos souvenirs d'enfance ; ou encore, la disparition récente, du Carré Saint-Louis, de la statue d'Octave Crémazie que l'on a vu réapparaître dans un centre commercial de banlieue, encadrée par les piliers d'une autoroute.

Et que dire de l'habitation ? Montréal est un cas unique : c'est une ville de locataires. Plus de soixante-dix pour cent de la population vit « à loyer ». C'est l'inverse à Toronto ou dans d'autres villes typiques de l'Amérique du Nord. Bien que l'explication d'une telle situation soit d'abord économique ou sociale, le résultat amène les gens à établir une relation instable avec cette chose qui se dit une maison, en déménageant souvent, ordinairement le premier de mai, pour plutôt finalement s'attacher et s'identifier à la ville elle-même. Le sens de la propriété, on le retrouvera toutefois, dans ces quartiers très denses aux maisons confortables construites au tournant du 20e siècle au nord et à l'est du centre-ville. Mais elles se détériorent rapidement ; leurs propriétaires, invisibles, considèrent qu'elles ont rapporté plus que leur valeur sur le marché.

Mais les gens les habitent toujours, ils tiennent à leur chez-soi. L'administration municipale elle-même dira que plus de 100 000 unités de logement à prix modique auraient besoin d'être rénovées. Mais Montréal ne s'est pas encore donné un vrai programme de rénovation. Plutôt même que de promouvoir la rénovation des quartiers, des logements multifamiliaux, ou des formes sociales d'habitation, les programmes gouvernementaux ont encouragé

Montréal... plus ou moins, 1972

9.2, 9.3 et 9.4 Vernissage de *Montréal, plus ou moins?*
11 juin 1972 au Musée des Beaux-Arts de Montréal.

activement le développement des banlieues, des maisons unifamiliales et de la propriété individuelle, [allant ainsi] à l'encontre de la situation montréalaise. Les conséquences de telles politiques : les gens sont amenés à émigrer dans les banlieues, à être obligés de compter sur la télévision ou l'automobile pour survivre, à conserver un emploi ennuyeux pour pouvoir payer les traites mensuelles.

Montréal peut cependant encore modeler son futur. Pour certains, cela reposera sur le fait que Montréal est encore un important centre financier et industriel au Canada : six des vingt plus grandes banques, compagnies d'assurance et institutions financières ont encore ici leur siège social, tout comme vingt-neuf des plus grandes sociétés. Pour d'autres, cette possibilité se trouve dans des qualités urbaines encore suffisamment fortes à Montréal pour être redéfinies dans la perspective d'une région urbaine.

Cette réorientation est rendue possible par le climat régnant qui permet à certaines options sociales considérées comme des hérésies ailleurs au Canada de se développer. Ainsi, le directeur du Service d'urbanisme de la Communauté urbaine de Montréal suggérait récemment : « Une décision possible... serait de construire des logements que l'on remettrait à leurs habitants, gratuitement. » Non seulement cette décision permettrait de redistribuer les ressources de logement de la ville, mais aussi donnerait aux gens une place dans le futur d'une ville qui leur tient à cœur.

Autrement, dit, pour que devienne réalité à Montréal ce qui n'est encore qu'un potentiel, une transformation dans la façon de penser l'urbanisme est nécessaire. On a souvent envisagé cette transformation dans une optique technologique. Cependant, l'urbanisme ne peut être pensé en dehors des gens qu'il affecte. Le développement physique de la ville ne peut être dissocié des questions sociales, politiques et culturelles.

L'urbanisme consistait jusqu'ici à faire des additions ou des soustractions d'ordre minime à la trame en évolution lente de Montréal. Mais le rythme a augmenté et on entreprend toujours de plus en plus grand. Les projets sont vastes. Ils sont plus exigeants que jamais. Les décisions ne sont plus faciles à prendre et touchent directement un grand nombre de gens.

Il faut alors savoir qui planifie et pour qui : l'urbanisme a trop souvent été la façade stratégique de ceux qui ont le pouvoir. Tout geste d'intervention est maintenant devenu clairement politique. Jusqu'ici, aucun mécanisme n'existe cependant pour assurer la participation de tous ou une responsabilité sociale.

Même si la planification de la ville future ne peut plus se faire en toute tranquillité comme si les gens n'avaient rien à y voir, on peut remarquer que divers niveaux de gouvernement déclinèrent l'invitation à participer à cette exposition.

La compréhension du potentiel urbain suppose une prise conscience des relations entre les divers secteurs de la population et la réalité matérielle de la ville. Pour l'urbaniste, une « planification intégrée » implique une utilisation rationnelle de tous les systèmes d'équipement urbain. En d'autres mots, « planification intégrée » signifie que tous les systèmes sont orientés, volontairement vers les besoins de la communauté, plutôt que vers l'exploitation d'éléments isolés. Une « belle » ville n'a alors de sens que si elle crée une « belle » vie pour ceux qui l'habitent.

Le véritable sujet de cette exposition réside dans la relation qui existe entre la ville et la vie de ses habitants. Deviennent alors indissociables à Montréal : la destruction rapide de la culture amérindienne* au 17e siècle et la destruction de secteurs d'habitation pour la construction d'une autoroute en 1972, la crise du logement et la multiplication des tours d'habitation, la violence et la culture.

Les présentations au sein de l'Exposition montrent bien que les phénomènes sociaux et physiques sont en étroite relation dans cette ville : les nombreux participants exprimèrent ce sentiment dans les projets soumis. De l'ensemble de leurs travaux se dégage cette préoccupation thématique, qui unifie les contributions individuelles.

Ce thème, on peut le résumer par ces quelques mots : « Montréal, c'est nous autres ». L'accent est mis sur une ville qui est d'abord celle des gens. Sur une ville retrouvée dans les rues, les parcs, les signes, les graffitis, l'eau que l'on boit, la vie qu'on y mène.

L'exposition essaiera donc de montrer ce qui est vu dans la ville et comment les choses y sont perçues.

---

* Note de l'éditeur : « Indian culture » en anglais.

Montréal... plus ou moins, 1972

Les boîtes à lettres, les arbres, les édifices, les panneaux de signalisation ou les tavernes peuvent différer de leur réalité lorsque perçus. Ces différences révèlent des contradictions dans la manière dont les gens ressentent leur vie, se comprennent les uns les autres et réagissent à leur milieu. Ainsi, les vitrines de la rue Sainte-Catherine montrent à la fois les apparences de la mode et le dilemme des hommes et des femmes dans une société de consommation. Les façades de la rue Saint-Jacques, identifiée à Wall Street dans l'esprit des Montréal, n'abritent déjà plus la majorité des institutions financières d'importance qui ont déménagé à Toronto ou se sont dissimulées derrière d'anonymes retraites de verre et d'acier.

Ce sens de l'interaction se reflète dans la forme de l'exposition elle-même et dans son art, vu comme moyen de communication. L'utilisation de divers médias, de tableaux tridimensionnels que l'on peut traverser, de peintures néo-réalistes commandées par téléphone, d'images-multiples que le visiteur pourra décrocher du mur pour emporter chez lui, tout cela est fait pour que l'art dépasse ses propres limites formalistes et par trop restrictives.

Une grande partie de l'exposition s'attachera à un quotidien populaire, visuel, particulier à Montréal. Elle touchera donc un secteur de la population beaucoup plus vaste que celui rejoint habituellement par un Musée des Beaux-Arts. Une telle attitude ne va cependant pas sans danger et il y aurait à craindre qu'une présentation du langage quotidien d'une ville dans le cadre d'une institution culturelle ne soit finalement que l'occasion de lancer de nouveaux mythes.

Le moins qu'on pouvait attendre d'une exposition ayant pour thème la ville de Montréal était qu'elle nous offre un point de vue critique sur notre condition. Et le moins qu'on pouvait demander à une institution culturelle de cette ville était de rendre possible et d'encourager la mise en lumière de tous les détails qui reflètent les conditions réelles de vie des habitants.

De nombreux plans ou projets auraient pu être intégrés à la présentation, mais ils n'y sont pas : ceux des installations pour les Jeux olympiques de 1976, d'autres indiquant l'emplacement exact du prolongement est de l'autoroute transcanadienne, d'autres montrant l'utilisation du terrain des Sulpiciens dans le centre-ville, ou le programme de construction des édifices de bureaux sur l'emplacement de la Gare Windsor, ou encore ceux des édifices que le gouvernement fédéral entend construire sur l'actuel emplacement du quartier chinois. Mais tout cela est tenu secret, avec la complicité d'« experts » dont le silence varie en fonction des commandes qu'ils reçoivent. On croirait vivre dans une ville qui serait propriété d'une compagnie dont les employés n'auraient aucun besoin de savoir quelles sont les conditions qui leur sont faites.

Et les projets d'urbanisme qui sont accessibles au public ne sont généralement que des schémas parfois utopiques, intéressants, mais hors de propos dans la mesure où ils font oublier les vrais problèmes et le potentiel propre à assurer l'avenir de la ville.

Ce que nous cherchons, ce sont des utopies réalisables. Ce que nous cherchons, ce sont les conditions à Montréal auxquelles doivent satisfaire tous les plans, tous les projets futurs.

Ces conditions, elles sont données par la vie même de la ville, à partir des ressources disponibles, de ce qui existe, de la vie quotidienne des gens. Où va la ville, d'où elle vient, son orientation donc, n'est perceptible pour chacun de nous que quand tous peuvent mettre en relation ce qu'ils vivent et ce qu'est le destin de la ville : tel serait notre « message ».

Ainsi, cette exposition veut dire que l'avenir de Montréal est dans son évolution culturelle et sociale, non seulement dans son développement urbain. Il apparaît clairement par cette exposition que cette évolution dépend de la place de Montréal comme centre urbain, à prédominance francophone, d'un Québec qui se redéfinit dans sa relation avec le reste du Canada.

Cette exposition est la première de ce type sur le thème de la ville. Il y a encore beaucoup à dire. Il y a beaucoup à étudier et à affirmer publiquement sur ce qui est le passé et le futur de cette ville. Il ne reste cependant qu'à souhaiter que cette exposition soit le premier geste d'une étude poussée vers une connaissance profonde du Montréal urbain.

10.
SAISIR MONTRÉAL, 1975

Texte publié dans *Découvrir Montréal*, Montréal, Éditions du Jour, 1975, p. 16-35. Traduction de A. Michaud, relue par Louis Martin et Alessandra Mariani. Il existe des différences significatives entre cette version française publiée en 1975 et la version anglaise publiée dans *Exploring Montreal: Its People, Buildings and Places*, Montréal, Montreal Society of Architecture, Toronto, Greey de Pencier Publications, 1974. Le lecteur notera que les parties entre crochets n'apparaissent pas dans la version anglaise du texte.

* Note de l'éditeur : la Chambre de communes du Canada a reconnu que « les Québécois forment une nation au sein d'un Canada uni » en novembre 2006.
† Note de l'éditeur : traduction de « At the same time, however, French Quebec was systematically reduced from the status of a founding nation to a disparate region clamouring for privileges and viewed with discomfort from Ottawa ».

Voici quelques remarques pour vous aider à comprendre l'architecture de Montréal et à reconnaître quels mélanges de forces culturelles ont formé, et forment encore, le caractère bâti distinctif de cette ville.

Notons d'abord son cadre naturel. Montréal est une des rares villes d'Amérique du Nord dont la forme est intimement liée à son milieu géographique. Où que vous soyez dans la ville, vous voyez une montagne qui se dresse, presque en son centre (**fig. 10.1**) ; un fleuve, large, en marque les limites. Par leur présence, ceux-ci créent un fort sentiment d'appartenance au lieu qui est source de vitalité et de plaisir [évident dans le caractère bâti].

De plus, le fleuve qui la sépare du vaste pays qui l'entoure et la montagne qui affirme la ségrégation de ses quartiers dénotent également une impression de contraste qui se répercute sur sa personnalité. Vue du dehors, Montréal est à la fois le plus grand centre urbain au Canada anglais et la deuxième ville de langue française dans le monde. Elle subsiste dans un Québec français et pourtant une présence anglaise minoritaire y a une importance démesurée. Le Québec français est lui-même un accident dans l'histoire de l'Amérique du Nord, un vestige de l'Empire français coincé dans la partie gelée d'un continent anglais. Pendant les cent ans qui ont suivi la Confédération du Canada, en 1867, Montréal s'est développée comme premier centre commercial et culturel anglophone du Canada. En même temps, toutefois, le Québec français s'est vu systématiquement refusé le statut de nation fondatrice* [et a été réduit au statut] de région disparate réclamant des privilèges à grands cris et vu par Ottawa comme une source de contrariétés.†

Vue de l'extérieur, Montréal, comme toutes les grandes villes, se compose de quartiers aux différences frappantes. Mais ici, ces différences sont visiblement marquées par la présence du Mont-Royal, autour duquel la ville a grandi : les « indigènes » québécois habitent surtout à l'est, les Anglais à l'ouest, la classe dirigeante s'est blottie sur ses pentes, mettant en évidence des forces politiques fondées sur l'apartheid socioculturel.

Ces forces ont imprégné tout le bâti au point de rendre apparente une affirmation ou une négation claire des limites sociales et culturelles, contribuant à la division encore plus marquée de la ville. Ainsi, près du sommet de la pyramide sociale, l'édifice de la Banque Royale du Canada, rue Saint-Jacques (conçu en 1920 par les architectes new-yorkais McKim, Mead et White)* et un édifice plus récent, la Place Ville-Marie (siège de cette même banque et conçu près d'un demi-siècle plus tard par un autre architecte new-yorkais prestigieux, I.M. Pei), affichent le même formalisme autoritaire: symboles du Wall Street qui s'approprient le cœur de la ville. Et au bas de la pyramide sociale, un chômeur se traîne dans le crépuscule hivernal pour aller toucher son allocation, tombe dans l'escalier brisé de son logement et par réflexe attribue sa chute à ses origines québécoises. Il sait que l'argent qui aurait dû servir à réparer son escalier a servi à construire les tours anglaises[†] et que la remise en état de son escalier signifierait la reconnaissance de son existence, donc sa reprise de possession de sa ville et, par-là, le rapatriement du Québec, [même s'il ne sait pas traduire ses sentiments en action politique effective].

En d'autres termes, les divisions sociales de la ville, nourries par des conflits culturels, ont dégagé à Montréal un affrontement ouvert entre la manière dont les gens perçoivent leurs conditions de vie et leur réaction devant toute chose bâtie, mettant ainsi à nu le drame de l'architecture, ses limites autant que ses possibilités.

Ce qui est certain, c'est qu'à Montréal, au contraire de la plupart des villes nord-américaines, le sens physique fondamental provient de l'ensemble; chaque bâtiment se présente comme un élément partiel qui s'ajoute au lieu de se dégager[‡] (fig. 10.2). Bien sûr, il existe des *monuments* architecturaux distinctifs (fig. 10.3). Mais c'est dans la rue que l'on rencontre une cohésion qui semble fournir un élément déterminant: un lien entre les gens, le sens de la ville façonnée par tous et qui leur appartient[§] (fig. 10.4). Rue Saint-Paul, on peut retracer cet aspect collectif de la ville jusqu'aux origines de Montréal, soit au 17e siècle; attitude, que les colons amenèrent avec eux comme une partie de leur bagage culturel et traduit dans ce qu'ils bâtirent.

L'histoire de Montréal étant ce qu'elle est, cet aspect collectif semble exister et persister non seulement grâce à ce qui a été planifié, spécialement ces dix dernières années, mais plus souvent malgré ce qui a été réalisé. Plus précisément, le caractère humain significatif de Montréal provient d'une adaptation opportune[¶] aux conditions existantes, forgée dans des conditions climatiques rudes par la résistance des gens face à un milieu inconnu, modifiant [ainsi] la forme physique de la ville.

C'est dans les *quartiers populaires***, qui forment la plus grande partie de Montréal, qu'on peut le mieux s'en rendre compte. Vous pouvez voir dans Saint-Henri, Plateau Mont-Royal, Mile-End, Saint-Jacques, Rosemont, Saint-Édouard, Hochelaga, Maisonneuve et dans ce qui reste de Sainte-Famille et de la Petite-Bourgogne, les témoins d'ensembles d'habitations uniques datant de la première phase de l'urbanisation à grande échelle de la ville, entre 1880 et 1920.

Ces *quartiers* se sont développés à partir de la trame d'origine, le *rang*, et ont utilisé les méthodes de construction disponibles (fig. 10.5 à 10.9). Il en résulta une grille de rues orthogonale, plutôt dense, et des enveloppes de bâtiments aux techniques avancées, mais qui n'offraient rien de plus que des abris rudimentaires. De plus, les conditions sociales et politiques de cette époque étaient tout aussi primitives. Non seulement l'industrialisation de la ville était-elle contrôlée par la minorité anglophone, alors que la masse ouvrière était des ruraux Québécois, mais ces ouvriers devaient encore se soumettre aux directives de l'Église qui aspirait au rôle de protecteur de la culture catholique française contre l'assimilation, tout en collaborant avec l'élite anglaise. Comme le montre l'implantation centrale de nombreuses églises qui dominent encore les quartiers

---

* Note de l'éditeur: le bâtiment fut plutôt conçu en 1925-26 par l'agence York & Sawyer de New York, fondée par deux architectes qui ont été formés chez McKim, Mead & White.
† Note de l'éditeur: en français dans le texte.
‡ Note de l'éditeur: dans la version anglaise du texte, cette phrase se lit comme suit: «What is most evident is that unlike other North American centres the physical sense of Montreal is not dominated by singular buildings».
§ Note de l'éditeur: la dernière partie de cette phrase se lit en anglais comme suit: «a bond between people and the city as a public artifact».
¶ Note de l'éditeur: «expedient» en anglais.
** Note de l'éditeur: en français dans le texte.

Saisir Montréal, 1975

Quelques éléments fondamentaux

10.1 La montagne et la rue, aux environs de 1850. La rue est définie par l'écran de pierre grise des façades.

10.2 L'histoire vivante : on peut lire des chapitres d'histoire sur ces maisons du boulevard Saint-Laurent.

10.3 Transformations opportunes : la place d'Armes est établie sur un site libéré par la disparition d'une église reconstruite à proximité.

10.4 Les murs ont la parole. Les pressions culturelles poussent la contestation sociale sur la ligne de feu.

physiquement, sinon spirituellement, on surimposa sur ces quartiers en croissance une structure paroissiale néo-médiévale. Montréal est l'un des rares coins du monde occidental où les élites traditionnelles ont conservé leur pouvoir, nonobstant les changements apportés par l'industrialisation intensive.

Les nouveaux citadins s'emparèrent, presque comme des squatteurs, de tous les logements disponibles. La mutation subséquente de ces quartiers a résulté de l'adaptation de la masse ouvrière à la vie urbaine, matérialisant les liens sociaux issus de besoins communs, transformation réalisée par des artisans-entrepreneurs. Sur des rues entières, les façades de brique unie furent recomposées avec tout un déploiement d'escaliers, de fenêtres et de balcons, créant une zone d'échange social intense entre chaque logement et l'espace public de la rue ; la grille des rues évolua en *avenues*, *rues* et *ruelles** ayant chacune une connotation et une forme distinctes ; l'ensemble était encore densifié par un système unique de maisons sur cour dérivées des écuries : [le tout rendant visible une véritable architecture – force humanisante dans une ville hostile].

Enfin, il est important de noter [que l'évolution de ces quartiers témoigne d'un sens collectif souligné par le fait] que la plupart des habitants ont été (et sont toujours) locataires. En 1970, Montréal reste une ville de locataires, à 80 %, alors que c'est l'inverse qui se produit dans les autres villes nord-américaines. Cependant quoiqu'en majorité, ils ne soient pas propriétaires de leur ville, les *Montréalais*† ont un vif sentiment d'appartenance et d'identité.

Au-dessus des *quartiers populaires*, plus haut sur les escarpements du Mont-Royal, nous entrons au royaume de l'architecture comme pratique institutionnalisée de l'élite. Les divisions sociales et les privilèges de classe y sont établis non seulement par la production d'objets-symboles ressemblants à des bâtiments, mais aussi par la production d'un espace comme tel accueillant ces objets-bâtiments [comme les salons de la nouvelle bourgeoisie]. Et les tensions culturelles sont telles qu'elles tendent à exposer le contenu mimétique de toute architecture ; c'est-à-dire que le caractère de toute chose bâtie reflète des métaphores culturelles.

On peut voir ce qui subsiste de cette architecture canadienne-anglaise de la fin du 19e, début 20e siècle, en se rendant aux luxueuses demeures du versant sud du Mont-Royal, la maison Allen sur l'avenue des Pins, par exemple (devenue, au milieu du 20e siècle un institut psychiatrique renommé). Vous avez là des décors de manoirs écossais, bien construits, mais sans aucun rapport avec la ville. Puis, au milieu de toutes celles-ci, en prolongement des pelouses de ces maisons, le Parc du Mont-Royal, conçu par l'architecte paysager de grande réputation, Frederick Law Olmsted, reproduit un symbole de la fierté civique des villes nord-américaines florissant à cette époque.

De leur côté de la montagne, les francophones pratiquaient le mimétisme à leur manière. Ainsi, en 1922, l'Université de Montréal déménage de la rue Saint-Denis, au cœur du Montréal français, sur le versant nord du Mont-Royal, reproduisant le site de l'université anglaise, McGill, et agissant ainsi comme bien des élites colonisées qui tendent à imiter le comportement de la culture dominante. Comme si l'éducation supérieure à Montréal nécessitait littéralement un déplacement vertical [près des anges].

Tandis que l'Université McGill adoptait une disposition de pavillons-manoirs, l'Université de Montréal fut conçue comme un grand bâtiment à la façon de Versailles. Chacun imitait ainsi les décors idéalisés de son ordre social respectif. Cependant, une grande part de l'architecture canadienne-française antérieure aux années 1940 fut le résultat d'une culture isolée se nourrissant de ses propres modèles. Comme on peut le voir dans un ensemble typique d'édifices religieux de la paroisse du Mile-End, elle a développé ses propres racines et un style bien à elle. Un couvent austère et un simple square servent de toile de fond à la masse majestueuse de l'église, vaguement italianisante, [canalisant des émotions réprimées]‡.

On peut dire, de façon générale, que l'effort de l'élite, pour supprimer la réalité sociale de la ville, c'est-à-dire la présence québécoise§, a été tel que, ce faisant, elle s'est supprimée elle-même culturellement, comme le montre l'ennui pathologique que

---

* Note de l'éditeur : en français dans le texte.
† Note de l'éditeur : en français dans le texte.
‡ Note de l'éditeur : Charney fait ici référence à l'ensemble construit de part et d'autre de l'église Saint-Enfant-Jésus-du-Mile-End, situé sur la rue Saint-Dominique, en face du parc Lahaie à l'angle des boulevards Saint-Laurent et Saint-Joseph.
§ Note de l'éditeur : en français dans le texte.

Saisir Montréal, 1975

**Première génération de l'habitat urbain.
L'évolution des quartiers populaires**

10.5 Les rangs sont à l'origine de l'alignement des rues.

10.6 L'enveloppe : une construction à parement de brique qui est déjà l'amorce d'une solution vraiment moderne.

10.7 Une organisation rudimentaire. Des habitations, en rangées très denses, s'alignent le long des rues. Rue Lacasse à Saint-Henri.

10.8 Une identité collective. Partout ailleurs dans le monde, le 1er mai est la fête des travailleurs : ici, c'est la fête des déménageurs, célébrée par une procession continue de pacotilles.

10.9 Une forme collective : l'humanisation permet l'existence d'une zone d'échange social entre chaque logement et la rue. L'évolution d'une architecture typique – balconville – sur le Plateau Mont-Royal.

Version montréalaise de la période héroïque de l'architecture moderne d'avant 1920

10.10 Les usines du Canadien Pacifique, bâties au tournant du siècle par la firme montréalaise Lessard et Harris.

10.11 L'élévateur à grains n° 2, signe avant-coureur d'une hardiesse architecturale.

dégage la configuration des bâtiments du pouvoir. Cela signifiait également rayer de la conscience collective la contribution d'autres groupes, telle celle de la communauté juive, à ce qu'il reste des bâtiments urbains qui ont absorbé l'afflux d'immigrants au début de ce siècle.

L'avènement de l'« Architecture moderne » dans les années 1930 semble être la dernière d'une série d'innovations mimétiques [initiées par l'élite traditionnelle]. Les travaux de Marcel Parizeau à Outremont illustrent très bien l'austère « Style international » **(fig. 13.6, p. 202)**.

Dès les débuts de Montréal comme ville moderne, industrielle, des signes du potentiel d'une architecture nouvelle, à l'image de la démocratie industrielle, par opposition aux jeux de style de l'élite traditionnelle, sont apparus en marge de la pratique officielle. Ainsi, l'approche toute contemporaine que l'on trouve dans le système de construction employé pour les ateliers du Canadien Pacifique **(fig. 10.10)**, construits au tournant du siècle – le plus grand bâtiment du Canada à cette époque. On retrouve ces signes dans l'élévateur à grains n° 2 du Port de Montréal, en service dès 1912 et rendu fameux par Le Corbusier en 1923 dans son important livre-tract *Vers une architecture* **(fig. 10.11)**. On les retrouve aussi dans les bâtiments situés le long des rues Saint-Laurent et Saint-Denis qui non seulement utilisaient d'une façon nouvelle un matériau nouveau, le béton, mais constituaient aussi un genre de nouveau bâtiment **(fig. 10.13 et fig. 10.14)**.

L'esprit de cette architecture nouvelle est particulièrement présent dans le style « quétaine* », un genre de culture populaire québécoise[†] émanant des principales artères des quartiers populaires [– centres de la vie quotidienne]. Le résultat est illustré par la merveilleuse Plaza Saint-Hubert et ses néons, ou par les bâtiments néo-Las Vegas de la rue Sherbrooke Est [– le *Sambo*, coin d'élection de la petite élite des nègres blancs d'Amérique[‡] –] et du chemin Upper Lachine. Elles représentent à la fois la victimisation des gens par la société de consommation et leur seule façon de l'exorciser,

---

* Note de l'éditeur : en français dans le texte.
† Note de l'éditeur : en français dans le texte.
‡ Note de l'éditeur : référence au livre de Pierre Vallières, *Les nègres blancs d'Amérique*, Montréal, éditions Parti pris, 1968.

Saisir Montréal, 1975

D'une ville à la métropole

10.12 La rationalisation d'un espace universel, les racines de l'architecture moderne à Montréal au 19ᵉ siècle.

10.13 et 10.14 Bâtiment de béton armé du début du 20ᵉ siècle; premières confrontations avec la nouvelle architecture, boulevard Saint-Laurent et rue Saint-Denis.

générant ainsi une vitalité à la mesure de la distance entre les pratiques culturelles de l'élite et le mode de vie de la plupart des gens.

À la fin des années 1960, la transformation de Montréal de l'état de métropole à celui d'agglomération urbaine s'est accélérée rapidement (la deuxième phase d'urbanisation radicale), au point de regrouper plus de 50 % de la population et des emplois du Québec. Cette période est également témoin d'une révolution culturelle, signal de la renaissance nationale et de la présence française au Québec. La *québécisation* contemporaine de la ville qui s'ensuivit signifia, entre autres, la reconnaissance que Montréal était devenue un satellite économique de Toronto, reflétant ainsi la position ambiguë du Québec dans la Confédération canadienne.

En même temps que le cœur* du Canada se déplaçait vers l'ouest, à Toronto, commençait à naître à Montréal, à l'ouest de l'ancien centre, un cœur† plus proche du Montréal anglophone. Ceci débuta avec la construction de la Place Ville-Marie, suivie de la Place Victoria, conçue par Luigi Moretti et Pier Luigi Nervi, et d'une kyrielle de tours de bureaux, telle la C.I.L., conçue par la firme new-yorkaise Skidmore, Owings et Merrill. L'architecture de ces tours est aussi bonne, sinon meilleure, que celle de semblables bâtiments construits ailleurs, en particulier la Place Victoria et sa structure fortement exprimée. Toutefois, à Montréal, l'éloquence de

---

* Note de l'éditeur : « core » en anglais.
† Note de l'éditeur : « core » en anglais.

Écrits choisis

L'urbanisation totale

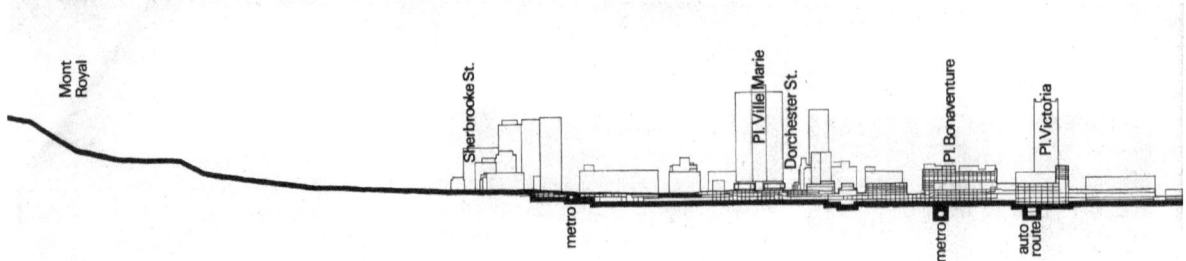

10.15 Le nouveau centre de Montréal depuis les années 1960. À l'intérieur de ce noyau, une coupe nord-sud fait apparaître la ville souterraine, où s'imbriquent les passages pour piétons, le métro, l'autoroute transcanadienne – le tout, sous des remblais construits au-dessus du niveau du sol.

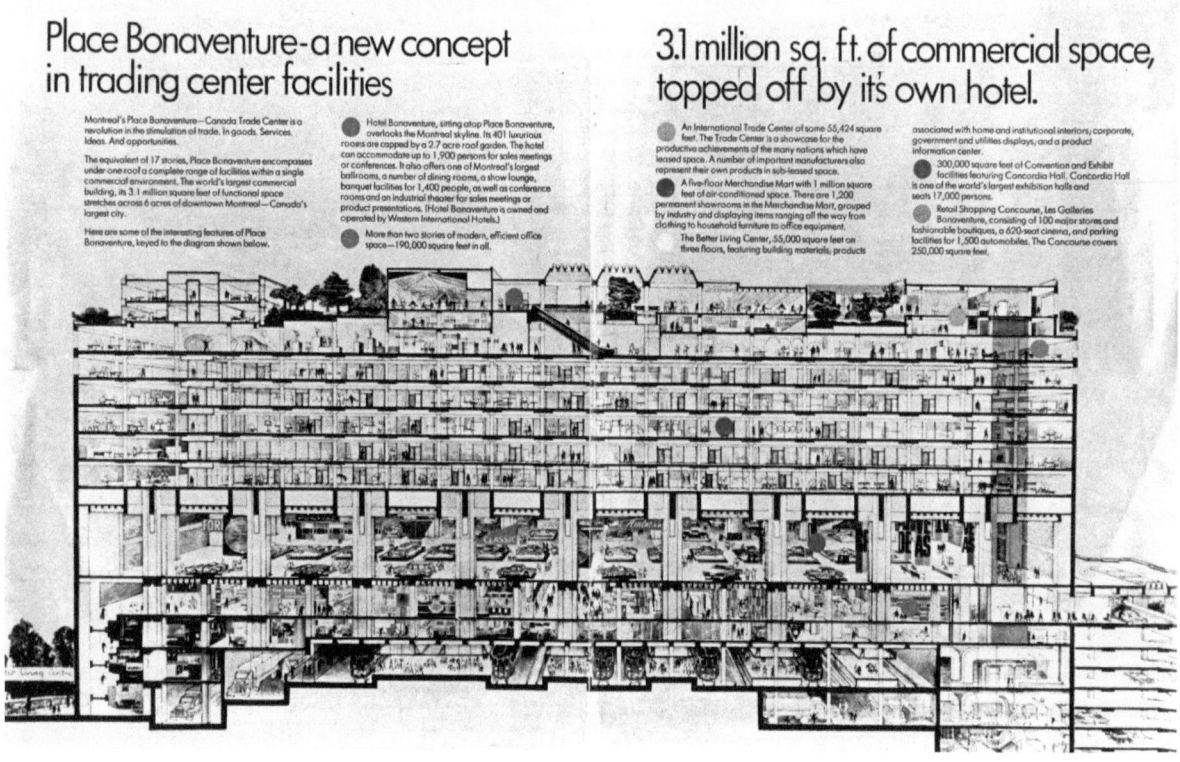

10.16 Place Bonaventure. Dans un de ces remblais artificiels, on trouve un super-bâtiment : la masse de béton ignore complètement la ville qu'elle laisse à elle-même, sans regret.

leurs surfaces lisses et de leurs formes bien organisées, avec une précision toute militaire (l'architecte étranger agissant comme soldat de fortune pour les potentats locaux) exprime plus les machinations de la classe au pouvoir que les possibilités de l'architecture d'humaniser les conditions urbaines.

Ce n'est qu'après la construction du métro, en 1967, qu'apparut la portée de ce nouveau cœur : la réorganisation du tissu urbain central en une concentration de super-bâtiments reliée à une trame de transport régional par un réseau piétonnier intérieur, consolidant ainsi ce qui est maintenant connu comme la « ville souterraine » de Montréal, autre exemple d'adaptation opportune* d'une importante partie de la ville (fig. 10.15).

La masse trapue de la Place Bonaventure, mieux que les autres *Places*, semble répondre à ce nouveau contenu urbain, peut-être parce qu'elle fut conçue par des architectes locaux qui, au moins, avaient une expérience personnelle de la ville (fig. 10.16). Ce bâtiment souligne, plus clairement qu'ailleurs, le jeu des forces nouvelles en action et la contradiction inhérente entre l'architecture comme potentiel humain et le décor issus de la spéculation immobilière. Toutes les *Places* reproduisent en des marchandises immobilières les espaces de la ville. Les « rues » intérieures sont en fait des allées marchandes de sous-sol, protégées par une police privée, enfouies sous des plates-formes construites au-dessus du niveau du sol et qui nient leur fonction publique communautaire autant que les besoins humains fondamentaux, telle la lumière naturelle. Et cette transformation fait partie d'un vaste processus d'appropriation urbaine, par un système de spéculation néocapitaliste. Même le nom de *place* fut usurpé ; il signifie en fait un square public et non un bâtiment. Le système d'orientation du nouveau réseau piétonnier manque de la clarté élémentaire. N'hésitez pas à demander des renseignements, vous en aurez besoin.

La portée de ces nouveaux super-bâtiments, tout comme celle de l'architecture moderne, est toujours déterminée en marge des pratiques culturelles dominantes. Bien que la Place Alexis Nihon soit rarement citée comme une des réussites architecturales de Montréal, elle grouille toujours d'une foule de gens, attirés par son intérieur animé et d'accès facile. À l'intérieur, on y retrouve une vraie *place* et de grandes perspectives, tant verticales qu'horizontales, sur six niveaux, de la station de métro au dôme vitré. L'ensemble se transforme en une structure urbaine radicale dans son fonctionnement, reliant directement les rues avoisinantes aux transports en commun, sur plusieurs niveaux surmontés d'un toit jardin et d'un podium accueillant des tours de bureaux et d'appartements : le tout emballé dans un *ersatz* d'hypermarché dernier cri, reproduisant ainsi un produit idéal de ce système urbain. Tout ce qui lui manque sont des grues perchées au-dessus des cages d'ascenseurs pour compléter cette vision futuriste à saveur locale.

L'expansion du cœur urbain de Montréal a malheureusement impliqué la destruction d'une grande partie de la ville héritée du 19e siècle (fig. 10.17). La récente disparition sur la rue Sherbrooke de l'ancienne demeure (vieille de 104 ans) du constructeur du Chemin de fer Canadien Pacifique, William Van Horne, est typique de ce que les Montréalais ressentent comme un effort concerté des riches familles, de la finance, des promoteurs et du gouvernement pour éliminer de la ville ses jalons historiques, reflétant l'aliénation d'une classe dirigeante qui n'a pas encore appris à développer une conscience sociale.

À Montréal, ce qui a disparu est aussi important que ce que l'on peut encore voir. Imaginez une série de demeures imposantes dans la plus pure tradition des terrasses anglaises, construites en 1859 par le président de la Compagnie de la Baie d'Hudson sur la rue Sherbrooke entre Peel et McTavish (fig. 14.4, p. 211) ; elles furent détruites par l'université McGill pour y construire un bâtiment balourd – la Faculté de gestion – un geste symbolique de la destruction de la rue la plus élégante du Canada.

On dirait que la destruction de la ville durant la dernière décennie a été habilement orchestrée par l'administration municipale. Pendant qu'elle laissait se détériorer des services essentiels comme le logement et qu'elle négligeait le développement économique de la ville, le maire substituait à la démocratie la plus élémentaire et au gouvernement responsable, de grands cirques de masse. Les stratagèmes de sa *politique de grandeur*† incluent l'Expo 67 et les Jeux olympiques de 1976, ainsi que les peintures

---

* Note de l'éditeur : « expedient » en anglais.
† Note de l'éditeur : en français dans le texte.

murales, camouflage de pauvreté, [le tout, dirigé de main autoritaire].

Vus de l'extérieur, l'Expo 67 et les Jeux de 1976 ont fait la renommée de Montréal. Cependant, pour la plupart des gens d'ici, tous deux sont des monuments à la gloire de ce qui n'a pas été fait, et de ce que l'on ne fait toujours pas dans la ville. On peut en voir la portée architecturale dans ce qu'il reste des pavillons de *Terre des Hommes*. Littéralement des millions de dollars de ferraille rouillée dorment oubliés derrière les grilles d'un parc que l'on aurait dû retourner à l'usage public. L'architecture dominante à Montréal, comme ailleurs au Québec, a trop souvent été basée sur un gaspillage des deniers publics. Le budget annuel de la Ville pour l'habitation représente à peu près la moitié du déficit de l'entretien de *Terre des Hommes*.

Quant aux Olympiques, pendant que l'administration de la Ville élaborait des plans avec le secret qui entoura ceux du bombardement de Pearl Harbor, elle volait à la communauté un grand parc pour en faire le site du village olympique, alors que Montréal est notoirement connue pour son manque d'espaces verts et de lieux de récréation. Ce que les gens vont en tirer, c'est un stade olympique qui sera construit à un coût non publié, dans le style « colisée romain pour gladiateurs », perfectionné par le système Beaux-Arts français fin 19ᵉ siècle, modernisé à Nuremberg en 1936 et adapté aux surfaces lisses du goût actuel et de la technologie du gadget.

Entretemps, la ville continue d'être le paradis des spéculateurs. Alors que la plupart des centres urbains du monde occidental ont maintenant planifié leur croissance, Montréal n'a encore rien fait pour restreindre le développement de type laisser-faire, ni même soumis au public un plan directeur. L'argent afflue des quatre coins du monde occidental pour exploiter ce filon urbain, qui rappelle les ressources naturelles du Québec bradées sous le régime Duplessis.

On observe ce processus, de la façon plus dramatique, dans l'histoire du logement à Montréal. Alors que 80 % de tout ce qui a été construit pendant les dix dernières années sont des « une chambre à coucher » ou des studios, la Ville, encouragée par les gouvernements, laisse se délabrer la plupart des maisons encore solides, de moyenne densité, à bon marché, datant de la première phase d'urbanisation et adaptées à une grande partie de la population (**fig. 10.19**). Ils repoussent ainsi les familles ouvrières vers les banlieues ou le logement public, détruisant le contenu humain irremplaçable de Montréal. Les gouvernements successifs ont aidé à cette destruction en utilisant le besoin fondamental des gens à se loger pour relever une économie de marché défaillante, subventionnant la croissance des banlieues.

Deux types de quartier, tous deux issus de l'intervention gouvernementale, et tous deux lourds en conséquence sociale, permettent d'illustrer la deuxième poussée massive de construction domiciliaire à déferler sur la ville depuis le début des années 1950, [période pendant laquelle la population de la ville a doublé]. Le premier, à Norgate, Saint-Léonard, Ville La Salle, Montréal-Nord ou autour des rues Barclay et Linton, présente une évidence largement répandue de taudis instantanés d'un grand profit pour les entrepreneurs qui les ont construits, mais qui sont de véritables bourbiers sociaux dépourvus de charme.

Le deuxième, le plus répandu, le « rêve canadien », est moins une maison comme telle qu'un mode de vie de banlieue, conforme à l'image d'un foyer insufflée dans les aspirations du monde occidental ; lieu idéal de consommation que la plupart des familles montréalaises ont du mal à s'offrir, mais si bien apprécié des banquiers. On peut en voir les meilleurs exemples dans les banlieues plus cossues, telles Laval-sur-le-lac ou Hampstead ; deux banlieues maintenant intégrées à la Communauté urbaine de Montréal*, à la suite de l'élargissement administratif de la métropole sur l'arrière-pays. Vous y trouverez la culture canadienne dominante à son faîte, pièce néo-Frank Lloyd Wright (**fig. 10.20**) ou néo-seigneurial-Québécois, selon les goûts, derniers produits de l'industrie du rêve, [aussi vrais que les valeurs sociales qu'elles véhiculent qui sous-tendent la société de consommation (**fig. 10.21**). Le style répandu néo-québécois – maison de banlieue au toit de grange – est finalement très efficace pour récupérer les signes d'un réveil de la conscience nationale].

La création du Service de l'Habitation de la Ville de Montréal, en 1967, a apporté plus récemment une

---

* Note de l'éditeur : créée en 1970, la Communauté urbaine de Montréal était un regroupement de municipalités de l'île de Montréal. Elle s'est dissoute en vertu des fusions municipales en 2001.

Saisir Montréal, 1975

Deuxième génération de l'habitat urbain

10.17 Montréal au cours des années 1970 : une ville à vendre.

10.18 Paradis subventionné par les gouvernements : l'habitation, conçue pour accommoder la population urbaine indigente, utilisant les modèles semblables à ceux des taudis de l'époque industrielle, et à l'image idéale de l'administration bureaucratique déshumanisante.

10.19 Paradis des spéculateurs : le style international du dollar vite fait, les taudis urbains instantanés du secteur des rues Guy et Maisonneuve sont devenus choses courantes.

Écrits choisis

Deuxième génération de l'habitat urbain (suite)

10.20 et 10.21 Territoire « bungaloïde » : rêve de banlieue, néo-Frank Lloyd Wright, accessible à quelques-uns (Hampstead), versus la réalité des unités minimales subventionnées par le gouvernement pour les masses (Fabreville).

nouvelle option. Dans un de ses premiers projets, les Îlots Saint-Martin conçus par Jean Ouellet, on assiste à un important début. On a essayé là de réutiliser des maisons existantes en y intégrant de nouvelles constructions, pour reloger les gens qui habitent ce quartier. Mais, ensuite, les gouvernements ont construit l'autoroute transcanadienne pratiquement au-dessus, ignorant ainsi de façon inouïe les gens bénéficiant des programmes de logement de la Ville.

Au début des années 1970, selon les sources mêmes de l'administration municipale, il existe plus de 100 000 logements familiaux, solides et bon marché nécessitant des réparations. Malgré cela, il n'y a encore aucun programme de rénovation cohérent qui soit en cours.

Les fenêtres barricadées des maisons abandonnées apparaissent de plus en plus dans les rues, monuments aux trusts qui ont saigné à blanc ces propriétés. Il faut à nouveau en tirer la leçon que tout effort valable pour humaniser la ville vient habituellement de la base. Ce sont les petites gens qui, malgré les conditions dans lesquelles elles vivent, essaient d'améliorer leur environnement, certaines avec l'aide d'architectes. Allez voir l'îlot Saint-Dominique, De Bullion, avenue des Pins. Vous y trouverez des maisons remises en état par de nouveaux immigrants portugais menés par un homme qui travaille comme concierge à la Place Ville-Marie.

Les expériences d'architecture les plus avancées se font toujours dans les coins pauvres de la ville. Rue Provençal, vous pouvez voir une maison assemblée par son occupant à partir de matériaux de récupération et de pièces d'automobiles ramassées dans des dépotoirs (**fig. 10.22**). Elle se présente comme un monument à la sensibilité du 20e siècle, comme si le vrai modernisme n'était pas l'austérité, mais la conscience d'une sorte de plénitude ordurière dans laquelle les conditions de vie abjectes coexistent avec la richesse technologique.

Finalement, le renouveau culturel du Québec a mené l'architecture montréalaise sur deux voies distinctes.

La première a émergé de la *Révolution tranquille* qui a eu lieu dans les années 1960. Elle correspond

10.22 Une maison à la gloire du recyclage, rue Provençale, née laborieusement d'une cueillette sans relâche à travers la ville.

à la volonté d'une élite canadienne-française de moderniser le Québec, tout en maintenant le *statu quo* politique. En architecture, la conception du Complexe Desjardins en est le meilleur exemple. Bâti pour des millions de dollars, cet ensemble comprenant des tours de bureaux et un hôtel est semblable à ceux de la partie anglaise de la ville, mais il a été conçu et financé par des intérêts canadiens-français. Bien que ces bâtiments aient une présence physique plastiquement plus criarde que les tours situées à l'ouest – l'axe principal traversant une *galerie* couverte, la première à Montréal qui soit à l'échelle de la rue – le Complexe s'approprie la ville comme ses semblables de l'ouest en substituant un prestige bureaucratique au développement urbain socialement intégré.

Ne serait-ce que par la confiance et la conscience que les gens ont acquises, la révolution culturelle a tout de même préparé le terrain pour des changements sociaux et politiques. Du point de vue architectural, cela se manifeste par un effort conscient pour composer avec un sentiment d'appartenance au Québec et un sens de l'histoire différents de ceux du reste du Canada. Une partie du travail réalisé par deux des architectes qui ont pris part à la conception du Complexe Desjardins y fait une vague allusion. Roger D'Astous, dans sa conception de l'Hôtel Château Champlain (fig. 6.6, p. 117), le détache pour en affirmer l'autonomie, tout en essayant d'y relier la trame urbaine : la reproduction de la forme des fenêtres de la Gare Windsor, située de l'autre côté de la rue, montre une plus grande attention pour le patrimoine de la ville que celle dont fait preuve la compagnie ferroviaire Canadien Pacifique en voulant la démolir. Cette conscience du lieu peut aussi être reconnue dans l'attitude de Jean Ouellet, qui utilise les enveloppes des logements existants dans son projet pour les Îlots Saint-Martin. [Le groupe qui a travaillé aux Îlots Saint-Martin a fait preuve de cette même attention. Ces architectes restent cependant pris dans une pratique élitiste désuète et ses contradictions.]

Une deuxième voie découle de l'effort délibéré de relier la conscience que les gens ont de la ville aux conditions socioéconomiques du Québec. Ceci, au-delà d'une forme de nationalisme primitif et des pratiques de l'élite culturelle, réduit ainsi l'écart entre l'élite et le peuple, une étape essentielle à la survie de la culture québécoise. Cette phase, la plus récente et la moins perceptible, est celle qui transforme le rôle traditionnel de l'architecte. On en trouve des exemples dans les nombreuses confrontations à Montréal, depuis les relevés quotidiens des bâtiments comme ressources collectives au Faubourg Cherrier ; à *l'opération grand ménage* de la Terrasse Ontario ; aux employés des organismes publics et parapublics. Plusieurs individus sont impliqués dans ces efforts, et dans d'autres, mais aucun nom n'émerge. Cette architecture repose sur une implication collective pour faire évoluer la ville, reliant étroitement le sentiment communautaire urbain au développement du Québec de demain (**fig. 10.23**).

Ces phases de l'évolution culturelle démontrent clairement que l'architecture est transformée lorsque les gens luttent pour obtenir le contrôle social et économique de leurs conditions de vie (**fig. 10.24**). Et c'est par cette lutte que s'affirme la qualité de l'architecture de Montréal.

Les gens prennent le pouvoir
10.23   Jeux d'aventure, mai 1972.
10.24   Contestation

11.
L'IMPASSE DU LOGEMENT SOCIAL AU CANADA, 1978

Publié en anglais sous le titre « Housing in Canada: A Dead-End Choice », *Architectural Design*, avril 1978, p. 201-206. Traduction par Solange Garçon, relue par Louis Martin et Alessandra Mariani.

* Note de l'éditeur : « crowding index » en anglais.

Sous la surface des politiques du secteur résidentiel canadien se cache un réseau machiavélique d'intrigues politiques. Avec un dispositif permettant de vendre impitoyablement les ressources aux multinationales et de s'enrichir rapidement, les dirigeants du pays se sont enlisés dans une tentative absurde de rivaliser avec la consommation effrénée de nos voisins. Pour rendre ces plans encore plus attirants, les traditions culturelles d'autosuffisance et de collaboration locale sont brutalement réprimées. Le logement est devenu l'instrument politique pour imposer les valeurs de la société de consommation. Le logement est de plus en plus offert aux gens comme un bien de consommation, et y accéder de toute autre façon semble impossible.

Quelles conclusions peut-on tirer du secteur du logement au Canada ? Les chiffres publiés en 1975 montrent que pour 1 000 habitants, 10 nouvelles unités d'habitation ont été mises en chantier. Ce nombre se compare favorablement au niveau de production des autres pays occidentaux – par exemple 5,3 aux États-Unis à la même époque. Non seulement cela représente un rendement élevé, mais en outre les habitants paient moins pour leur logement : en 1974 un Canadien dépensait environ 16 % de son revenu disponible pour se loger, contre 18.6 % en 1962. On observe de plus une diminution de l'entassement dans les logements existants : un « index d'entassement* » montre que de 0,64 par pièce en 1971, la population s'est réduite à 0,61 par pièce en 1974. Mais plus instructif encore est peut-être le fait que la production des nouveaux logements conduit à un surplus de 20 000 unités d'habitation par rapport aux 210 000 unités nécessaires annuellement pour répondre aux besoins provoqués par la formation de nouvelles familles, l'immigration et la destruction de maisons existantes.

Pourtant, malgré cette production excédentaire, le sentiment dominant au pays est celui d'une crise

Écrits choisis

11.1 Le logement indigène détruit. Le logement traditionnel bien construit de Montréal avec sa structure de madriers pièce sur pièce et sa toiture isolée est délibérément détruit par le gouvernement.
11.2 Le logement comme bien de consommation. Une annonce d'une entreprise de construction pour les maisons unifamiliales produites en série grâce aux subventions gouvernementales.

du logement. Les gens réalisent qu'ils ne peuvent trouver de logements adéquats à prix abordable. Même une lecture rapide des statistiques fournies par le gouvernement démontre que ces craintes sont bien fondées.

Les programmes de logement sont considérés uniquement en fonction du nombre de nouveaux logements; la plupart de ces unités – 85 % au Québec – sont des maisons unifamiliales en périphérie des villes. L'aide de l'État se limite en grande partie à l'acquisition de maisons neuves, unifamiliales ; plus de la moitié des familles du pays doivent consacrer au moins 45 % de leurs revenus pour s'offrir une maison disponible selon ces programmes. Il n'y a pas ou il y a peu d'allusion faite au sujet des besoins de la population en matière de logement, de l'aide aux coopératives, du maintien ou à la réhabilitation du stock de logements existant; une enquête nationale sur les unités locatives ne prend pas en compte les édifices de six logements ou moins, et ce même si de tels édifices fournissent la majeure partie du logement bon marché de Montréal – la plus grande ville du Canada.

Il n'y a rien de nouveau dans le fait que le logement est un outil politique. Le fait que, dans un pays doté d'une économie de marché, les programmes de logement sont exploités de sorte à maintenir la fonction du marché n'est pas non plus une primeur. Mais le fait, qu'en 1975, le droit des gens au logement dans un pays développé et riche soit entraîné dans un cycle de surproduction et de crises, reflète la surabondance et le dénuement que l'on peut observer dans le partage mondial des ressources. Il suggère qu'il pourrait être instructif d'examiner les modes de production utilisés dans un pays développé qui encourage le dénuement.

Pour tenter d'étudier ces méthodes, deux types de logements au Canada vont être comparés. Le premier se trouve dans les *quartiers populaires**, quartiers d'immeubles anciens de la classe ouvrière construits à Montréal au cours de sa première phase d'urbanisation, entre les années 1870 et 1920 (fig. 11.1).

Le second cas d'étude est celui des nouveaux logements construits au Québec dans les années 1970 (fig. 11.2). Encore une fois, le logement ouvrier est étudié. Et là encore, nous découvrons l'habitation de base d'une classe ouvrière salariée. Les deux cas d'étude se situent dans la province canadienne du Québec. Mais toute ressemblance avec les quartiers populaires s'arrête ici.

Le Québec fut enfermé dans les limbes du colonialisme pendant plus de deux cents ans, coupé de la modernité. Cette enclave de six millions de francophones dans une Amérique anglophone émerge dans les années 1960, pressée de faire sa place dans l'histoire. Une révolution tranquille la plonge dans l'imitation formelle de la modernité sans pour autant changer la substance des constructions coloniales. Cela se produit à une époque où la demande mondiale en ressources naturelles est en hausse. L'ouverture subséquente des réserves de matières premières et d'énergie, jusqu'alors inexploitées dans les vastes régions nordiques du Nouveau-Québec, a lié la province au réseau des compagnies multinationales exploitant les ressources naturelles.

La mainmise étrangère est un problème canadien, mais au Québec cela a atteint les proportions d'une crise coloniale. En raison de ce contrôle extérieur,

11.3 Les porches étagés des quartiers sont une tradition sur le Plateau Mont-Royal.

grâce à la structure fédérale du gouvernement et aux stratégies géopolitiques des multinationales, l'élite dirigeante québécoise ne peut qu'offrir les gestes creux d'un gouvernement autonome sans leur contenu.

Les quartiers populaires : traditions collectives et conflit

L'urbanisation du Québec fut en grande partie causée par l'expansion du grand Montréal lorsque ce centre devint la capitale industrielle du Dominion du Canada, récemment confédéré. Au cours de cette période, une enveloppe climatique efficace fut développée au Québec par les artisans travaillant pour les constructeurs spéculateurs. Elle se composait d'une charpente de madriers grossiers assemblés

* Note de l'éditeur : en français dans le texte.

11.4 La montée du militantisme des petites gens : les locataires refusent de quitter leur logement dont la démolition est programmée.
11.5 La destruction systématique : l'écroulement d'un bâtiment qui était toujours habité après que les entrepreneurs gouvernementaux aient démoli les lots adjacents.
11.6 Les incendies sont maintenant une scène habituelle. Celui-ci a emporté la vie de six enfants, piégés par le feu.

pièce sur pièce, enrobée d'une couche d'air et d'un parement de briques ; l'inclinaison du toit traditionnel de la maison québécoise fut inversée vers l'intérieur pour que les eaux s'écoulent vers un drain central. Plutôt que de causer les dangereuses chutes de glace, l'accumulation de la neige sur ce « toit montréalais » servait d'isolation au même titre que les couches d'air emprisonnées sous la membrane externe. Cette enveloppe incarne une importante percée : plus économique et plus facile à assembler que dans les constructions traditionnelles, il s'agit de la première construction indigène issue d'une véritable expérience de ce continent (**fig. 11.1**).

Ainsi fut créé un système rudimentaire d'hébergement ne fournissant rien de plus qu'un abri minimum. Les intérieurs exigus sans équipements sanitaires satisfaisants étaient courants ici, comme dans tout autre ghetto industriel.

Les conditions politiques de cette époque étaient tout aussi primitives. Les travailleurs québécois n'étaient pas seulement enfermés dans un système industriel servant en grande partie les intérêts des populations anglophones, mais étaient également soumis à l'emprise de l'Église qui endossait le rôle de protectrice de la culture catholique française face à l'assimilation, tout en collaborant avec l'élite anglaise pour maintenir son hégémonie.

Les immigrants urbains ont occupé les logements disponibles. Leur contribution à la culture du logement urbain au Québec eut lieu dans les quartiers où plus de 85 % des habitants étaient locataires.

Le fondement politique radical de ces quartiers qui naquit dans les années 1880 persiste encore dans les années 1970. En 1969, une alliance des Comités d'Action Populaire ancrés dans l'un de ces quartiers forma un front commun appelé [le Front d'action politique des salariés à Montréal] FRAP. Au cours de l'automne 1970, le FRAP apparu comme le seul opposant sérieux à l'organisation bien établie du pouvoir municipal en place : le logement et le taux élevé de chômage étaient ses principaux enjeux. S'il est courant que les élections au Québec soient tenues dans un état de crise, l'élection municipale d'octobre 1970 atteignit cependant un nouveau degré de violence. À la suite d'un kidnapping politique, le FRAP fut lié à la tactique de guérilla et les nids de mitrailleuses assumèrent le rôle de bureaux de vote. Quand l'hystérie retomba, il devint évident que le FRAP n'était rien de plus qu'une minorité peu unie, enfermée dans les quartiers de travailleurs, disposant de peu de ressources financières et d'aucun accès aux médias.

Dans les années 1970, les quartiers populaires formaient un anneau autour du centre-ville d'une région urbaine en plein essor abritant plus de la moitié de la population québécoise. Ils fournissent encore la plupart des logements familiaux bon marché à Montréal, et représentent 44 % de l'ensemble des logements de la ville. Ils logent toujours les pauvres : en 1971 le revenu moyen [annuel] dans certains quartiers était de 4 776 $, ce qui est légèrement au-dessus du seuil de pauvreté, soit la moitié de la moyenne nationale. Portrait typique de l'un de ces quartiers : le Plateau Mont-Royal (fig. 11.3). Il présente une population de 90 000 habitants dont 93 % sont salariés, et 90 % sont locataires.

En 1972, selon les propres statistiques du gouvernement municipal, il y a dans ces quartiers plus de 120 000 unités de logements sains bon marché requérant des réparations, soit 30 % de la quantité totale de logements en ville. Le recours à la démolition est de plus en plus courant. En dix ans, de 1965 à 1975, le taux de démolition s'est accéléré de 1 600 unités à 2 500 unités par an : 65 % des logements détruits étaient des unités saines et bon marché : *la majeure partie du démantèlement fut délibérément menée par le gouvernement* (fig. 11.4, 11.5, 11.6). À la même époque, le taux d'abandon a atteint le seuil des 1 300 logements par an. Les incendies sont de plus en plus fréquents.

Créé à la fin des années 1960, l'Office municipal d'habitation introduisit l'un des meilleurs codes de l'habitation en Amérique du Nord ; toutefois, s'il était appliqué, ses consignes condamneraient à la démolition la plupart des logements restants. À la même époque, 80 % des nouvelles habitations construites en ville ne comprenaient qu'une chambre ou moins.

Jusqu'en 1972, le logement social était le seul programme gouvernemental soutenant les familles situées dans le tiers inférieur de l'échelle de revenus. Non seulement très peu d'argent y était consacré (moins de 0,05 % de l'ensemble des logements financés directement ou indirectement par le gouvernement étaient commandités par la Loi nationale sur l'habitation), mais en outre une directive relative au logement construit suggérait que celui-ci devait « intégrer... un certain nombre de caractéristiques le rendant socialement moins attirant... une densité plus élevée... des pièces limitées en taille... des cloisons de blocs de ciment... l'utilisation de couleurs identiques... des emplacements moins pratiques... » etc. Les pauvres devaient être punis. En 1975, les 5 000 familles vivant dans les logements sociaux de la Ville se sentaient comme « enfermées en cage sans avoir vraiment voix au chapitre pour gérer leurs affaires ».

Les villes-champignons : le logement de consommation

Depuis le début des années 1970, une seconde vague d'urbanisation au Québec a permis l'émergence d'un nombre grandissant de villes-champignons, qui ont germé au-delà de la banlieue urbaine de Montréal. Dans ces villes-champignons, l'affrontement entre les citoyens et le gouvernement souligne des rapports d'autorité changeants.

Prenons pour exemple les coopératives d'habitation. La croissance au Québec du mouvement coopératif associait la simplicité d'une classe moyenne en plein essor et le communautarisme chrétien, de telle sorte que vers les années 1970 plus de 65 % de la population canadienne-française appartenait à une forme de coopérative. En 1968, une Fédération des coopératives d'habitation du Québec, Coop Habitat, fut créée à partir du fusionnement de plusieurs associations locales. Malgré les restrictions du gouvernement fédéral sur les prêts aux coopératives d'habitation, Coop Habitat réussit en l'espace de deux ans à faire construire 1 600 nouvelles unités d'habitation de qualité supérieure à la moyenne et 35 % moins chère que la valeur marchande. Coop Habitat ne présentait rien de plus qu'une alternative économique de logement de classe moyenne, ce qui était non pas subversif, mais strictement conventionnel. Pourtant, en 1970, une allocation de 24 M$

11.7 et 11.8 Les modules de maisons produites en séries, conçues à l'origine pour l'exploitation du Nord riche en ressources et maintenant adaptés pour le marché de consommation de masse.
11.9 Le logement de containers de Manic 5, une installation hydroélectrique développée pour vendre de l'énergie à la côte est des États-Unis.

de prêts fédéraux destinée à la coopérative fut supprimée, et une somme équivalente fut allouée aux entrepreneurs de la construction sous la forme de prêts bonifiés. La coopérative fut brisée financièrement et détruite.

En 1970, 94 % de la totalité des logements construits au Canada étaient financés directement ou indirectement par des programmes gouvernementaux. Dès les premiers signes de la récession économique, les subventions fédérales furent injectées sans vergogne dans le secteur privé sous la forme d'un « Programme spécial de 200 millions de dollars pour le logement à prix modique »*. Le Québec reçut la majeure partie de ces fonds, et 76 % de ceux-ci furent consacrés à la région de Montréal. Là, les entrepreneurs locaux qui étaient près du gouvernement obtinrent les autorisations nécessaires pour des projets tout prêts, qui incluaient des caractéristiques innovantes telles que l'utilisation de terrains à faible rendement qui serait habituellement inadmissible en matière de logement, des édifices de mauvaise qualité produits à moindres frais aux dépens des consommateurs qui doivent assumer les frais d'entretien. La seule chose novatrice du programme fut ses profits.

Le logement comme bien de consommation

Pendant que les programmes gouvernementaux avaient recours à des politiques inefficaces pour réduire le coût du logement, les entrepreneurs-constructeurs introduisirent des techniques qui maintinrent stable pendant plus d'une décennie le coût proportionnel de la main-d'œuvre dans la construction résidentielle. La production de logement unifamilial fut rationalisée en assemblant la maison à partir de deux conteneurs préfabriqués en usine et acheminés sur le terrain à bâtir, utilisant ainsi des techniques de production développées dans la fabrication des camps de travailleurs destinés aux sites d'extraction de matière première du Nord (**fig. 11.7, 11.8, 11.9**). Pour ce type d'habitations, les profits dépendent toutefois de la disponibilité de terrains pourvus de services. Pour obtenir des terrains pourvus de services à bon marché, les

---

* Note de l'éditeur : à ce propos, voir : Melvin Charney, « Low Income Housing into the 70s with Sewer Pipes and Subsidized Speculation », *Architectural Design*, nº 43, janvier 1972, p. 7-9.

L'impasse du logement social au Canada, 1978

11.10 Sept-Îles, une ville-champignon typique. Une ville-champignon comme porte d'entrée aux grandes réserves de minerai de fer. En 1972, on y trouvait les plus hauts salaires au Canada, et des larges rues qui ne menaient nulle part. Elle fut le point d'ignition d'une grève générale qui a plongé le Québec dans la plus grande démonstration de solidarité ouvrière de l'histoire de la province.

frontières des villes-champignons furent poussées plus loin vers la banlieue urbaine, privilégiant la rapidité des profits réalisés par les constructeurs, aux coûts élevés nécessaires pour entretenir des services municipaux et un réseau de transport.

Tandis que le ministre du Logement faisait de grands discours sur la nécessité de contrôler la croissance urbaine, les programmes gouvernementaux poussaient les constructeurs à se déployer et à concentrer les terrains entre les mains de quelques grandes sociétés. Le développement de la région de Montréal dans des terres agricoles de premier choix peut être directement relié au fait que vers 1975, le Québec dépendait de l'importation alimentaire fournie par les compagnies multinationales.

Les ressources et les multinationales

La croissance urbaine est directement liée au développement régional. Deux événements marquants de l'industrie forestière montrent que la seule façon efficace de développer l'emploi en région résultait de l'action militante sur le terrain.

Au Québec, plus de la moitié du territoire forestier productif, soit une surface équivalente à celle de l'Angleterre, est cédée aux entreprises privées de fabrication de papier. Quatre-vingt-dix pour cent de cette production est contrôlée par sept compagnies, dont la plus importante est la Canadian International Paper, la CIP, possédée par la US International Paper basée à New York. En 1971, la CIP décida de fermer une usine de pâte à papier à Témiscamingue dans le nord-ouest du Québec, licenciant des centaines de personnes et anéantissant une communauté 3 000 individus établis depuis longtemps. Menés par un Amérindien Cri francophone, les travailleurs et les habitants de la ville s'unirent pour fonder une coopérative, Tembec, afin d'acquérir la scierie. Cela prit quatorze mois d'action militante intensive pour que le gouvernement soit suffisamment mis dans l'embarras pour consentir à aider la coopérative à acquitter les paiements exigés par la CIP. Malgré la machinerie rouillée et la destruction des fichiers de production par la CIP, non seulement Tembec fut exploitée de façon rentable dès sa relance, mais en outre elle put commencer à moderniser ses équipements, améliorer les conditions de travail et étendre ses activités à la production de pâte diluée, dans l'année qui suivit. La ville était sauvée.

L'année même durant laquelle les travailleurs de Tembec durent se battre pour conserver leur emploi, le gouvernement du Québec conclut un accord avec l'International Telephone and Telegraph, ITT (liée au renversement du président du Chili Salvador Allende), pour l'exploitation des 30 % restants de sa réserve forestière, soit une superficie représentant trois fois la taille de l'Irlande et située sur le Golfe du Saint Laurent, au nord de la ville de Sept-Îles. L'ITT envisageait de s'installer au Brésil, mais vint au Québec en raison des avantages qui lui étaient offerts… « Je me réjouis de voir que les ressources naturelles que nous n'utilisons pas profitent à l'humanité », proclamait un député québécois.

Profite à l'humanité ! L'ITT n'a apporté qu'un très léger capital : le gouvernement québécois lui a consenti des prêts sans intérêt. Les concessions faites à la compagnie incluaient une diminution des redevances, la construction de voies d'accès, la gratuité du reboisement, des taux préférentiels pour l'énergie électrique, des logements pour les ouvriers, et une station de traitement des eaux et effluents. Le tout couvert par un contrat valable de quarante ans et résiliable à tout moment sans frais par l'ITT. L'ITT avait pour objectif de construire la plus grande scierie du monde, près de Sept-Îles, afin de produire de la pâte diluée pour ses usines de fibres synthétiques en Europe de l'Ouest. Peu d'emplois furent créés tandis que plusieurs coopératives forestières et petites scieries des environs durent mettre la clé sous la porte : la population autochtone des Amérindiens Innus fut tout simplement ignorée.

L'action militante

La collaboration grandissante du Québec avec les compagnies multinationales coïncide avec sa résistance croissante aux solutions alternatives de gestion des ressources.

En 1972, lorsqu'un front commun de travailleurs organisa une grève générale pour appuyer des revendications essentielles, tel qu'un salaire minimum de cent dollars par semaine pour chaque travailleur – ce qui représente le seuil de pauvreté pour une famille de trois personnes – ce qui aurait pu être une opération de négociation collective se transforma en une violente confrontation. Un texte de loi répressif ordonna le retour des travailleurs à leurs postes, et l'arrestation des dirigeants syndicaux. À Sept-Îles, archétype de la ville-champignon, une opération policière destinée à disperser une manifestation la veille des emprisonnements déclencha à travers le Québec une des plus importantes démonstrations d'insurrection ouvrière au Canada.

La ville de Sept-Îles, située sur la rive nord du golfe du Saint-Laurent, quelques 500 milles [800 km] au nord-est de Montréal, est la porte d'entrée à la partie est du Nouveau-Québec (**fig. 11.10**). Dès 1972, Sept-Îles était le deuxième plus grand exportateur de minerai de fer au monde, et le premier port au Canada en termes de tonnage ; 80 % du minerai était exporté aux États-Unis par des entreprises toutes contrôlées par, ou en partenariat avec des intérêts américains. La ville est en plein essor, les salaires sont élevés, le profil des dépenses illustre le réseau des dépendances néocoloniales : la plupart des travailleurs sont employés par la Iron Ore Co. ; Iron Ore est détenue en partie par la US Hanna Mining Corp. ; la US Hanna Mining Corp. approvisionne en minerai la National Steel (possédée en partie par la Hanna Mining Corp.), fournisseur principal en étain de Chrysler Corporation (détenu à 9 % par la Hanna Mining Corp.), et à son tour Chrysler vend annuellement plus de 45 000 automobiles au Québec, grand amateur de voitures. Les voitures sont nombreuses à Sept-Îles. Les rues sont larges, mais la plupart se terminent en ornières sablonneuses après quelques mètres. Il n'y a nulle part où aller. Les accidents mortels sont monnaie courante.

Pendant le Front Commun de 1972, les travailleurs prirent la ville d'assaut. En l'espace de deux jours, l'insurrection fut troublée par les incidents habituels – le meurtre d'un ouvrier, l'intervention des forces de police, une manifestation des ménagères réclamant la réouverture des centres d'achat, et la menace de lockout lancée par les dirigeants d'Iron Ore – dignes des pratiques chiliennes. Cela s'acheva également avec une requête du syndicat, réclamant une dernière concession de la part du gouvernement : le droit d'acquérir des terres à proximité des demeures des dirigeants de Iron Ore afin de constituer une réserve foncière pour la construction de logements à bas prix.

Le point tournant fut le projet de la Baie-James, à 600 milles [965 km] au nord-ouest de Montréal. L'idée initiale était de créer deux sites de production d'énergie – de la plus grande capacité au monde – exploitant un bassin hydrographique équivalent en superficie à la taille de la France. Le projet était destiné à la côte est des États-Unis, très gourmande en énergie, et impliquait les intérêts et le capital américain.

Le chantier débuta en 1973 à la centrale LG2, la plus grosse centrale du complexe du réservoir La Grande. Dix mois plus tard, une dispute à propos des domaines de compétence du syndicat mena au

L'impasse du logement social au Canada, 1978

11.11 Le logement comme appareil ménager mobile. Voici un foyer qui n'est pas exceptionnel pour une population bien nourrie, mais subordonnée, transformée en main-d'œuvre itinérante dans son propre pays, et acculée à faire tourner le cycle de la consommation.

11.12 Des crassiers d'amiante comme arrière-cour à Thetford Mines signifient l'amiantose et la mort certaine pour les habitants. Une compagnie multinationale américaine exporte 70 % de l'amiante produit dans le monde à partir des mines du Québec.

déploiement des forces de police en tenue militaire, et entraîna le démantèlement de la ville et la fermeture du chantier. Furent ainsi dévoilées des conditions de travail primitives : des périodes de travail de plus de douze heures, sept jours par semaine durant des mois entiers ; des conditions de vie dégradées par le froid, l'isolement, le confinement et l'ennui ; et enfin une ségrégation des sexes quasi carcérale encadrée par la loi.

La campagne est menée contre les gens. Le moral des ouvriers est au plus bas. Un dispositif d'embauche de travailleurs saisonniers est désormais institué avec succès dans le pays. Les plans conçus pour le projet ignoraient les populations autochtones Cri et Inuit : elles devaient tout simplement être submergées par l'inondation du territoire.

La comparaison des deux exemples de logements produits à cinquante ans d'intervalle démontre que l'intervention gouvernementale s'est systématiquement interposée pour éliminer toute forme de logement alternatif autre que celles pouvant être développées en partenariat avec des entrepreneurs en construction. L'étude expose les grandes lignes d'un demi-siècle de politiques gouvernementales soutenant les grandes transactions commerciales aux dépens des gens. Dernièrement, ces politiques impliquent également les opérations des multinationales. Les villes-champignons constituent la preuve que le logement a été redéfini comme un instrument aujourd'hui utilisé pour conserver une force de travail bon marché, néanmoins bien nourrie, qui possède les moyens et le goût de la classe moyenne pour la consommation de biens dispendieux, y compris l'achat d'un appareil domestique familial coûteux nommé « maison ».

Dans les premiers quartiers populaires, le logement fut développé à partir d'une enveloppe climatique qui rationalisait la consommation d'énergie ; dans les villes-champignons, le logement reproduit les modèles de forte consommation énergétique qui poussent le Québec plus avant dans le cycle du développement hydro-électrique et de la dépendance aux capitaux étrangers. Dans les premiers quartiers populaires, comme dans les récentes colonies de squatteurs, une écologie collective d'occupation est née de l'agitation politique générée par des gens cherchant à améliorer leurs conditions de vie par tous les moyens disponibles ; dans les villes-champignons, la transformation du logement en bien de consommation dépouille les citoyens des symboles de leur identité collective.

Les apparences démontrent une cruauté de l'imagination. Les gens sont incapables de transformer en geste positif les angoisses liées aux vies ratées et au gaspillage des ressources naturelles. Cette cruauté est incarnée de nombreuses manières, y compris à travers la législation de programmes sociaux idéalisés, tels que le logement. Sans les institutions démocratiques ni les ressources nécessaires à leur fonctionnement, les tentatives de réaliser du logement alternatif sont vouées à l'échec dans la mesure où les enjeux fondamentaux ne sont pas pris en compte par les dirigeants. Cela se traduit par la tenue de congrès, comme Habitat, lieu d'une rhétorique qui ne peut que fausser le potentiel d'un pays à assumer le partage de ses richesses dans un monde de privations.

12.
DES MONUMENTS AUTRES : QUATRE ŒUVRES, 1977

En acceptant cette invitation à écrire sur l'architecture pour *Vanguard*, j'ai hésité. La majeure partie de ce que je fais sort des exigences de la pratique courante. Afin d'expliquer mon travail, il me faut presque créer un vocabulaire adéquat. Non parce que ce que je fais ou dis est compliqué, bien au contraire, mais parce que tellement peu est dit ou fait à propos de l'architecture en ce pays. Ce que l'on raconte est tellement englué dans le formalisme, ou prisonnier du battage médiatique entourant le « blanchiment » du marché par la profession, qu'il est tout simplement difficile d'intégrer d'autres idées. Je dois donc inventer, non pas écrire, et déchiffrer, non pas décrire, la signification des formes bâties.

Comme le titre le suggère, l'architecture dont je me préoccupe est celle des monuments. La construction d'un abri n'est pas seulement une contingence biologique, mais implique la transformation culturelle des besoins utilitaires. Un acte* de construction produit quelque chose qui n'était pas là avant. Comme tel, il ne peut qu'idéaliser (rendre héroïque) jusqu'à un certain degré toutes ces interactions qui lui permettent d'être conçu et matérialisé. Mais comme Vitruve l'aurait soutenu, les édifices monumentaux reproduisent les formes requises des constructions primitives dans des matériaux nobles et permanents. Et même si cette attitude changea vers la fin du 18ᵉ siècle, et l'époque où les architectes étaient payés par les dirigeants pour construire de nobles temples et des palais remonte à fort longtemps, l'architecture reflète encore ses origines : le contenu héroïque de la construction est réservé à l'embellissement stratégique des vies de ceux qui contrôlent les cordons de la bourse et les privilèges sociaux, et qui désirent l'apanage ultime : se voir privilégier à leurs propres yeux. La notion de monument est encore promue comme une sorte d'emblème atavique de la hiérarchie sociale qui domine la pratique, si ce n'est l'esprit, de l'architecture.

Publié en anglais sous le titre « Other Monuments: Four Works, 1970-1976 », *Vanguard*, vol. 6, n° 2, mars 1977, p. 3-8. Traduction par Solange Garçon, révisée par Louis Martin et Alessandra Mariani.

* Note de l'éditeur : « gesture » en anglais.

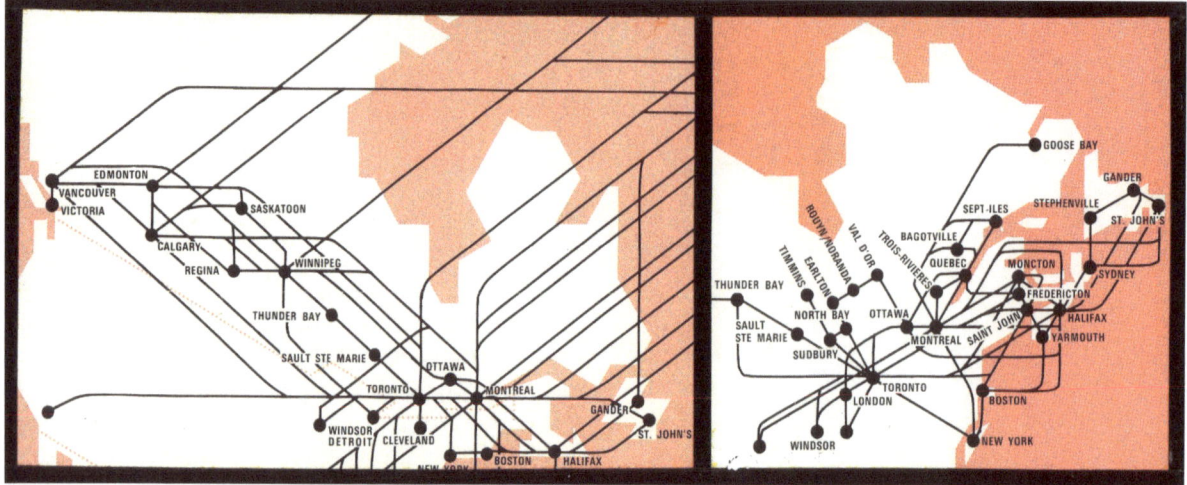

12.1 Routes aériennes d'Air Canada, vers 1970.

Autrement dit, selon ma compréhension, l'architecture fait entrer en jeu le contenu du discours humain dans la production et l'utilisation des choses construites.

Les notes qui suivent ont été élaborées à l'occasion de l'exposition de quatre œuvres conçues entre 1970 et 1976, qui sera présentée à l'Université d'Harvard du 3 au 30 mars 1977.

Memo series
Début 1969, la presse canadienne invita les architectes à participer à un concours portant sur la conception d'un monument à l'Armée de l'air. Ce monument devait être une œuvre commémorative, un musée de l'aviation, ainsi qu'un lieu de rencontres pour les vétérans de l'Armée de l'air.

Le programme du concours exigeait la soumission d'une série de dessins décrivant un édifice. Un plan du site était fourni; le bâtiment devait être situé à Trenton en Ontario.

Ce programme est typique des directives habituelles qui déterminent la conception architecturale. Il tient pour acquis que le point de départ d'un monument commémoratif est la production de l'image d'une construction qui reproduit des références aux valeurs formelles de l'architecture.

Dans la mesure où nous savons que lorsque nous construisons, nous rendons manifeste le sens de la forme par la représentation des éléments de la construction, et que ce système de représentation introduit également des références qui situe l'*aura* du bâtiment au-delà de son apparence de surface, on peut défendre l'argument selon lequel le langage d'un mémorial / musée ne peut être aussi restreint que le programme prescrit. Le besoin évident de mémoire, et aussi de forme, suggère que, préalablement à l'imposition d'un programme, pourrait être faite une étude des matières premières de notre bagage expérientiel, *i.e.* les représentations de la mémoire et leur signification pour les gens, par laquelle nous pourrions déchiffrer le langage de l'architecture.

L'idée même du musée et la notion de commémoration impliquent que la mémoire humaine est incarnée dans les traces physiques de l'activité humaine. L'histoire de l'aviation, la longue période d'essais et d'erreurs dans la production et la reproduction des artéfacts construits pour le vol ont laissé, au fil du temps, les traces d'une culture spécifique qui reste enfouie dans notre représentation psychique des choses proprement dites. La structure de ces traces construites relie le sens, si ce n'est la mémoire de l'aviation à la forme de ces artéfacts et, par conséquent, à leur figuration.

Plutôt que de jouer avec la syntaxe anonyme de la forme construite, j'ai commencé à documenter l'évidence manifeste des choses et des lieux connus pour matérialiser les traces de l'aviation.

Cet inventaire a débuté avec les signes d'aviation présents dans mon environnement immédiat. Le bruit des avions dans le ciel rappelait les batailles aériennes qui faisaient rage au Vietnam au moment

Des monuments autres : quatre œuvres, 1977

de la conception de cette œuvre. Des incidents dans la presse, tel qu'un article à propos de personnes attirées par le site d'une catastrophe aérienne, évoquaient la carcasse tordue de l'aéronef et les côtes brisées des victimes empilées en une sorte de bouillie anthropomorphique qui allait de pair avec le risque collectif que nous unit à la machine volante. La disposition des hangars d'un vieil aéroport de Montréal, le portrait classique, héroïque des hangars bien ordonnés se dressant au milieu d'un paysage plat contrastant avec les crêtes des montagnes au loin, rappelait les temples de Paestum, l'*envoi* des temples de Paestum par Henri Labrouste, dessiné lorsqu'il était étudiant à l'École des Beaux-Arts de Paris, et les images de ces temples à Paestum reproduites un siècle plus tard par son admirateur, Le Corbusier, dans ses essais sur l'esthétique de la machine et l'avion dans *Vers une Architecture*.

Les entrées dans cet inventaire ont été notées sous la forme de « mémos » ; comme si je pouvais consigner une série de mémorandums à propos d'un mémorial, et les envoyer aux personnes responsables de son exécution. Chaque note décrivait un « élément de la preuve » et son insertion subséquente dans l'ensemble des éléments constitutifs. Ces éléments présentaient des suggestions idiomatiques – des constructions – pour la composition du mémorial.

Brièvement, les *Memos* incluaient des idées sur :

- La localisation du monument commémoratif / musée, tel que trouvé sur une carte des couloirs aériens d'Air Canada reliant les principales villes **(fig. 12.1)**. Les points terminaux sur la carte indiquaient les zones où une configuration de vol est trouvée sur le terrain, et les lignes reliant les points traçaient les trajectoires des vols à travers l'immense arrière-pays où la vue d'un avion dans le ciel évoque un musée ayant programmé des vols de vieux appareils – simulant, par exemple, des raids aériens, pour évacuer l'agressivité des anciens combattants des guerres étrangères. La carte suggérait un musée fixé, ni dans l'espace ni dans le temps : le mémorial peut se dévoiler à plusieurs endroits à la fois.
- La topologie d'un mémorial en temps réel, tel que trouvé dans les zones de trajectoire aérienne d'un aéroport **(fig. 12.2)**. Les aéroports décrivent des codes référentiels qui placent la géométrie

12.2 Zones des routes aériennes du système de guidance d'un avion.
12.3 Un bombardier B-29 ouvert aux visiteurs, stationné au bout d'une piste de la base aérienne militaire de Wright-Patterson, Ohio.

d'un vol aérien dans une configuration sur le terrain facilement accessible tant physiquement que conceptuellement. La configuration de l'espace de vol peut être lue dans celles des bâtiments plus bas, le clignotement insistant des lumières rouges sur les structures en saillie, le nivellement du terrain, et la vue de l'horizon au loin à travers une clairière vaste, plate et venteuse : l'idiome d'un monument commémoratif.

- L'usage des choses construites précède leur signification, comme l'illustre un B-29 garé à

12.4 Simulateur de vol conçu à partir d'un système de mouvement créé par LINK.
12.5 Les restes d'un avion français après la chute de Diên Biên Phu, 1954.
12.6 Une réplique japonaise d'un manège aérien de parc d'attractions.

l'extrémité d'une piste d'aviation sur la base aérienne Wright-Patterson, dans l'Ohio, et ouvert au public **(fig. 12.3)**. À l'écart du tarmac de la piste, l'avion prend des airs d'édifice. Le visiteur peut pénétrer dans cet édifice, franchir son fuselage, s'installer dans la cabine de pilotage où un manche mobile, des images et des sons enregistrés proposent à un individu une commémoration aux pilotes de bombardiers de la Seconde Guerre mondiale, et à un autre, une commémoration aux victimes de la guerre. Et aussi longtemps qu'il pourra voler, l'avion peut transporter ce mémorial / musée à travers les villes du pays, et embarquer les gens pour des vols commémoratifs.

– L'expérience simulée, comme expérience réelle, se trouve dans les « Link Trainers » ou les simulateurs de vol plus récents, ce qui suggère que des micromonuments soient disséminés à travers le pays **(fig. 12.4)**. Les visuels et les sons enregistrés peuvent être utilisés afin de recréer des événements historiques, comme le vol de Lindbergh, afin d'être revécus par les visiteurs qui sont enfermés pendant trente-trois heures et demie derrière un moteur en vibration, nourris de sandwichs rassis et réduits à regarder l'océan défiler à travers un périscope ; ou le vol d'un B-52

au-dessus du Laos ce qui inclus des plans rapprochés de villages détruits, et une brûlure de napalm gratuite dans la paume de la main en guise de souvenir de la Commémoration.
- La typologie de l'histoire « sur place » telle qu'observée dans les restes d'un avion français après la défaite de Diên Biên Phu (**fig. 12.5**); les restes d'un vol Montréal-Toronto d'Air Canada, qui s'est écrasé dans un champ abandonné près de Sainte-Thérèse au Québec, ou les restes d'un hangar à hydravion à Orbetello en Italie, construit par Pier Luigi Nervi dans les années 1939-41, et parachevé par un bombardier Lancaster en 1943. La morphologie de la destruction, sorte de compréhension en négatif du bâtiment, dépeint la véritable architecture de l'Armée de l'air, et suggère que les traces toujours en place soient conservées comme des sites archéologiques.
- Les autres « mémos » comprennent des concepts sur le sens distinct et l'utilisation des artéfacts, comme les manèges aériens des parcs d'attractions où l'on a appris pour la première fois que le vol impliquait une déclaration de foi en la machine; ou dans une réplique mécanique d'un manège aérien trônant sur la cheminée comme un mémorial à cette foi (**fig. 12.6**): tous deux laissant entrevoir des caractéristiques pertinentes du bâtiment. Et, pour finir, des concepts sur les médias en tant qu'histoire virtuelle et réelle, en mentionnant l'exemple du vol aérien comme événement médiatique, ou l'utilisation des moniteurs de surveillance en vol développés par les services de renseignement de l'Armée de l'air pour permettre un accès immédiat aux événements en cours, utilisés via les télévisions à domicile pour tenir les gens informés... et ainsi de suite.

La démarche consistant à inventorier ces constructions tendait à la divergence et à l'inclusion. Leur prolifération renforçait les suggestions, mettant en lumière des liens qui seraient, en d'autres circonstances, demeurés inaccessibles. L'élargissement ultérieur du sens d'un « édifice » ouvrit la voie à un idiome qui reconnaissait la signification contextuelle de ces suggestions.

Deux opérations étaient proposées : la première cartographiait les configurations de construction, la seconde suggérait des moyens de les mettre en œuvre – l'extériorisation du mémorial / musée ainsi réalisée par sélection constituait clairement un acte politique, social et esthétique délibéré qui favorisait un ensemble de configurations au détriment d'autres. Par exemple, le choix d'un mémorial / musée, incarné sous la forme d'un édifice isolé ne représentant que les valeurs institutionnelles de l'architecture, peut être aisément perçu comme l'une des conceptions les plus restrictives, sinon les plus répressives, si l'on considère la taille du pays et l'indéniable éventail de possibilités. Un mémorial / musée à travers le pays peut être aisément créé avec la mise en place de vieux avions dans les centres démographiques, ou l'utilisation de vieux aéroports jouxtant plusieurs villes, où des expositions et des réunions de vétérans pourraient être accueillies dans les hangars abandonnés, bâtiments exhalant les odeurs commémoratives de l'aviation. Et plutôt que d'investir des capitaux dans un bâtiment, l'argent pourrait être placé dans des services sociaux tels que le logement, et les rendements obtenus pourraient être utilisés pour entretenir un réseau d'équipements qui amène le musée aux gens.

À la suite des soumissions au concours, le jury sélectionna pour le musée un bâtiment pyramidal. Deux ans plus tard, les projets de construction furent abandonnés en raison de financements insuffisants.

Deux des enjeux soulevés dans la *Memo Series* gouvernèrent mon travail ultérieur. Le premier concernait le concept prédominant du monument en architecture. En étudiant l'histoire récente, j'ai découvert qu'en dépit des intentions de la tradition moderne d'en finir avec le monument et la décoration, ses édifices majeurs présentent néanmoins la matérialité d'un objet qui est nettement monumental. Il était évident que la monumentalité tenait plus de la signification de la forme construite que ce que nous avait laissé croire l'attitude de la tradition moderne. Chaque geste de construction semblait, en effet, porter une connotation monumentale.

Le deuxième enjeu était celui de la reproduction de la vie quotidienne dans la pratique culturelle, c'est-à-dire la reproduction d'une connotation monumentale, et l'institutionnalisation systématique en architecture de références par lesquelles l'importance des choses construites est gardée hors de portée de l'expérience personnelle de la plupart des gens. Cette répression institutionnelle trouvait sa contrepartie dans le nombre de mémos référant aux événements qui impliquent les gens et les choses construites, et que l'on trouve dans les médias de masse. Ces images projetaient au premier plan de notre conscience des fragments de construction qui revêtaient une importance plus grande que nature : l'ampleur du nombre de téléspectateurs attribuait à ces fragments construits un sentiment de puissance. Les images dévoilaient une rupture du quotidien – un accident ou un attentat à la bombe – qui bouleversait la vie des gens, révélait les relations entre les personnes, et modifiait notre compréhension de ces relations. Après ce genre d'événement, nous ne sommes tout simplement plus les mêmes.

Dictionnaire d'architecture : apprendre des fils de presse

En 1973, lors de l'exposition *Canada-Trajectoires*, présentée au Musée d'Art moderne de la ville de Paris, j'ai présenté une œuvre intitulée *Quelques monuments nationaux*.

Le titre de cette œuvre se réfère à l'obsession traditionnelle de la profession architecturale en France pour les monuments. Jusqu'en 1968, le système de l'École des Beaux-Arts, fondé sous le règne de Louis XIV et raffermi au 19e siècle, attribuait un *Prix de Rome* à son disciple le plus remarquable. Cela lui donnait le titre d'Architecte en chef des Monuments Nationaux, ainsi qu'une sinécure lui assurant des commandes prestigieuses de l'État, et ce, aussi longtemps qu'il se conformait aux règles établies par le pouvoir en place.

Les *Monuments Nationaux* que j'ai présentés, toutefois, relevaient plus de la représentation de la forme bâtie courante que de l'institutionnalisation de la forme au nom du pouvoir établi. Ces monuments furent obtenus par un relevé d'images d'événements impliquant les gens et les choses construites, diffusées par les agences de presse sur une période de quatre années. Ces images furent regroupées en séries et catégorisées en fonction de leurs caractéristiques.

L'objectif du Musée d'Art moderne était d'exposer l'espace iconique de l'architecture. Chaque image présentait une conjonction de points d'interférence dans les interactions entre les gens et les choses construites, et la classification de ces images identifiait des catégories de ressemblances qui circonscrivaient la lisibilité des choses construites : l'architecture.

Plusieurs thèmes émergèrent de cette recherche plutôt expérimentale. Contrairement aux pratiques institutionnalisées de l'architecture qui se développent à partir d'images idéalisées de bâtiments finis, parfaits en eux-mêmes, les images générées par les événements prennent en considération des fragments et des tranches entières du monde bâti dans un état de changement perpétuel. Beaucoup de ces images figent un bâtiment soit au moment de sa construction, soit en état de démolition, comme si quelqu'un disséquait les couches de l'assemblage physique en une syntaxe d'effort humain et de souffrance. Imaginez :

- les dalles de béton brisées de bâtiments éventrés par les bombardements, ne tenant que par quelques tiges d'acier d'armature, au Vietnam ;
- un ensemble désolé de silos inachevés où sept ouvriers firent des chutes mortelles en raison du manque de mesures de sécurité, même les plus minimes, dans le nord du Québec ;
- le béton quadrillé d'un motel du centre-ville de la Nouvelle-Orléans, dans lequel six-cents policiers et un hélicoptère de combat de la Marine perfectionné au Vietnam furent nécessaires pour éliminer une armée constituée d'un ancien combattant de race noire qui s'était infiltré dans cette enclave protectrice ;
- ou l'enveloppe creuse du palais présidentiel de Santiago, purgée de sa substance.

Ces images évoquent des monuments qui dénotent violence et terreur, notions si différentes de l'optimisme bienveillant qui prédomine dans la pratique architecturale. Qui plus est, cette violence est perçue comme implicite dans l'organisation de la forme bâtie. Pensez :

- aux villes-champignons de logements en conduites d'égout en béton utilisées pour abriter les réfugiés du Bangladesh, près de l'aéroport de Calcutta. L'agencement des tuyaux – des unités de logement empilées, de faible hauteur et de haute densité, ordonnées en avenues et en rues – reproduit la structure essentielle d'une

ville à partir d'une fragile et transitoire occupation humaine ;
- à la coquille calcinée d'une ville au Kansas, suite à une émeute ; les vestiges des rues en damier et les murs perforés isolent la structure plus résistante de la ville de sa population humaine fragile et passagère (fig. 12.7).

La pérennité de la structure essentielle de la forme bâtie peut être observée comme distincte de l'événement lui-même, comme si elle possédait une sorte de logique autonome en elle-même. Mais les images montrent également que la reproduction de cette logique en tant que conformation autonome de la forme, coupée de son contexte et le neutralisant, ne peut qu'exprimer la violence. Voyez :

- un auditoire assis devant le spectacle d'hommes enfermés dans les cellules improvisées d'un centre de stérilisation à Embulam, au Kerala en Inde ; les rangées consécutives de conteneurs blancs reproduisent, dans l'enceinte du grand hall, la spatialité réduite de l'institution impériale de la médecine (fig. 12.8).

Ironiquement, c'est dans les images de violence que l'on peut constater le désir qu'ont les gens d'exprimer de façon métaphorique un contenu humain et héroïque en formes bâties. Visualisez :

- un logement de bouts de ferraille construit par une famille cambodgienne sur la route d'Ankor ; la misère a isolé le sens de chaque élément matériel de la construction et la survie a imprégné l'assemblage d'une présence formelle ;
- les décombres de la *Cité de la Liberté* après que les troupes de l'État réprimèrent un soulèvement de prisonniers à la prison d'Attica, dans le nord de l'État de New York : des couvertures, des serviettes, des bâtons et des planches de meubles furent utilisés pour transformer la cour de la prison en une cité fragile et éphémère qui affirma la résistance collective des détenus, mais leur a difficilement offert la protection nécessaire contre l'assaut brutal ensuivi.

Ces deux images suggèrent que l'architecture de notre siècle doit être trouvée dans la confrontation des forces du pouvoir impérial avec la conduite rudimentaire de survie des gens pris dans ce piège.

Les images plus près de chez nous dépeignent l'importance de la forme bâtie dans l'exercice du pouvoir politique. La signification en construction est liée soit à ceux manipulant les instruments du pouvoir, soit à ceux manipulés par l'exercice de ce pouvoir. Voyez :

- le visage d'Henri Ford II entre les tours du Centre Renaissance, décrit comme le projet de rénovation urbaine le plus coûteux qui ait été jamais construit en Amérique, qui doit être bâti sur la rivière Détroit comme une enclave pour les nantis d'une cité en déclin ;
- le maire Beame de New York à la présentation d'un ensemble de nouvelles tours destinées au Lower Manhattan ;
- le vice-président de la Banque de Montréal présentant une tour à bureaux, la plus haute du Canada, devant être construite au centre-ville de Toronto, l'année où le cœur de Toronto connaît le plus haut taux de construction de toute l'Amérique du Nord (fig. 12.9) ;
- pour ne pas être surpassé par son rival, un des VIP de la Banque Royale du Canada est vu s'agrippant à son nouveau siège social, destiné au centre-ville de Toronto ;
- ou le président de la National Steel Corporation montrant une nouvelle usine d'une valeur d'un milliard de dollars, tel un général devant ses petits soldats...

Le sens de ces images est douloureusement évident : la forme bâtie matérialise la folie d'un système qui se réalise lui-même dans l'appropriation irrationnelle des ressources. Les figures des banquiers et des directeurs de société présentent des élucubrations disproportionnées de *leurs* édifices, comme s'ils étaient des trophées de la salle du conseil d'administration acquis dans un jeu de possession, et sculpté pour ressembler à des édifices rigoureusement organisés et achevés à une échelle susceptible d'être étreinte par leurs promoteurs, les dimensions finales de l'édifice n'étant rien de moins qu'une exagération de l'échelle générique initiale, une immense maquette.

La signification en construction est directement liée à l'appropriation physique de l'échelle.

Écrits choisis

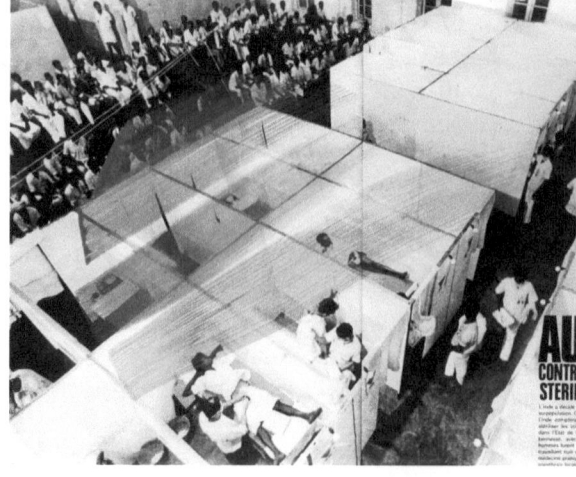

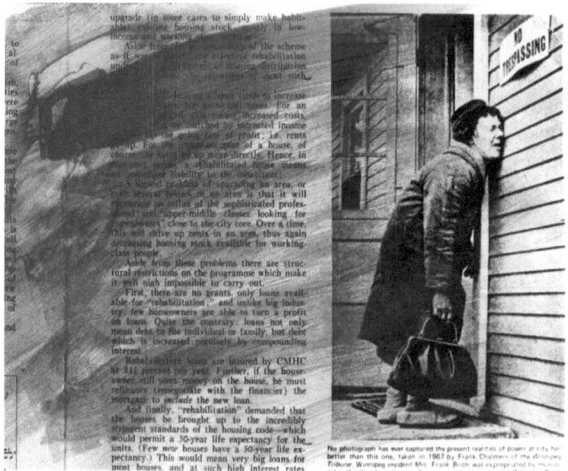

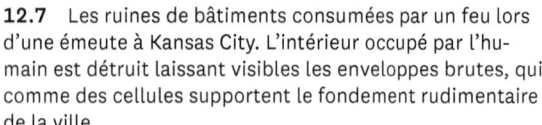

12.7 Les ruines de bâtiments consumées par un feu lors d'une émeute à Kansas City. L'intérieur occupé par l'humain est détruit laissant visibles les enveloppes brutes, qui comme des cellules supportent le fondement rudimentaire de la ville.

12.9 Le plus grand bâtiment au Canada est mis en place par le président de la Banque de Montréal à Toronto, s'appropriant ainsi une partie du centre-ville. Depuis la fin des années 1960, Toronto est devenue la capitale financière du Canada et le cœur de son centre-ville a été transformé par la plus grande vague de construction en Amérique du Nord. Les banques rivales se concurrencent l'une l'autre dans la construction de tours, comme jadis à San Gimignano. Et chaque tour représente un coup dans le jeu d'un pouvoir qui, en concentrant le capital, transforme le reste du pays en un hinterland de dépendance économique.

12.8 Les cellules improvisées d'un centre de stérilisation à Enkulam (Kerala). Dos à dos, les containers blancs compacts réduisent l'espace d'un grand hall et reproduisent des enclos dépersonnalisés et minimaux devenus symboles de la pratique réductrice du contrôle de la population.

12.10 Une porte cadre les réalités du pouvoir du gouvernement municipal. En dépit de l'expropriation de leur maison, la famille Birch de Winnipeg a refusé de déménager. La Ville a, par la suite, obtenu un ordre d'éviction de la cour pour les évincer et la police a pris possession de la maison.

Les tranches marginales de population – les chômeurs, les vieux et les pauvres : la masse dominante de la population – sont également visibles sur ces images qui les montrent en contact physique direct avec les choses bâties. Cependant, ils ne sont en contact qu'avec ces parties d'édifices qui facilitent leur routine quotidienne comme les portes, les fenêtres, les lavabos et les urinoirs. Et, contrairement à l'utilisation familière que nous faisons de ces équipements, on les voit dehors devant des portes verrouillées **(fig. 12.10)**, enfermés par les fenêtres, ou victimes d'une fusillade de la pègre, leur tête prise dans l'urinoir.

Il est clair que ces images dépeignent une pathologie. Et comme dans toute pathologie, ce ne sont pas seulement des conditions familières qui sont mises en lumière. Si ces images décrivent un événement, ou créent un événement en dehors de son contexte ordinaire en le présentant dans les médias de masse, elles révèlent la fine pointe de formations nouvelles qui sont difficiles à assimiler avec les canons dominants du discours.

Cela est particulièrement manifeste dans la prépondérance des images montrant des inconnus et anonymes localisés dans des espaces de transit indifférenciés, comme des couloirs, des salles d'attente, des halls d'entrée, des hôtels ressemblant à des motels, etc. Indifférence et lassitude sont toutes deux manifestes sur les visages des personnes et dans la configuration de leurs environnements : des lignes d'attente aux comptoirs d'embauche, dans des couloirs d'hôpitaux, ou dans des couloirs d'écoles… Le sens du couloir en tant qu'incarnation de la rue, ou de la salle d'attente et du hall en tant que lieux de rencontre semblables à l'intersection des rues, la substance physique des métaphores collectives, sont effacés en même temps que l'identité des gens. Si une conception consciente a créé ce *no man's land*, alors il doit exister une forme d'usage qui institutionnalise la reproduction de cet effacement. Alors, comment se débarrasser de la vie des gens ?

L'institutionnalisation de cette tendance à la dénégation, qui efface et rend naturelle la pratique de l'effacement, est visible dans les images de quelques professionnels exercés dans l'art de la configuration de la forme anonyme : les architectes. Nous les voyons produire des choses bâties qui ne semblent pas se référer à un autre contexte qu'à leur propre code référentiel de signes physiques abstraits qui neutralisent la lisibilité des interactions entre les gens.

Le *Dictionnaire d'architecture* présente les contours d'un paysage dialectique. Il suggère que dans cette dialectique, la pratique culturelle manipule la lisibilité de la forme, ne rendant visible qu'une facette du paysage.

La question suivante s'impose d'elle-même : l'architecte peut-il, en pratique, nier la dénégation apparemment inévitable de la population qui est construite dans notre environnement ?

Le *Dictionnaire* laisse également entendre qu'une réponse peut être trouvée dans la spécificité de la pratique en contexte familier.

Ce qui est le plus étonnant, dans le coin d'Amérique du Nord où je vis, est que les institutions culturelles soutiennent que l'architecture contemporaine n'y soit pas enracinée, un point de vue partagé ailleurs. Tandis que je peux observer de ma fenêtre un exemple d'habitation qui s'est imposé en tant que type de construction issu de l'industrialisation ayant transformé les modes de production vers la fin du 19e siècle, et que le corps de ce bâtiment affiche un contenu social et formel évident, je ne parviens pas à déterminer la signification de cet édifice en termes de référents culturels. C'est comme s'il n'existait pas. Le manque d'entretien de sa structure, l'abandon et la démolition de bâtiments similaires dans d'autres endroits de la ville confirment le fait que je vis dans un coin du monde où la culture s'attache à soutenir la destruction systématique de ces traces du passé qui n'affirment pas socialement la pratique courante.

Une histoire d'architecture – Le Trésor de Trois-Rivières

J'ai entamé ce travail en recueillant les traces d'une architecture populaire anonyme datant de la première période d'industrialisation au Québec – entre les années 1870 et 1920.

Cette documentation incluait des fragments d'édifices détruits, comme des fragments d'une civilisation ancienne ; des cartes postales datant du tournant du siècle, montrant des églises, des granges, des usines et des salles paroissiales, comme un jeu d'icônes de la géométrie classique de la mince construction à ossature de bois ; de vieilles

12.11 Photographie prise dans l'atelier de Melvin Charney illustrant un montage des sources qui ont alimenté la réalisation du *trésor de Trois-Rivières*. Photographie : André Boulerice. Médiathèque du Musée d'art contemporain. Fonds André Boulerice.

photographies de villes nouvelles construites près des usines, montrant une accumulation de maisons, semblables à des hangars, dressées contre des façades bordant une rue ; des coupures de presse montrant l'une de ces façades comme vestige d'une maison après une tempête ; une photo de Walker Evans représentant une maison du sud des États-Unis ; une façade sur une rue inexistante ; la rue principale de Rawdon au Québec ; une photo des restes de la rue principale d'un décor hollywoodien des années 1930 pour un western : deux rangs de façades assemblées comme des panneaux d'affichage en 3D ; une illustration d'une maison à Saint-Côme au Québec, présentée dans *Building Canada* d'Alan Gowans comme le seul exemple d'architecture dégénérée sur une sélection de plus de deux cents photographies ; une citation de Colin Rowe, extraite du *Chicago Frame* (1970), selon laquelle l'architecture moderne qui était *présente* dans les constructions protomodernes américaines, est devenue une architecture « en devenir » avec l'avènement subséquent de l'architecture Moderne... toute une accumulation de preuves qui y furent ajoutées et soustraites sur une période de cinq ans **(fig. 12.11)**.

Deux thèmes de base en sont ressortis. Le premier concernait la typologie de l'habitat dans les quartiers ouvriers de Montréal ; et le second – le sujet de cette étude – portait sur un langage particulier d'habitation isolé et plus rural que le premier, mais un langage qui néanmoins affichait des affinités plus proches que le premier à une expression similaire ailleurs sur ce continent.

Ce thème dépeignait une orientation nouvelle particulière dans l'histoire de la construction. Avec

Des monuments autres : quatre œuvres, 1977

12.12 *Une histoire... Le trésor de Trois-Rivières*, 1975. Musée des Beaux-Arts du Canada 28777) © Melvin Charney / SODRAC (2012).

12.13 *Chapitre 2... Un monument dorique à Trois-Rivières*, 1977. Musée des Beaux-Arts du Canada 28777) © Melvin Charney / SODRAC (2012).

l'introduction des scieries et la standardisation des matériaux, les structures de bois massives du bâti traditionnel cédèrent la place à une méthode simple et robuste d'ossature à claire-voie qui offrait non seulement un nouveau moyen de s'abriter à une époque où de vastes étendues de ce pays étaient ouvertes à la colonisation, mais fournissait également un tableau pratique au moyen duquel les gens pouvaient s'exprimer dans la forme bâtie. Le langage qui en découla donna naissance à la première matérialisation d'une architecture nord-américaine, ainsi que québécoise, issue de l'expérience du nouveau continent.

Au Québec, l'isolement culturel de la population a précisé sa détermination. Non seulement ces édifices objectivisent les fragments des représentations collectives reflétant l'histoire occidentale, mais ils le font avec des teintes d'héroïsme et des échos amérindiens.

Une image en particulier se démarque : une maison plutôt petite située dans un quartier ouvrier du 19ᵉ siècle à Trois-Rivières, et construite dans l'ombre d'une imposante usine de pâte à papier. Bien qu'en assez bon état, cette demeure fut détruite en 1974 en raison d'un programme fédéral de rénovation urbaine. L'emplacement est désormais vide. Quelques tristes maisons constituent les seuls vestiges d'un quartier autrefois plein de vie.

Le contenu formel de cet édifice est frappant. Un simple volume géométrique reproduit la structure de base d'un temple classique **(fig. 12.12)**. Ce volume s'appuie sur la surface plane d'une mince façade alignée sur la rue. La silhouette et les ouvertures de cette façade sont découpées de telle façon qu'elles rappellent un portique observé dans l'architecture d'Amérique centrale – un monument à la transition de la rue à la maison. En outre, le cadre de la porte et de la fenêtre de la façade forme une lourde croix : une composition parfaite et profondément ancrée dans l'expression de la forme bâtie.

Contrairement à l'expression de ses formes, la maison offre des signes tout aussi évidents de la marginalité de ses artisans et occupants. Sans tenir

12.14 *Une histoire… Le trésor de Trois-Rivières*, 1975. Photographie : André Boulerice. Médiathèque du Musée d'art contemporain. Fonds André Boulerice.

compte de l'envergure de ses références, la maison est petite, ses matériaux sont pauvres.

Cette demeure ne fut pas une découverte facile. Ses formes classiques rappellent à la fois le temple et le sarcophage **(fig. 12.13)**. Cette contradiction imprègne son échelle, comme si l'image de la maison était à la fois présente et absente. À la convergence de trois rivières – la rencontre d'une trinité – vivent quelques Québécois francophones, emprisonnés à l'ombre d'une usine dirigée par des capitaux anglo-saxons et à qui l'Église refuse tout salut sur terre ; ils ont construit une demeure de la mort, qu'ils habitent comme pour déjouer leur destin.

N'est-ce pas là de l'architecture ? N'est-ce pas là l'idéalisation sublime de notre existence, la libido au repos (la mort), et donc l'édifice parfait, la réalisation ultime de la *maison d'Adam au Paradis* (le tombeau) ? Et si cette architecture ne peut s'établir au sein de la conscience de notre culture, n'est-ce pas parce que cette culture refuse la conscience aux gens ?

Afin de mieux connaître cette architecture, j'ai étudié son emplacement, photographié ses environs, documenté son histoire et tenté de la recréer à travers une série de dessins. J'ai toutefois trouvé que ces dessins étaient trop abstraits, trop vagues, et que le seul moyen de réellement connaître l'architecture serait de reproduire une figure en bois grandeur nature de la construction elle-même. **(fig. 12.14)**

L'action d'assembler physiquement les parties de cet édifice a ritualisé la configuration qui lui donnait son sens. Un totem est né : une effigie bâtie reproduisant la documentation originale comme si c'était le programme de construction d'un bâtiment. Cette action a renversé la formule de Vitruve : elle proposait une construction monumentale qui reproduisait dans des matériaux primitifs les formes essentielles des édifices nobles et permanents – et elle renversait la tradition moderne identifiée par Colin Rowe – elle redonnait du sens à l'objet, plutôt que de proposer sa signification dans un projet.

En d'autres termes, cette œuvre montrait que l'architecture appartient à un discours en perpétuel développement plus proche du langage et de la compréhension populaires que nos institutions culturelles ne le voudraient.

Cette installation fut exposée à *Québec 75*, et fut montrée dans plusieurs musées à travers le Canada. En général, la plupart des critiques furent troublés par le fait qu'un travail sur l'« architecture » soit intégré à une exposition sur « l'art ». Mais bien plus révélateur que cette réaction plutôt commune de la part de ceux qui ont peu à défendre en dehors des convictions formalistes en vigueur, fut l'argument développé par un critique au Québec selon lequel cette œuvre n'était pas de l'« art québécois », même si le langage de ce travail était manifestement tiré de la spécificité de l'histoire québécoise. Ce qui me parut intéressant fut le fait que j'avais présenté les idées de cette œuvre quelques années auparavant dans une communication publique sur les arts que j'avais été invité à donner au Québec, et la réaction du même critique avait alors été plus qu'élogieuse. En d'autres termes, vous pouvez parler de la démocratisation de l'art / architecture, mais n'espérez pas voir le musée l'intégrer et la valider.

Une histoire d'architecture présentait des valeurs collectives construites dans notre environnement. Comme telle, elle était un commentaire sur l'utilisation de l'art en tant qu'instrument servant à nous aliéner du sens formel de notre environnement immédiat. À Montréal, par exemple, la réaction de la critique institutionnelle face à cette œuvre est liée au fait que les gens sont incapables de voir que leur ville est devenue une mine urbaine à ciel ouvert, et que ses ressources ont été bradées aux spéculateurs étrangers.

Corridart

Les rues de Montréal sont différentes. Elles ne conduisent pas seulement les gens d'un endroit à un autre, comme dans les autres villes nord-américaines, mais, jusqu'à récemment, certaines rues étaient des chambres urbaines. Les façades étaient alignées comme des murs. La porte d'accès principal de chaque logement était reliée à la rue par un système élaboré d'escaliers pittoresques. Les corniches, les portiques d'entrée, et les fenêtres ornées contribuaient aux repères physiques de l'espace partagé. Ces repères reflétaient le lien entre les gens et la ville issue d'une ancienne notion baroque de la rue qui fait de celle-ci la conscience collective des habitants de la ville.

Et de toutes les rues de Montréal, la rue Sherbrooke était très spéciale. Au début du 19e siècle, la partie ancienne de la rue était située en haut de l'escarpement qui sépare la haute ville de la basse ville. Cette division a donné corps à la stratification sociale qui a marqué l'histoire de cette ville. À l'est, les vestiges des maisons confortables des vieilles familles canadiennes-françaises flottent encore au-dessus des quartiers ouvriers, comme si elles ne savaient pas où elles sont. À l'ouest, la rue Sherbrooke suit le pied du Mont-Royal. Ici, la classe dominante anglaise a construit ses résidences et ses institutions. À l'Université McGill, on peut encore voir – des bâtiments austères en pierre dure disposés comme des manoirs contre les escarpements rocheux de la montagne, comme dans un tableau idéalisé du 19e siècle. Le prestige de cette partie de la rue Sherbrooke est apparu et a grandi pendant les cent premières années de la Confédération

12.15 Moulées en plastique rouge, ces énormes mains pointaient différents éléments d'intérêt historique sur le parcours de l'exposition. Ici, la main dirige le regard vers un balcon, détail typique qui permet aux maisons de participer à la vie de la rue, par la médiation entre le public et le privé d'une façon complètement rejetée par les formes architecturales contemporaines.

canadienne (1867), au moment où Montréal était le centre financier et industriel d'une nation naissante. La largeur de sa chaussée, sa grande allée et sa panoplie de maisons et d'institutions cossues conféraient à la rue Sherbrooke le caractère de voie processionnelle de la ville. Les rois, les reines, les pères Noël, Saint-Jean-Baptiste, le patron du Québec, ont paradé ici. La rue Sherbrooke était Montréal.

Depuis les années 1960, le caractère de la rue a changé. Au cours des dernières années, la spéculation débridée et un gouvernement irresponsable, le retrait des grands trottoirs et des arbres, et la démolition de bâtiments importants l'ont réduit au statut de voie de circulation marquée par quelques vestiges du passé.

En 1976, au moment de la présentation des Jeux olympiques de Montréal, on attribua à nouveau à la rue Sherbrooke le rôle de rue prestigieuse, liant le centre de la ville au site des installations olympiques. Le Comité organisateur des Jeux olympiques, appuyé par le gouvernement du Québec, mis alors sur pied un programme d'événements culturels qui incluait une exposition d'art, nommée Corridart, à présenter sur la rue Sherbrooke.

On m'a demandé d'évaluer l'usage potentiel de la rue en tant qu'espace d'exposition, et par la suite de concevoir ce qui allait devenir un musée d'une longueur de 5 milles [8 km] dans cette même rue.

Encore une fois, le projet a été précédé d'un inventaire minutieux qui décrivait et décryptait l'histoire morphologique de la rue, et qui évaluait les possibilités inscrites dans sa configuration. Étant donné la nature de la rue, j'ai conçu l'exposition comme un événement à deux volets. Il fallait en premier lieu présenter la rue elle-même comme une pièce exposant ses différentes significations, et ensuite, insérer dans ses interstices, des œuvres d'art interprétant sa signification. Les deux aspects visaient à transformer la rue en un musée qui exposait son sens collective, et à suggérer la possibilité d'un nouveau rôle pour la rue Sherbrooke : une rue dont le prestige pouvait être maintenant associé à un lieu appartenant à tous les habitants de Montréal.

Corridart passait à travers trois zones urbaines distinctes. À l'ouest, elle traversait le centre de la ville et les vestiges d'une partie significative de l'architecture canadienne du 19ᵉ siècle, ainsi que le Musée de Beaux-Arts et les galeries d'art marchandes. Ici, l'exposition tentait de mettre en lumière ce qui se trouve sur place : un cachet intime d'art et d'architecture. Plus à l'est, Corridart était définie par la partie la plus ancienne de la rue, partie qui garde encore le sens original du lieu ; ici, on peut voir des rangées de maisons en pierre dont les logements sont encore habités ; l'École des Beaux-Arts et la vieille École d'Architecture de Montréal ; l'emplacement d'une galerie d'art où fut signé le mémorable *Refus global* ; des rues adjacentes remplies de l'histoire des ateliers et des cafés où les idées ont été rejetées et l'art, produit. Les œuvres d'art furent principalement concentrées dans cette zone. Dans la section plus à l'est menant au Parc Olympique, la rue traversait la zone construite depuis les 1940, un ruban commercial de «*drive-in*» et de développement urbain instantané traversant les taudis d'après-guerre de la Société d'hypothèque et de logement, un paysage qui était en soi un spectacle.

À différents niveaux dans les différentes sections, le matériel de l'exposition exposait les traces archéologiques de la rue. Une documentation photographique révélait des images du passé ; les preuves d'événements ayant été affectés par la rue ou ayant affecté la rue ont été montrées ; des portraits des résidents ont été exposés, accompagnés de la légende des artistes qui ont vécu derrière les façades. Cette documentation était accrochée à un système d'échafaudage fait de tuyaux qui présentait les images face à la rue en imitant l'idiome de «panneaux publicitaires*» propre aux bâtiments ayant une façade de pierre prestigieuse soutenue par des murs de côté en brique **(fig. 12.15)**. Plus qu'un dispositif pour créer une mise en scène baroque de la rue, l'échafaudage s'inspirait des décors de cinéma. Son aspect des plus banals allait au-delà de l'embellissement superficiel, une structure de tuyaux qui ne signifiait que ce qu'elle était. L'échafaudage était tenu en place par des contrepoids en ciment moulés en forme de ruine de colonnes doriques. Ces ruines s'alignaient le long du trottoir comme les vestiges d'une cité ancienne, et comme un signe de l'arrogance des autocrates. Les couleurs du département de parcs municipaux, dont le budget avait été coupé pendant plusieurs années à cause des dépenses olympiques, furent utilisées pour désigner l'exposition. Enfin, une main avec l'index pointé, une image didactique commune pour montrer la direction, fut moulée en plastique et montée sur l'échafaudage pour guider les gens dans ce «musée dans la rue».

La migration de l'art du musée et des galeries vers la rue n'a pas été si facile. L'art contemporain est engendré dans les lieux neutres des musées qui isolent l'objet d'art et l'esthétisent. Toutefois, la plupart des artistes participants se sont inspirés du contexte de la rue. Brièvement, on comptait parmi

---

* Note de l'éditeur : «the local idiom of billboard-like buildings» en anglais.

Des monuments autres : quatre œuvres, 1977

12.16 *Le site... Les maisons de la rue Sherbrooke*, 1976. Centre Canadien d'Architecture DR1984:1570. © Melvin Charney / SODRAC (2012).
12.17 *Les maisons de la rue Sherbrooke*, 1976. Centre Canadien d'Architecture DR1984:1571. © Melvin Charney / SODRAC (2012).

12.18 Les maisons de la rue Sherbrooke, 1976. Photographe inconnu, collection de l'artiste.
12.19 Les maisons de la rue Sherbrooke démolies, 1976. Photographe Yvan Boulerice, 14 juillet 1976. Collection de l'artiste.

ceux-ci : de nombreuses performances présentées sur des scènes placées entre les bâtiments ; une rangée d'arbres définissant la rue ayant été retracée à l'aide de bandes de tissu de couleurs entrelacé dans les branches ; une ligne de couleur de 2 milles [3 km] de longueur tracée dans la rue afin d'élargir, symboliquement, l'espace réservé aux piétons ; des images photographiques reproduisant à la façon d'un miroir la perspective de la rue afin d'offrir une expérience de perception nouvelle ; les bâtiments existants représentés en tant que monuments de la matérialité de la rue ; un labyrinthe de pierre attirant les gens vers un parc isolé ; un café installé sur un terrain de stationnement situé à une intersection transformant un lieu vacant en un lieu de rencontre pour les gens ; on retrouvait, en plus, l'attirail habituel de l'art urbain, tels que des affiches géantes, des bannières et des cerfs-volants. Il s'agissait en fait d'une collection de projets qui avaient tenté de transformer la rue en une œuvre d'art collective.

La rue est un lieu plus dur qu'une galerie. L'art dans la rue est exposé aux vicissitudes de la température, du vandalisme et de l'interférence politique.

La température ne nous a pas causé plus de problèmes que prévus. Il y a eu beaucoup moins de vandalisme qu'anticipé. Le public, en général, était curieux et protecteur. Toutefois, une semaine après l'ouverture de l'exposition, le maire de la ville, Jean Drapeau, a fait démolir Corridart dans un déploiement nocturne spectaculaire, rappelant la guerre éclair de l'Allemagne nazie pendant les années 1930. Une flottille de grues et camions a travaillé sous la lumière aveuglante des réflecteurs à la destruction de l'œuvre.

Des monuments autres : quatre œuvres, 1977

Le gouvernement Bourassa a ordonné à Drapeau de reconstruire Corridart. L'ordre a tout simplement été ignoré, tout comme les dénonciations des médias, de la Ligue des droits de l'homme, de l'Ordre des architectes, de l'association des artistes, et autres. L'abus de pouvoir habituel conforte les autocrates à ignorer même l'apparence de démocratie.

Il fallut trois jours pour enlever les plus grandes installations. Observée par les artistes qui les avaient conçues, l'agonie de leur destruction fut soigneusement transmise par les médias journalistiques.

Il y avait un lot vacant depuis le début des années 1960, dans la zone centrale de Corridart, située à l'une des intersections principales de la rue Sherbrooke. Il s'agit d'une démolition commandée par les gouvernements provincial et fédéral en vue de la construction d'un ensemble institutionnel qui a aujourd'hui été oubliée. Sur cet emplacement, j'ai érigé une reconstruction grandeur nature des façades de deux maisons montréalaises typiques en pierre grise toujours debout sur le coin opposé : *Les maisons de la rue Sherbrooke*. Du contreplaqué brut et des madriers récupérés furent attachés à l'échafaudage de tuyaux avec du fil de fer, semblables à celles qui retiennent la documentation sur les installations types **(fig. 12.18)**. Les ouvertures vides des fenêtres des façades (de ruine ou de bâtiment en construction) encadraient la vue des gratte-ciels du centre-ville de Montréal. Elles reprenaient possession d'une couche de la ville. L'image miroir des façades situées de l'autre côté de la rue définissait un axe qui donnait à cette intersection la signification d'une place en formation **(fig. 12.16, 12.17)**. Cette réflexion venait établir un lien entre cette « place » d'autres places semblables, comme la Piazza del Popolo à Rome ou la Place de la Concorde à Paris, afin de « monumentaliser » l'existence singulière d'un espace urbain de cette nature en Amérique du Nord.

Avant l'ouverture de l'exposition, des photographies de cette installation ont été publiées par les médias, et elle devint le symbole de Corridart. Par conséquent, son démantèlement délibéré symbolisait le viol de la ville **(fig. 12.19)**.

Une citation de Drapeau, faite quelques années auparavant révèle son attitude : « la laideur des taudis dans lesquels les gens vivent n'a pas d'importance si nous pouvons leur faire écarquiller les yeux devant des œuvres d'art qu'ils ne comprennent pas ». Il rendait explicite une pratique institutionnalisée implicitement dans le système de l'art de notre pays. L'action de Drapeau peut contraindre l'art, mais elle ne peut pas l'entraver. « La vraie censure, la censure profonde, ne consiste pas à interdire (à couper, à retrancher, à affamer), mais à nourrir indûment, à maintenir, à retenir, à étouffer, à engluer dans les stéréotypes..., à ne donner pour toute nourriture que la parole consacrée des autres, la matière répétée de l'opinion courante.* » Dans le cas de Corridart, la communauté artistique fut choquée par la violence du geste du maire. Il s'agissait pour commencer, d'un geste stratégiquement trop évident et trop cru. Ensuite, si la destruction a été dénoncée et qualifiée de fasciste, peu de personnes ont parlé de la signification de l'exposition en tant que telle.

En dépit des contraintes de la situation, Corridart a réussi à mettre en scène l'une des premières expositions de rue à grande échelle dans la ville. L'exposition a réussi à montrer une partie de l'archéologie urbaine et quelques exemples d'art contextuel à une échelle monumentale. Dans une enquête subséquente sur l'organisation des Jeux olympiques, Corridart est apparue être le seul événement à avoir perturbé la sérénité impénétrable des responsables de ce spectacle excentrique.

Le sens qui pourrait être donné à cette situation est celui-ci. L'art de la rue est significatif dans la mesure où la culture est crée et produite par des gens qui avancent ensemble vers un but commun, et que ce but est défini par leur besoin de changer leurs conditions de vie. Le reste est de l'histoire.

La recherche inaugurée en 1970 avec les *Memo Series*, qui décodait les métaphores contextuelles, dont certaines tirées des événements diffusés par les médias, dans le but de créer un musée, prit en 1976 une toute autre expression dans Corridart, qui était un « musée » de métaphores contextuelles construites dans l'espace public de la rue. Les circonstances autour de l'œuvre ont fait en sorte que ces constructions ont été diffusées dans les médias en tant qu'événements : une symétrie attestant l'incontestable *nécessité* de l'architecture.

---

* Note de l'éditeur : Roland Barthes, *Sade, Fourier, Loyola*, Paris, Seuil, 1971, p. 130.

13.
LES MOUVEMENTS MODERNES DE L'ARCHITECTURE CANADIENNE-FRANÇAISE, 1978

Publié en anglais sous le titre « Modern Movements in French-Canadian Architecture », *Process Architecture* n° 5, mars 1978, p. 15-28. Traduction par Dominic Beaudry, relue par Louis Martin et Alessandra Mariani.

Ce qui rend l'architecture moderne du Canada français intéressante est son absence flagrante. Elle doit même être localisée : le Canada français c'est le Québec.

Pourtant, le Québec est présent. Il s'agit d'un territoire de l'Amérique du Nord riche en ressources et dont la population de plus de six millions d'habitants, jouit d'un niveau de vie relativement élevé. Sur le plan politique, le Québec est marqué par un vigoureux mouvement indépendantiste. Un désir d'autonomie stimule tous les champs d'expression, même l'architecture. Ainsi, une forte activité de construction a caractérisé la dernière décennie ; une partie de celle-ci mérite un commentaire critique, et même une reconnaissance. Le fait que cela ne se produit pas ne signifie pas qu'il y a un problème avec l'architecture au Québec, mais plutôt que les processus culturels des institutions canadiennes bloquent les mouvements significatifs.

Tous les systèmes culturels imposent des distinctions. En Amérique, la tendance des immigrants à renier l'histoire a laissé place chez les générations subséquentes à une affirmation de leur expérience sur le continent. Leur expérience s'est ainsi transmutée en une expression culturelle et a produit sa propre histoire, comme cela a été le cas pour les États-Unis entre 1850 et 1950.

L'histoire imposée au Québec fut tout à fait différente : la conquête britannique de l'Amérique du Nord française en 1759 a coupé les colons de leurs origines et les a isolés dans cette partie froide du continent. L'emprise du colonialisme britannique s'est raffermie en 1776 avec l'arrivée des loyalistes de l'Empire uni qui ont trouvé l'expérience républicaine des États-Unis trop grisante pour leur sang royaliste. Le Canada français a aussi été isolé par l'Église catholique qui n'a jamais été affectée par les révolutions des 18e et 19e siècles et qui, jusqu'au début des années 1960, a fait fond sur les sentiments nationalistes pour maintenir son hégémonie sur la vie des gens. Enfin, l'immigration massive de la majorité de la population rurale vers les centres urbains, au début du 20e siècle, a marqué une rupture avec une élite traditionnelle qui est restée au pouvoir tout en étant imperméable aux changements apportés par l'ère industrielle.

Le Québec, tel un accident en Amérique du Nord confronté au colonialisme, à la menace d'assimilation et à l'industrialisation, et caractérisé par la lutte subséquente des gens marginalisés pour affirmer leur existence, a vu toutes ses formes d'expression entraînées à adopter le parti de l'affirmation ouverte ou celui du déni des frontières culturelles. Cette compression culturelle faisait des codes expressifs de la forme bâtie une partie intégrante du quotidien des gens, ce qui représente en soi, la mission de l'architecture

Autrement dit, l'étude des mouvements modernes au Québec doit se centrer sur la contribution des gens qui agissent en dehors des courants dominants de l'histoire. Leur contribution provient de leur propension à résister aux valeurs dominantes. Il s'agit d'une brève mais excellente occasion, pour examiner l'évolution des mouvements modernes par la façon dont les gens projettent, dans la forme bâtie, leur lutte pour une affirmation culturelle.

La « Période héroïque »

Dans un numéro spécial d'*Architectural Design* en 1965, Peter et Alison Smithson ont défini la « Période héroïque de l'Architecture moderne' » comme une série de bâtiments apparue en Europe entre 1915 et 1929 alors qu'« une nouvelle idée de l'architecture a vu le jour ». « Cette période », ont-ils écrit, « est le roc sur lequel nous nous tenons debout ». Ils n'ont cependant rien trouvé d'héroïque en Amérique.

La vision des Smithsons représente une opinion largement partagée selon laquelle l'« Architecture moderne » est née dans les ateliers des praticiens européens. Cette opinion reflète certainement une interprétation de l'histoire qui tient pour acquises une vision métropolitaine de la culture et l'idée que le processus historique est créé par l'action des « grands hommes ». Cette conception confond invention et industrialisation, comme Colin Rowe et Manfredo Tafuri l'ont fait remarquer.

Une abondance de faits bâtis peut être invoquée pour démontrer que l'invention de pointe est le fruit de l'effort déployé par plusieurs personnes dans plusieurs pays pour composer avec les moyens et les relations de la société industrielle qui ont transformé le corps et la figure du bâti. On peut démontrer que l'architecture moderne comme « idée construite » précède l'idée de l'« Architecture moderne » : les deux ont influencé, et ont été influencées, par l'interprétation stylistique de ces transformations désignées en tant qu'« Architecture moderne ».

Au Québec, les racines des mouvements modernes peuvent être rattachées à la résistance populaire aux appareils émergents de l'état centralisé moderne. Jean-Baptiste Colbert, ministre de Louis XIV, créa vers la fin du 17e siècle l'Académie Royale d'architecture qui devint ultérieurement l'influente École des Beaux-Arts, à l'origine de l'architecture en tant que système culturel tel que nous le connaissons aujourd'hui. Colbert fut aussi celui qui ordonna à l'intendant de la Nouvelle-France l'établissement des colons dans des villes planifiées, organisées autour d'une place centrale **(fig. 14.1, p. 210)**. Les colons refusèrent de se conformer (seulement six de ces villes ont été construites); ils ont plutôt préféré lotir leur terre en étroites bandes, perpendiculaires aux chemins d'accès, établissant le modèle du *rang*, unique en Amérique du Nord. La géométrie linéaire et extensible de ces *rangs* était adaptée au grand territoire de ce nouveau continent; elle a redéfini un système générique d'occupation de l'espace rural. Cette redéfinition aura surtout permis un certain degré de relâchement des liens néo-féodaux à l'origine du tissu social de la Nouvelle-France.

L'organisation générative des *rangs* sous-tend la conception des élévateurs à grains construits entre les années 1860 et 1920. L'échelle héroïque de ces machines conçues pour manipuler le grain rappelle, en matériaux modernes, les formes protoclassiques. Ainsi, les illustrations de ces élévateurs, incluant certaines structures du port de Montréal, ont été tirées des manuels d'ingénierie et publiées par Walter Gropius dans le journal *Deutcher Werkbund* en 1915, et plus tard par Le Corbusier dans l'*Esprit nouveau*. Ces allusions étaient en fait une iconographie et une syntaxe d'un langage fonctionnaliste. L'information nécessaire pour situer ces machines en tant qu'évidence d'un changement dans l'instrumentalisation des formes bâties, autrement que dans la rhétorique de la forme, fut écartée. C'est-à-dire que les élévateurs à grains comme « faits » furent présentés en tant que « symbole » d'un désir d'évidences factuelles : un désir de signification architecturale. De façon semblable, l'introduction des moulins à scie et la standardisation des matériaux ont transformé les structures massives de la construction traditionnelle en une méthode rationalisée, simple et solide de construction, à l'époque où les villes industrielles proliféraient et où de vastes étendues de ce continent étaient ouvertes à la colonisation. Ce système de construction était universel et a engendré différents types de bâtiments, sans égard au style ; il a fourni un tableau accessible dans lequel les gens pouvaient s'exprimer au moyen de la forme bâtie (**fig. 13.1**). L'idiome suivant donna lieu à une objectivité scolaire (*Sachlichkeit*) qui devint chose commune à la fin du 19ᵉ et au début du 20ᵉ siècle. Ce fut la première matérialisation d'une architecture nord-américaine authentique, développée à partir de l'expérience du continent. Plus tard, Sigfried Giedion a revendiqué ce langage au nom de l'« Architecture moderne ». Au Québec, l'isolation des gens a précisé la résolution de ce langage. La banalité a laissé place ici à des thèmes locaux, qui reflétaient le bagage culturel de l'architecture occidentale, et témoignaient d'un enchantement évident et d'une expression du plaisir physique de la construction (**fig. 13.2**).

La poussée héroïque de ce mouvement a été affirmée dans les *quartiers populaires*, faubourgs de travailleurs, qui ont émergé au Québec entre les années 1870 et 1920. L'évolution de cette architecture urbaine a eu lieu en deux étapes. Comme ce fut le cas pour les rangs, la première introduisit des relations plus génériques dans l'organisation de la forme que dans les méthodes de construction urbaine habituelles. À l'instar de la plupart des innovations industrielles, les méthodes connues furent utilisées d'une nouvelle manière. Une grille orthogonale a succédé à l'alignement des *rangs*, attestant de la continuité au Québec d'un cadre bâti dont l'origine remonte au *cardo* Romain, à la tradition médiévale, qui a produit les nouvelles

13.1 Rawdon, Québec, d'après une vieille carte postale.
13.2 Maison à Duparquet, Abitibi. (Photo Melvin Charney).

villes *Zähringer* du 11ᵉ siècle, et à la typologie de la ville du 19ᵉ siècle. Et dans cette grille, une nouvelle enveloppe de bâtiment a été introduite : elle a été façonnée à partir d'un mariage de madriers bruts et d'une stratification sophistiquée de matériaux incorporant des espaces d'air pour l'isolation ; le traditionnel mur massif a été renversé, ce qui signifiait une percée révolutionnaire dans la conception matérielle du bâti dans un climat où l'abri est crucial (**fig. 11.1, p. 170**).

La seconde étape fut celle de la définition d'une typologie urbaine distinctive. Les formes initiales de ces *quartiers* n'avaient fourni rien de plus qu'un système rudimentaire de logements en rangée. Les intérieurs exigus et les services sanitaires inadéquats étaient chose commune, comme dans les autres ghettos industriels. Les conditions politiques de l'époque étaient également primitives. La plupart des habitants étaient des travailleurs non qualifiés francophones dans un cadre industriel contrôlé largement par les intérêts d'une minorité

13.3 Perspective de la Ville de Maisonneuve, avec des vignettes de ses bâtiments publics, vers 1910. Archives de la Ville de Montréal VM94-D98.
13.4 Ville de Maisonneuve, ancien Hôtel de Ville, 1916. Joseph Cajetan Dufort, architecte. Archives de la Ville de Montréal VM94-Z49-1.
13.5 Ville de Maisonneuve, ancienne caserne de pompier et poste de police, 1914. Marius Dufresne, architecte.

anglophile ; ils étaient également sujets à une structure paroissiale tricotée serrée, imposée sur les *quartiers*, par une Église qui critiquait le capitalisme tout en maintenant un bastion réactionnaire contre les percées du syndicalisme. Par la suite, ces quartiers ont été transformés par l'habitat locatif spéculatif construit par des propriétaires issus des rangs d'immigrants urbains. En a découlé une série de modifications desquelles un ensemble particulier de pratiques constructives est apparu et vint à prévaloir. Les façades de briques planes ont été éloignées de la rue. Les balcons, les escaliers, les fenêtres en porte-à-faux et les entrées ont créé une variété de connexions physiques directes entre chaque logement et la rue (fig. 11.3, p. 171). La grille de rue est devenue *avenues, rues et ruelles*, chacune comportant une connotation spécifique. Et la densité de l'ensemble fut accrue par un système de maisons sur cour issues de la conversion d'étables et de hangars. Ces empreintes physiques ont concrétisé les liens sociaux fondés sur les besoins communs et ont prolongé les logements dans de plus grandes unités sociales, ce qui allait à l'encontre de l'Église et du système manufacturier.

Cette architecture a été créée dans l'urgence, par des personnes utilisant les moyens à leur disposition pour humaniser les conditions de vie dans le sillage de l'expansion industrielle. Son vocabulaire est devenu le langage du Québec urbain. Il a décrit, figurativement, la prise de possession des *quartiers* industriels par les habitants. En s'adaptant ainsi à la société industrielle, les architectes-travailleurs qui ont produit ces *quartiers populaires* étaient un demi-siècle en avance sur leurs élites.

L'institutionnalisation des mouvements modernes et la Révolution tranquille

Une seconde phase de l'évolution des mouvements modernes au Québec est apparue avec la montée de la classe moyenne. Ces « self-made men » ont transformé l'aspiration nationale canadienne-française en un mouvement revendiquant un état national. Leur architecture a suivi leur désir d'autogestion : chaque étape étant marquée par une appropriation des symboles modernes auxquels ils aspiraient.

Autour de 1900, une nouvelle classe de commerçants, de propriétaires d'usine, de propriétaires terriens et d'entrepreneurs en construction s'établit dans les centres urbains du Québec. Leurs instincts de classe les conduisirent à suivre le chemin bien balisé qui menait vers les banlieues. En 1900, la nouvelle Ville de Maisonneuve a été fondée à l'est de Montréal. Son architecture dérivait de la tradition utopique de la « villa idéale », qu'on peut retracer depuis les maisons de campagne palladiennes des marchands vénitiens du 16e siècle jusqu'à l'architecture des hommes d'affaires confortablement retranchés en banlieue de Chicago. Deux cents ans après Colbert, Maisonneuve a été aménagée selon une stricte, mais naïve interprétation des principes Beaux-arts français (fig. 13.3). Les axes de la ville furent tracés le long de boulevards bordés d'arbres, et de perspectives cadrant des monuments civiques dessinés à partir des exemples et des codes de Durand pour l'édification de tels monuments : néoclassique pour l'Hôtel de Ville (fig. 13.4) et pour le bain public, Second-Empire pour le marché et pour le Petit-Trianon de la maison du constructeur de la ville. Sur le côté d'un des axes principaux, un bâtiment abritant un poste de police et une caserne de pompiers a été complété en 1914 (fig. 13.5). Contrairement aux autres bâtiments municipaux, celui-ci est une copie de l'*Unity Temple*, conçu par Frank Lloyd Wright en banlieue de Chicago et construit pratiquement la même année. Instantanément, le langage formel du bâtiment fut contemporain. Même s'il ressemble davantage aux entrepôts et manufactures que les autres exercices Beaux-arts, sa représentation est issue de relations semblables dans la manipulation de la forme bâtie : le « moderne » n'était qu'un autre style dans l'articulation de l'autorité, sans rapport avec l'utilisation fonctionnelle de l'édifice.

Pendant la première moitié du siècle, les quelques architectes qui ont mis en pratique les principes du « mouvement moderne » faisaient partie d'une petite élite urbaine intellectuelle. Ils se sont inspirés des sources françaises et américaines dans leur travail plutôt que des influences anglaises et scandinaves, qui ont marqué l'architecture de leurs collègues du Canada anglais.

Le cas de Marcel Parizeau est particulièrement instructif. Vers la fin des années 1930, il a conçu une maison de « style international » dans un quartier aisé de Montréal (fig. 13.6). Alors que le plan général était basé sur un parti traditionnel du 19e siècle,

13.6 Maison Larocque, Outremont, 1931. Marcel Parizeau, architecte.

l'extérieur était revêtu de motifs fonctionnels. Parizeau a étudié en France, où il a découvert un langage « moderne » qui, ironiquement, dérivait de sources montréalaises. De retour à Montréal, il a appliqué son maniérisme aux villas de bourgeois bien nantis, comme pour leur conférer la figure du Québec industriel.

Le travail de Parizeau a préfiguré la poussée de ce qui deviendra la *Révolution tranquille* de 1960-70, durant laquelle le Québec a été rapidement modernisé par une nouvelle génération qui a rendu l'administration publique conforme aux besoins d'un état industriel moderne.

Une maison conçue par Charles Trudeau, dans les Laurentides au nord de Montréal, illustre bien ce moment décisif **(fig. 8.2, p. 133)**. Elle est composée en totalité dans un langage formel mimétique. Sa manière fut dérivée du style des villas néo-palladiennes dont le Musée d'Art moderne de New York faisait la promotion vers la fin des années 1950, un style qui fut dérivé des travaux américains de Gropius, avec lequel Trudeau avait étudié et, ultimement, à partir de la tradition américaine des maisons à ossature de bois courantes au Québec. La composition de la maison reste, cependant, irrésolue. Ses axes flottent au-dessus du paysage environnant plutôt que de s'y relier, et ses références culturelles sont délibérément limitées à l'idéologie d'un style universel.

Un langage compulsif et formel, un aspect irrésolu, le désengagement de la maison de son contexte physique et son isolation de la culture qui la nourrit sont les caractéristiques typiques du courant dominant de l'architecture moderne au Canada à cette époque. Ces bâtiments restent, au mieux, dépositaires d'idées reçues : l'ouvrage peut bien paraître, mais il est faible culturellement. La pratique d'une architecture pertinente semble vraisemblablement exiger qu'un certain traumatisme collectif secoue la culture hors de cette confortable torpeur et la place entre les mains de l'histoire.

C'est ce qui est arrivé au Québec. L'évidente nécessité pour les architectes de définir leur travail dans les termes de la conjoncture historique de la *Révolution tranquille* les a fait buter contre ce vide architectural. Comme partout au Canada, l'idéologie de l'architecture a soutenu que le « moderne » n'avait aucune racine dans ce pays : la reconnaissance d'authentiques sources d'expression impliquait des approches que ni les intérêts de classe

Les mouvements modernes de l'architecture canadienne-française, 1978

13.7 Centre sportif, Université Laval, Québec, 1969-71. Gauthier, Guité, Roy, architectes.

ni les conditions actuelles de la pratique (clients, capitaux, consommateurs) ne pouvaient permettre.

Il y avait deux façons de s'en sortir : la première était de tenter de créer un vocabulaire indigène en explorant les modes d'expression personnelle. Cela se voit dans le travail de Roger D'Astous ; celui, qui après un séjour chez Frank Lloyd Wright est retourné à Montréal au début des années 1960 et s'est engagé dans une série de résidences et d'églises dessinées dans la lignée de Bruce Goff et de Herb Green (fig. 8.12, p. 142). Cela se voit également dans les bâtiments de Paul-Marie Côté : ses gestes audacieux placés dans la semi-toundra de la région du Saguenay dans le nord du Québec rappellent Niemeyer et Brasilia sur le bord du Matto Grosso (fig. 8.13, p. 142). L'emphase de ce mouvement repose sur la créativité individuelle, comme s'il fallait, à la façon d'un rattrapage historique, démontrer la capacité des architectes à s'exprimer par le biais d'une reprise des thèmes de l'Architecture moderne. Les formes ont été mises à l'échelle, métaphoriquement, à l'étendue du paysage américain, et, symboliquement, en une image rémanente de la liberté des *voyageurs* canadiens qui ont ouvert le continent, comme si la seule chose à construire était des haltes dans un vaste paysage : il s'agit d'une phase primitive dans la maturation d'une architecture américaine. La force de ce mouvement est fondée sur son expressionnisme. Ses formes intuitives ont été vues comme l'antithèse d'une bureaucratie montante prenant d'assaut le Québec sur sa lancée vers la modernisation. Ses métaphores viscérales ont exposé le biais du goût dominant anglo-canadien : ce mouvement fut étiqueté, de façon désobligeante, « sculptural ». Cela signifiait qu'il contrevenait à des valeurs refoulées et à l'idéologie d'un style universel. Sa faiblesse était celle de la complaisance : le mouvement s'est consumé rapidement comme une explosion sur la scène d'un incident.

La deuxième tendance de la *Révolution tranquille*, la plus dominante des deux, a été encouragée par une élite technocratique nouvellement formée, qui comprenait aussi des architectes. Ils ont d'abord choisi le genre dominant de l'architecture au Canada. Un formalisme initial exacerbé, comme celui du Pavillon du Québec d'Expo 67 à Montréal et la maison Trudeau mentionnée plus haut, fut atténué dans les projets d'écoles, universités, et de bâtiments gouvernementaux qui ont suivi : les équipements de la *Révolution tranquille*. Ensuite, le meilleur de ces réalisations, telles que le centre sportif de l'Université Laval par Jean-Marie Roy, témoigne du développement d'une figuration abstraite de formes géométriques, qui relie cet ouvrage au mouvement des « plasticiens » ayant marqué au même moment la peinture québécoise, et par le fait même à une expression d'avant-garde authentique et « moderne », qui distingue l'architecture au Québec de celle du reste du Canada (fig. 13.7).

En somme, cette période a permis l'avènement d'un langage « moderne » indigène. Comme l'« Architecture moderne », cependant, son

13.8 Maquette du Complexe Desjardins. Reproduit d'une brochure promotionnelle de la Société La Haye-Ouellet, architectes et urbanistes.

13.9 Services de santé du Québec, 2525 boulevard Laurier, Québec, 1971. La Roche, Ritchot, Déry, Robitaille, architectes.

avant-gardisme absurde et son style universel anonyme tendaient à nier des possibilités *différentes* pour l'architecture au Québec que celles définies par les besoins d'une classe dirigeante cherchant à marquer l'histoire et d'une économie de marché à laquelle cette classe restait fidèle.

Cette période a également vu le développement d'un centre urbain intégré à Montréal. Des super-îlots isolés, conçus par des architectes de renom tel que I.M. Pei (Place Ville Marie), Luigi Nervi et Luigi Moretti (Place Victoria), et Mies Van Der Rohe (Westmount Square) (**fig. 14.12, p. 216**), ont été reliés par un réseau piétonnier souterrain et par un métro nouvellement construit (**fig. 10.7, p. 159**). Ce réseau bien connu est le résultat d'une adaptation opportune aux conditions climatiques existantes. Ce réseau est constitué de passages aménagés sous les podiums de ces nouveaux bâtiments, un espace privé qui, en effet, reproduit le fonctionnement des rues commerciales sans leur contenu public. Peut-être, le plus important de ces bâtiments est la Place Bonaventure, un super-îlot conçu par l'agence montréalaise de Raymond Affleck (**fig. 10.8, p. 159**). Ce complexe urbain moderne et multifonctionnel est branché au cœur du réseau de transport en commun de Montréal et s'enorgueillit d'un vaste réseau piétonnier, dont les courtes perspectives sont, cependant, tournées sur elles-mêmes et enfermées dans une masse de béton colossale qui, ironiquement, tourne son dos à la ville et la détruit. Une version moins bien connue, bien que mieux intégrée et mieux réussie de ce type de centre urbain, la Place Alexis-Nihon, a émergé de la sous-culture architecturale de la ville.*

À partir du milieu des années 1960, Montréal fut peut-être l'une des seules villes en Amérique du Nord à maintenir un centre-ville vivant, mais la concentration de bâtiments «hautement capitalisés» fut réalisée au prix de la destruction des *quartiers populaires* et conduisit à la vente de tout bâtiment d'importance aux capitaux étrangers anonymes et à des propriétaires absents. Les conditions ayant produit ce développement initial ont transformé la ville en un paradis de la spéculation, sans plan directeur efficace pour contrôler l'étalement urbain, et qui, maintenant, menace de destruction le tissu urbain d'origine.

Développements récents

Dans les années 1970, les technocrates de la *Révolution tranquille* ont commencé à croire à leurs propres scénarios. Ils se laissèrent porter par leurs illusions de grandeur et procédèrent au lancement d'une série de grands projets comme le complexe hydro-électrique de la Baie-James (prévu être le plus grand équipement au monde) et la présentation des extravagants Jeux olympiques de Montréal en 1976. Cela devait mener à leur perte.

En architecture, le dernier souffle de la *Révolution tranquille* et, espérons-le, le début d'une troisième et nouvelle phase fut marqué par la construction du Complexe Desjardins. Super-îlot le plus récent, le Complexe Desjardins a été conçu pour rivaliser avec la Place Ville-Marie en tant que point de convergence principal du centre de Montréal et pour déplacer le centre à l'est, plus près du cœur historique et canadien-français de la ville. Alors que le premier a été conçu et commandité par des intérêts financiers de New York avec le support de l'establishment des banques anglo-canadiennes, le Complexe Desjardins a été méticuleusement développé en tant qu'entreprise canadienne-française. Il a été soutenu par une coopérative bancaire locale créée au tournant du siècle dans les sous-sols d'églises et qui est devenu au cours des années 1970 l'une des institutions financières les plus importantes du Québec : ce qui a commencé par l'implantation d'une nouvelle forme de lien social s'est traduit en un système capable de reproduire la société proprement dite. Le Complexe Desjardins domine l'horizon de Montréal (**fig. 13.8**). Il consiste en quatre tours de hauteur variable (entre 40 et 12 étages) qui reproduisent la silhouette de la ville. Ce bâtiment démontre que ses architectes n'étaient pas seulement capables de créer un complexe urbain efficace, mais qu'ils pouvaient également avoir plus de succès que leurs homologues de l'ouest à intégrer ce complexe au tissu urbain. Montréal est une ville de places publiques et le plan du Complexe a été conçu pour enclore une *galleria* à l'échelle d'un square, accessible à tous et fondée sur une vision publique de la ville.

---

* Note de l'éditeur : pour une description de la Place Alexis-Nihon fortement tributaire de Charney, voir Reyner Banham, *Megastructure: Urban Futures of the Recent Past* (London : Thames and Hudson, 1976), 127.

13.10 Université du Québec à Montréal, maquette du campus vers 1976. Dimitri Dimakopoulos et Jodoin, Lamarre, Pratte, architectes.

Un cycle dans l'évolution du Québec est maintenant complété. Quelques mois après l'ouverture du Complexe Desjardins en 1976, les citoyens du Québec ont élu un gouvernement clairement engagé à réaliser l'autonomie politique. L'option de l'autodétermination est maintenant chose réelle. Cela expose une polarisation concrète des pratiques opposant les tendances technocratiques, centralisatrices, et ultimement conservatrices, qui se caractérisent par le concept de « hiérarchie », et un mouvement humaniste qui s'identifie par celui d'« égalité », une polarité qui se conforment aux tendances en architecture avec celles des autres pays industrialisés.

Une architecture technocratique a surgi de la *Révolution tranquille*. Une figuration anonyme de langages « modernes » a établi, par défaut, son propre contexte bureaucratique et sa propre typologie, auxquels les gens ont donné un sens. Ces bâtiments sont aussi bons et aussi mauvais que les édifices institutionnels semblables produits dans d'autres pays par une caste équivalente d'hommes d'affaires. Ici, on a modifié la norme par un expressionnisme intuitif latent : quelques angles restent irrésolus ou une arête de kitsch a été introduite pour adoucir l'ensemble d'une touche subversive **(fig. 13.9)**. Les possibilités et les limites de l'architecture technocratique sont bien illustrées par le travail de l'Office municipal d'habitation de la Ville de Montréal. Quelques architectes à son emploi ont tenté pendant plus d'une décennie de proposer des solutions novatrices impliquant la participation des gens dans l'amélioration de leurs quartiers*. Plus récemment, ils ont introduit des configurations urbaines visant à insérer le logement social sur les lots vacants à l'intérieur des quartiers **(fig. 10.18, p. 165)** et dans les enveloppes de maisons existantes, afin de restaurer les ensembles existants. Ces efforts, cependant, sont rares et marginaux par rapport à la production totale de logements d'une l'administration municipale qui reste politiquement liée à des intérêts régressifs.

En revanche, on trouve une deuxième tendance significative de l'architecture actuelle dans la fusion des divers éléments de la contre-pratique, qui est apparue dans les années 1960, comme le mouvement coopératif, qui joue maintenant un rôle important dans le développement du Québec. Les racines de ce mouvement sont issues d'une longue histoire de communalisme nourrie par l'isolation du Québec. Ses origines sont enracinées dans une histoire de résistance aux programmes fédéraux d'habitation

---

* En français dans le texte.

13.11 Usine de maisons préfabriquées.
13.12 Camp de travail, Churchill Falls, vers 1972.

du gouvernement canadien, qui ont notamment drainé les fonds publics vers la promotion de la maison unifamiliale de banlieue et ont servi à transformer le logement social en instrument au service de l'économie de marché. Ces groupes ont soutenu une forme d'habitat spécifiquement destinée à consolider les relations sociales entre les gens.

Par nécessité, ce qui a été produit par ce mouvement est dispersé, de petite échelle et, par conséquent, moins visible que l'architecture du courant dominant traditionnel. Par exemple, un groupe d'architectes travaillant avec le Comité de logement du Centre-Sud, l'un des quartiers les plus ravagés de Montréal, a reconstruit dix logements dans un immeuble d'habitation existant. Le bâtiment comme tel ne peut pas être remarqué, car il a été minutieusement pensé pour s'intégrer dans la continuité du quartier.

Autre exemple : le travail d'un groupe d'architectes qui font partie d'une organisation de locataires vivant dans une maison construite et subventionnée par le gouvernement. Le réaménagement de ce sinistre ghetto du « bien-être social » a permis de consolider les attributs physiques du voisinage, grâce à un recours conscient au vocabulaire courant d'éléments identifiables. Ici, la préservation physique ne veut pas dire conservation sociale. Dans les deux cas, la conception architecturale a été réalisée avec les gens habitant ces maisons et faisait partie intégrante de leur acquisition collective de la propriété. L'action de ces groupes coïncide avec le désir du gouvernement du Québec de rapatrier sa juridiction en matière de logement et de prioriser le mouvement coopératif.

Entre ces deux polarités, des variations récentes, non planifiées et opportunes génèrent toujours une avant-garde importante dans l'effervescence de l'architecture au Québec. Un contextualisme radical est visible dans l'utilisation des formes urbaines existantes. Le nouveau campus de l'Université du Québec à Montréal fut plus ou moins obligé d'incorporer des fragments de bâtiments historiques dans sa conception (**fig. 13.10**)*. L'adoption précipitée d'une nouvelle législation a entraîné l'arrêt de la démolition de certains bâtiments, laissant derrière des façades qui conservent la figure de la rue et la forme de la ville. Dans la ville de Québec, l'une des plus importantes rues commerciales d'un quartier délabré a été couverte par un toit transparent, créant ainsi, avec ces bâtiments existants, une nouvelle version du *passage* urbain du 19e siècle. Ici, la rue couverte a conservé son contenu public tant physique que légal : son riche pastiche de styles, de métaphores et de langages locaux est régulé par la syntaxe de la ville et forme un collage architectural dynamique bien que rudimentaire.

Autrement dit, la marginalité du Québec demeure sa force. La signification des nouveaux mouvements

---

* Note de l'éditeur : projet dessiné par Dimitri Dimakopoulos.

en architecture se trouve dans le recours radical aux codes existants pour redéfinir une typologie de bâtiments et pour articuler les possibilités d'un discours alternatif aux pratiques traditionnelles.

Finalement, il faut noter que tout cela se déroule dans un coin de l'Amérique du Nord atteint de tous les symptômes du consumérisme avancé : dans le secteur de l'habitation, la production d'unités de banlieue a progressé au point où la fabrication automatisée des codes [visuels] est devenue une fonction de l'économie de marché, le style le plus récent récupérant sans vergogne les thèmes québécois traditionnels **(fig. 13.11)**. Cela se déroule également sur l'une des dernières frontières géographiques. L'ouverture du Nord québécois à l'exploitation de ses ressources a entraîné la création d'un « vernaculaire » de villes préfabriquées, qui sont construites avec les mêmes unités, toutefois simplifiées, qu'on retrouve dans les banlieues plus au sud **(fig. 13.12)**. Elles sont agencées en formes urbaines réduites au strict essentiel, à l'image d'un circuit électronique. Ces images présentent un pays fondé sur une histoire de dissidence, luttant pour composer avec l'industrialisation de pointe en cette dernière partie du 20e siècle : un mélange potentiellement excitant.

14.
MONTRÉAL, FORMES ET FIGURES EN ARCHITECTURE URBAINE, 1980

Version revue et modifiée d'un essai publié en anglais sous le titre « The Montrealness of Montreal », *The Architectural Review*, London, n° 999, mai 1980, p. 299-302. Les derniers paragraphes ont paru séparément sous le titre de « The City within the City », *Domus*, Milan, juillet 1980. Traduction de Nicholas Roquet de la version remaniée par Charney en 1992, toutes deux publiées dans Irena Latek (dir.), *Ville, Métaphore, Projet – Architecture urbaine à Montréal, 1980-1990*, Montréal, Éditions du Méridien, 1992, p. 17-30. Traduction relue par Louis Martin et Alessandra Mariani.

Un cycle en architecture semble maintenant révolu. L'intérêt pour la spécificité des formes urbaines, l'idée de construire en accord et en rapport [étroit] avec le contexte spécifique d'un emplacement urbain, et la reconnaissance d'anciennes typologies urbaines en tant que formes reçues [à la disposition] de l'architecture contemporaine figurent à l'avant-plan des débats actuels. Un de ceux-ci, datant du début de siècle, avant l'avènement du mouvement moderne, a ressurgi à la façon d'un écho qui comble un vide : on y parle de règles de composition, de monumentalité, de narration d'une mémoire culturelle. Cependant, cet intérêt pour la forme de la ville historique se manifeste alors même que le bâti des villes où se concentre la majeure partie de la population remonte pour l'essentiel à peine aux années 1950. C'est comme si des pratiques cohérentes vis-à-vis des formes historiques ne pouvaient émerger qu'une fois que toute trace concrète de ces formes ait été réduite à des contours essentiels, à l'état de ruine de leur existence passée.

Qu'il s'agisse de nostalgie ou d'un engouement passager pour le pittoresque, de la mise en marché de l'histoire comme forme sophistiquée de la société de consommation, d'une stratégie de résistance à la transformation capitaliste de la ville ou simplement d'une poussée de conservatisme, l'intérêt retrouvé pour la forme de la ville indique une mutation dans le répertoire d'analogies qui servent à conceptualiser des modèles de la ville. Ainsi, une analogie linguistique (vocabulaire, signification, syntaxe, narration) est en train de remplacer une analogie mécanique et biologique (organisme, croissance, tissu, cœur, artères). Ceci semble également indiquer un glissement structurel en ce qui concerne la définition de l'architecture comme pratique sociale : en effet, cette analogie linguistique est basée sur la prémisse

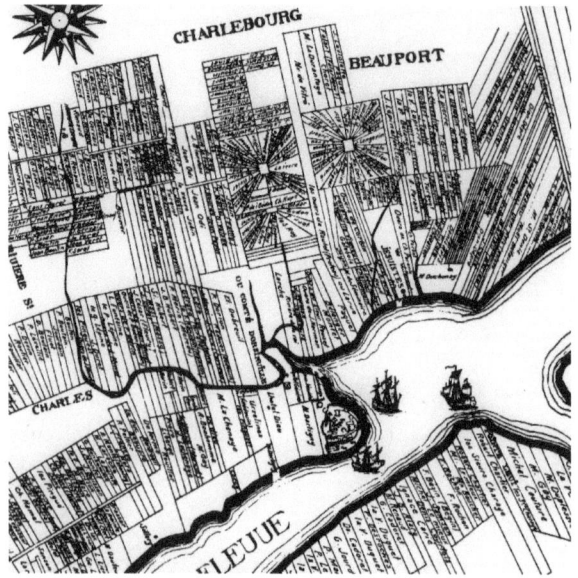

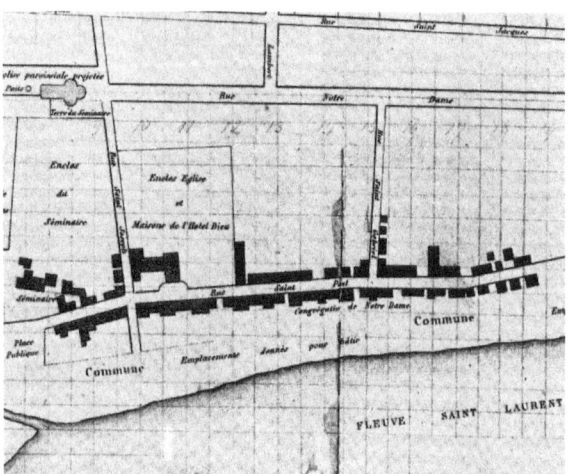

de liens référentiels communs qui permettent aux artéfacts humains d'être investis d'un sens. Qu'elles soient biologiques ou établies par convention, ces références communes sont étroitement liées au fait social: toute société transforme les usages en signe d'elle-même.

Montréal est une ville nord-américaine, mais dont «l'ancien quartier... conserve les réalisations des époques antérieures de l'urbanisme, héritage presque unique sur ce continent...[1]» Fondée par les Français au cours de la première moitié du 17e siècle, elle tomba aux mains des Britanniques en 1759. L'isolement et la résistance d'une culture au sein de l'autre accentuèrent les particularités culturelles de chaque communauté. Ces rapports ont été fortement exprimés dans le construit, en particulier à travers les formes urbaines, donc collectives, de la ville. Au-delà des divergences entre deux cultures, les formes urbaines de Montréal témoignent de courants architecturaux communs à tous les empires européens en Amérique; elles articulent enfin une spécificité nord-américaine singularisée ici par un accident politique dans l'histoire du continent.

On reconnaît dans le plan de la première colonie française la structure essentielle de Montréal. Ce plan est un exemple, parmi beaucoup d'autres en Amérique, de l'organisation d'une ville selon des principes empruntés à l'urbanisme classique puis adaptés aux circonstances. Ces principes ressurgissent à travers l'histoire, en particulier lors de la fondation de villes nouvelles; ils ne constituent pas tant un «modèle» qu'une série de rapports reproductibles basés sur une trame orthogonale indifférenciée, qui contiennent implicitement la

Des plans idéalisés et une trame urbaine classique
14.1 Vers 1670, Jean Talon, intendant de la Nouvelle-France sous Colbert, tenta de fixer les colons sur des lots de terre rayonnants à partir d'une place centrale. Un système plus souple de lots étroits et profonds, les rangs, finit par s'imposer.
14.2 Le tracé originel des rues de Montréal, tel qu'il apparaît sur un dessin de 1672. Une trame orthogonale rudimentaire et un alignement continu de maisons qui définissent et sont définies par la rue constituent les éléments essentiels de la ville.
14.3 L'alignement sur la rue d'une maison type caractérisée par des murs mitoyens et une façade austère et provinciale en pierre grise, tel qu'on pouvait la voir en 1851.

structure potentielle d'une ville, et qui représentent de manière tacite un « savoir » urbanistique. À Montréal, la structure essentielle de la ville était définie par une trame de rues orthogonale rudimentaire, par l'îlot urbain comme unité fondamentale de la ville, par une maison type structurée par la rue et par des murs mitoyens, et par la rue et la place en tant qu'entités spatiales clairement définies.

On retrouve une structure semblable dans les villes fondées par les Zähringen au 11e siècle[2]. Les noyaux historiques de villes telles que Berne et Fribourg sont encore aujourd'hui florissants, comme c'est le cas aussi pour Montréal. Dans les deux cas, cette dynamique a pour cause la relation ouverte qu'entretenait la ville avec la campagne environnante, dont le système de lotissement des terres formait la continuité de la structure urbaine[3]. En dehors des limites de Montréal, un système de « rangs », des lots de terre étroits et profonds, perpendiculaires aux rivières et aux routes, constituait une forme rurale de la trame urbaine qui est restée unique en Amérique du Nord. Au 17e siècle, l'administration coloniale française sous Colbert tenta d'imposer aux colons un système normatif d'occupation du sol, organisé autour de places centrales qui symbolisaient le pouvoir (fig. 14.1). Les Anglais essayèrent par la suite de fonder des établissements semblables au Haut-Canada[4]. Au Québec, cependant, le système des rangs finit par s'imposer : sa trame répétitive incarnait des habitudes acquises, mais aussi la possibilité de leur transformation ; elle renfermait enfin le germe des formes rationnelles d'occupation du sol qui devaient émerger du vécu nord-américain.

La prédominance d'une architecture urbaine d'édifices mitoyens en pierre grise
14.4 Prince of Wales Terrace, rue Sherbrooke, en 1865.
14.5 Logements de la fin du 19e siècle dans un quartier populaire ; une paroi forte et très articulée structurant la figure de la rue.

Les plans de nombreuses villes américaines sont structurés par une trame orthogonale. Toutefois, la spécificité de Montréal tient au développement soutenu d'une architecture fondée sur la primauté de la rue : celle-ci se construit comme une entité physique à laquelle sont subordonnés des bâtiments individuels (fig. 14.2). C'est ce qui fait la force de l'architecture montréalaise. La ville s'est constituée autour d'un réseau d'« intérieurs » publics urbains clairement établis, se démarquant ainsi des villes américaines. Celles-ci étaient davantage caractérisées par l'implantation de bâtiments isolés dans une trame urbaine, comme l'illustre la méfiance de Thomas Jefferson vis-à-vis des maisons en rangée de Philadelphie[5].

La conquête par la Grande-Bretagne en 1759 coupa la colonie française de ses origines. Les colons français furent encore davantage isolés par l'arrivée de monarchistes américains, suivis d'immigrants irlandais et écossais. Montréal devint une ville anglaise peuplée de Canadiens français. La forme urbaine originelle de la ville trouva néanmoins un écho dans les méthodes urbanistiques importées de Grande-Bretagne, de sorte qu'une tradition française persiste jusqu'à nos jours, même s'il ne reste que peu de bâtiments du régime français. Cette tradition se lit dans l'alignement des maisons contiguës en pierre grise qu'on aperçoit sur une photographie de 1851, et qui rappelle une ville de province de France (fig. 14.3). Elle est présente aussi au Prince of Wales Terrace, une opération immobilière datant de 1860, qui constituait une des plus belles rangées de maisons dérivées de la tradition anglaise en Amérique du Nord, et qui fut démolie au cours des années 1960 par l'université McGill pour faire place à une école d'études commerciales (fig. 14.4). Enfin, on peut déceler cette tradition dans les enfilades de logements des quartiers industriels de la fin du 19ᵉ siècle (fig. 14.5). Il s'agit ici d'une architecture de pierre grise, austère et protoclassique, constituée de rangées de maisons qui structurent la rue en même temps que celle-ci les structure. Les murs mitoyens et les ruelles étaient faits de maçonnerie peu coûteuse et laissée à l'état brut, de telle sorte que la forme urbaine se différenciait même par la disposition des matériaux.

À la fin du 19ᵉ siècle, Montréal devint la métropole industrielle et financière du Canada. [En même temps, le statut du Canada français en tant que nation fondatrice fut réduit à celui d'une province – le Québec – revendiquant la parité politique. Conséquemment,]* Montréal propéra en tant que ville anglaise peuplée de Canadiens français, comme une île au milieu du fleuve, en marge du Québec français.

La ville métropolitaine présente deux couches distinctes, qui correspondent aussi bien à des différences de classe sociale qu'à des clivages culturels. La première de ces deux couches est constituée d'opérations d'embellissement stratégiques pour la vie civique de la métropole, inspirées ou importées telles quelles des capitales mondiales du 19ᵉ siècle ; elles poursuivent la tradition protoclassique de l'architecture de pierre grise. Cette architecture de pierre grise caractéristique prit une grande extension ; son austérité initiale s'adoucit peu à peu, mais elle resta marquée par la parcimonie des investissements consentis et par la méfiance à l'égard de toute liberté d'expression[6].

Ici aussi, les édifices individuels, bien qu'intéressants en soi – notamment l'édifice de la Banque de Montréal de l'agence McKim, Mead et White[†] sur la Place d'Armes, ainsi que le musée Redpath de l'université McGill, tous deux d'excellents exemples du maniérisme néoclassique qui dominait le goût architectural de l'époque, sont moins significatifs que l'ensemble des projets urbains de la même période. La transformation de la montagne située au centre de la ville en parc urbain par Frederick Law Olmsted entre 1874 et 1876 en est un cas exemplaire. On peut retracer le travail d'Olmsted, depuis la visite qu'il effectua au parc des Buttes-Chaumont à Paris, dont la colline de béton surgit abruptement d'un lac artificiel à la façon d'une ruine naturelle, évoquant l'intérieur du projet de Boullée pour le Musée de la Nature, jusqu'à la nature primitive, mais artificielle de Central Park, ce « monument sylvestre » qu'il créa à New York sur des terrains à l'abandon. À Montréal, Olmsted prôna l'idée du parc en tant qu'œuvre d'art dans la ville. On ne pouvait laisser la nature à elle-même ; il fallait au besoin la modeler pour qu'elle atteigne au « charme poétique du paysage »[7]. Olmsted incorpora les falaises existantes de pierre brute à sa composition pittoresque d'une montagne surgissant abruptement du centre d'une ville. La nature primitive fut mise en scène en tant que représentation d'elle-même, présageant la reproduction mécanique des faits urbains pour la consommation de masse.

Les ouvrages urbains importants réalisés à Montréal ont souvent été le résultat de transformations habiles et opportunes apportées à des parties de la ville auparavant laissées à l'abandon. Des places importantes ont été créées de cette manière : [le square Dominion était à l'origine un cimetière ; le square Viger, un marché de fruits et légumes ; le square Saint-Louis, un réservoir d'eau.]* Le square Victoria, [situé immédiatement à l'ouest] des murs [de fortification de la vieille ville], servait à l'origine de marché au foin. Au fur et à mesure que la ville s'étendait, des commerces sont venus s'installer sur le pourtour de cet espace libre. C'est alors qu'on lui a conféré la figure formelle d'un square, au moyen d'allées tracées au sol, de rangées d'arbres taillés, de pelouses et d'une statue de monarque (fig. 14.6). [Autrement dit, la figure d'une place a été mise en place dans la place de manière à rendre visible la

---

* Note de l'éditeur : le texte entre crochets a été retiré en 1992.

† Note de l'éditeur : l'édifice a été conçu par les architectes York & Sawyer de New York, qui ont été formés chez McKim, Mead & White.

‡ Note de l'éditeur : les phrases entre crochets ont été ajoutées en 1992.

Montréal, formes et figures en architecture urbaine, 1980

La rue et la place
14.6 Le square Victoria en 1873; le Mont-Royal à l'arrière-plan.
14.7 La rue Saint-Jacques, le centre financier du Canada vers la fin du 19ᵉ siècle, telle qu'elle apparaissait au milieu des années soixante. La tour de la Place Victoria se profile à l'arrière-plan.

présence d'une place.] Ce processus a été accompagné par la construction d'un périmètre de bâtiments appropriés autour du square, formalisant de la sorte son « fond ». Enfin, le square a été incorporé à une enfilade de rues et de places secondaires, de façon à marquer un axe traversant la ville du nord au sud, de la montagne au fleuve. Dès les années vingt, l'activité commerciale s'est déplacée ailleurs ; on a coupé des arbres et retranché une partie du square pour faire place à une voie de tramway électrique. Au début des années soixante, le square Victoria a été ravalé une fois de plus, cette fois en parvis gazonné d'une tour de bureaux, la Place Victoria, qui a usurpé à la fois son nom et sa fonction publique (**fig. 14.7**).

La ville se fabrique au fil d'adaptations à des circonstances nouvelles, suivies d'insertions opportunes et, enfin, de la reproduction de ces insertions en tant que types urbains formalisés. Même l'innovation que représentaient vers 1960 les réseaux piétonniers souterrains résultait davantage de l'exploitation intelligente des conditions existantes que d'un plan volontaire. Ainsi, la tranchée du tunnel ferroviaire qui formait le site de la Place-Ville-Marie, un important complexe de tour de bureaux, et la déclivité du sol aux abords du site ont permis la transformation du socle des édifices en une zone piétonnière continue située sous le niveau de la rue et protégée du rude climat hivernal de Montréal.

La contrepartie des monuments métropolitains de la fin du 19ᵉ siècle, la deuxième couche urbaine, est formée des vastes quartiers populaires qui abritaient le matériel humain de la croissance industrielle de Montréal, essentiellement des migrants provenant des campagnes et des petites villes du Québec. La structure de ces quartiers s'est appuyée sur un type d'organisation urbaine plus élémentaire que ce qu'on pouvait retrouver dans les pratiques courantes de l'époque. Ainsi, l'urbanisation des rangs ruraux a donné lieu à une trame de rues et d'îlots qui reprend telle quelle le découpage rural (**fig. 14.8**). La maison type est née de la fusion de deux sources distinctes. Elle résultait d'une part de l'innovation d'un système constructif unique à Montréal : celui-ci associait une charpente de madriers grossière à une stratification perfectionnée de matériaux de revêtement, qui, en emprisonnant des poches d'air et de neige, assurait l'isolation du froid. C'était une inversion de la construction traditionnelle en maçonnerie pleine, et une approche révolutionnaire de la conception matérielle des bâtiments dans un contexte où la protection contre le climat était essentielle (**fig. 11.11, p. 170**). [D'autre part, la maison type était fondée sur la persistance d'un « savoir » constructif ancien dans le lest urbain des villes, ces logements populaires qui abritaient les masses, aussi bien dans les villes médiévales et de la Renaissance que dans les « insulae » romaines.]*

[La différentiation graduelle de cette trame et de cette enveloppe de bâtiment rudimentaire a donné forme à une architecture propre aux quartiers, résolue par la construction de maisons à loyer spéculatives]† (**fig. 14.9**). Cette architecture est issue moins d'un processus de sélection opposant un élément constitutif à l'autre, que d'une série d'adaptations qui ont fait prévaloir certaines caractéristiques physiques. Ainsi, les façades des maisons ont été éloignées du trottoir pour faire place à une épaisseur d'escalier et de balcons, permettant de relier chaque logement à la rue par une porte d'entrée et un numéro civique (**fig. 14.10**). [On a agrémenté les rues de rangées d'arbres à la manière d'un parc urbain linéaire] (**fig. 14.11**) et différencié avenues, rues et ruelles, en attribuant à chacune un usage et une forme spécifiques. On s'est mis à tronquer les bâtiments situés aux coins des rues, de façon à laisser libre la forme / le tracé d'une place. [Les formes primitives de l'îlot ont été graduellement remplacées par un type d'îlot extrêmement articulé.] On composa des îlots entiers comme un seul bâtiment, tout en assurant à chaque logement un accès direct à la rue. [Enfin, le nombre de logements a été accru par la transformation des écuries et des hangars situés à l'intérieur de l'îlot, et la rue a souvent été prolongée à travers des portes-cochères, à l'intérieur de ce réseau de maisons de fond de cour.]

Cette architecture a été improvisée puis raisonnée par une population contrainte à employer les moyens à sa disposition pour améliorer les conditions de vie qu'avait entraînées une industrialisation rapide ; elle a cimenté des liens de solidarité fondés sur des besoins communs et intégré le logement individuel à des entités sociales plus larges. Elle

---

* Note de l'éditeur : Le texte entre crochets a été ajouté en 1992.

† Note de l'éditeur : les passages entre crochets dans ce paragraphe ont été réécrits en 1992.

Montréal, formes et figures en architecture urbaine, 1980

Les quartiers populaires
14.8 La naissance des quartiers à travers la réurbanisation des rangs et leur découpage en îlots et en rues.
14.9 La forme première du logement : une paroi de brique accolée au trottoir. Le 1er mai – une fête ouvrière ailleurs dans le monde – était, dans les quartiers de Montréal, un jour de déménagement qu'on célébrait par un défilé de possessions dérisoires.
14.10 L'évolution de l'architecture urbaine des quartiers, manifestée par l'extension des logements au-delà de leurs parois : il s'agit ici d'une appropriation de l'espace de la rue, créant la figure d'un lieu social unique.
14.11 La transformation des rues de quartier en une Arcadie linéaire.

Écrits choisis

L'évolution récente du super-îlot
14.12 La disparition de la rue sous la dalle et la destruction de la structure urbaine de la ville. Mies van der Rohe, 1965.
14.13 Des simulacres de lieux publics urbains dans un super-îlot typique : la « place » et le « boulevard » à l'intérieur du Complexe Desjardins.

constituait à la fois une architecture urbaine authentique, spécifique au Québec, et un « savoir » acquis par les habitants en adaptant de façon empirique la ville à leur vie collective.

À partir des années 1960, Montréal englobait plus de la moitié de la population du Québec. Elle s'était transformée en région urbanisée, où la métropole du 19e siècle se trouvait noyée dans une couronne de banlieue en expansion continue subventionné par le gouvernement fédéral au détriment de toutes les autres formes de logement, et surtout de l'immense fonds de logements des quartiers plus anciens. Le centre de la ville était donc laissé ouvert aux opérations de promotion foncière. Tandis que les compagnies financières canadiennes transféraient leurs avoirs à Toronto, des intérêts étrangers investissaient à Montréal afin de profiter d'une attitude généralisée de « laisser-faire », qui n'était pas sans rappeler le bradage des ressources naturelles du Québec. Il reste que c'est au cours de cette période que furent posés les premiers jalons d'un centre urbain potentiellement intégré. Les moyens de cette transformation étaient des super-îlots à grande échelle, conçus par des architectes tels que I. M. Pei (Place Ville-Marie), Luigi Nervi et Luigi Moretti (Place Victoria) et Mies van der Rohe (Westmount Square) **(fig. 14.12)**. Certains de ces super-îlots étaient desservis par un système de métro inauguré depuis peu. Les super-îlots étaient censés devenir les nouvelles « places » de la ville, et leurs couloirs, des « rues », substituant ainsi aux lieux publics extérieurs de la ville des intérieurs privés adaptés aux exigences du marché.

La Place Bonaventure (1967) est peut-être le plus intéressant de ce groupe d'édifices. Contrairement aux super-îlots qui l'ont précédée et qui, par leur configuration de tours de bureaux surmontant un socle commercial, ressemblaient aux opérations réalisées dans d'autres villes, la Place Bonaventure se distingue par un volume bas occupant l'ensemble d'un îlot urbain **(fig. 8.15, p. 146)**. Toutefois, son intérieur se résume à un réseau de couloirs déroutant et introverti, noyé dans une immense masse de béton **(fig. 10.8, p. 159)**. Les murs aveugles de la Place Bonaventure nient les rues avoisinantes, effaçant ainsi la structure de la ville. La Place Alexis Nihon est un exemple moins connu, mais plus réussi et mieux intégré de ce type de bâtiment urbain ; il comprend plusieurs tours sur un basilaire. Toutefois, cette partie du bâtiment s'adresse ici aussi bien à la rue qu'à un espace intérieur organisé autour d'un hall central et éclairé par une verrière. Ces innovations tirent leur origine de la culture populaire et commerciale de la ville.

Pendant cette période, le Québec a subi une « révolution tranquille » au cours de laquelle les Canadiens français ont rapidement modernisé leur société. Montréal est devenue essentiellement une ville québécoise. Cette transformation provoqua une nouvelle mutation du centre-ville. La construction du Complexe Desjardins en est un exemple typique : en effet, il était censé rivaliser avec la Place Ville-Marie en tant que cœur symbolique de Montréal et devait contribuer à rapprocher le centre de la ville de ses origines canadiennes-françaises. Alors que la Place Ville-Marie avait été conçue et financée par des investisseurs et des architectes new-yorkais avec le soutien de l'establishment canadien-anglais, le Complexe Desjardins fut planifié comme une entreprise locale et canadienne-française. Le financement était assuré par un réseau local de caisses d'épargne, le Mouvement Desjardins, qui avait été fondé au début du siècle dans des sous-sols d'églises. Dès 1970, le Mouvement Desjardins était devenu une des principales institutions financières du Québec. Le Complexe Desjardins témoigne de ce statut nouvellement acquis, mais aussi de la capacité de ses architectes à concevoir un complexe urbain multifonctionnel et, ce faisant, à surpasser leurs compétiteurs plus à l'ouest par leurs efforts à créer un contexte urbain en lien avec le caractère de la ville. Le plan du Complexe Desjardins est structuré par un grand volume intérieur, qui reprend les dimensions d'une place urbaine du 19e siècle **(fig. 14.13)**. Les grands portiques vitrés situés à chaque extrémité de l'axe principal de cette « place » forment les aboutissements d'une « rue » intérieure ; ils cadrent aussi une perspective urbaine qui relie les théâtres de la Place des Arts au cœur de la ville du 17e siècle. Cette composition crée un nouvel axe nord-sud, qui rappelle d'autres axes historiques de la ville, et auquel sont censées s'ajouter d'autres interventions à grande échelle. Le profil fragmenté du Complexe est particulièrement révélateur : quatre tours d'une hauteur de 12 à 40 étages reproduisent le profil de la ville **(fig. 13.8, p. 204)** ; elles représentent la reconnaissance (symbolique sinon réelle), par l'ensemble de la société québécoise, de sa nouvelle condition urbaine. Le Québec semble alors sur le point de recréer Montréal à son image, comme ville « nationale ». En 1976, quelques mois à peine après l'inauguration du Complexe Desjardins, les Québécois ont élu un gouvernement favorable à l'autonomie politique de la province.

De 1960 à 1980, une série d'opérations immobilières ont déplacé vers l'intérieur une grande partie de l'espace public libre du centre-ville de Montréal, récupérant du même coup sa fonction publique. Les premiers super-îlots se sont coupés de la rue et ont reproduit l'intérieur des centres d'achats de banlieue. Ces « passages » du 20ᵉ siècle ont ravalé les signes de la ville, portes, rues et places, au rang de signes abstraits. À partir de la fin des années soixante-dix, les nouveaux super-îlots ont commencé à se distinguer par la plus grande urbanité de leurs espaces intérieurs et par leur prise en compte de la ville environnante. Ce changement a correspondu à une participation plus importante des secteurs public et parapublic, et au désengagement relatif du secteur privé. Le campus de l'Université du Québec à Montréal, l'addition la plus récente au centre-ville, englobe des fragments de bâtiments qui occupaient déjà le site **(fig. 14.14)**. Ces fragments contrastent avec les murs massifs et dépouillés de l'immense nouvel édifice; ce sont des intrusions sculpturales et surchargées, lourdes de sens connoté. La citation textuelle de figures et de typologies urbaines devrait bientôt leur emboîter le pas.

L'expansion du centre-ville a entraîné la destruction systématique de bâtiments du 19ᵉ siècle. La démolition d'une grande partie des quartiers populaires à la périphérie du centre-ville constitue le sommet de cette vague de destruction. Ici aussi, une pratique cohérente est apparue, au cours des vingt dernières années, qui se fonde sur la conservation de l'architecture de ces quartiers. Cette architecture s'exprime avant tout par la rénovation de bâtiments à l'intérieur d'enveloppes restaurées. Dans un cas comme dans l'autre, elle confère à la condition prolétarienne une respectabilité et un charme petits-bourgeois, qui rejoindront le mythe de l'innocence rurale au panthéon des visions idéalisées de l'histoire du Québec.

La ville fragmentée
14.14 Une ville dans la ville.
14.15 L'introduction de fragments existants, un clocher et un parvis, dans les fragments du super-îlot ; ici le coin nord-ouest de l'Université du Québec à Montréal.
14.16 Les façades de maisons en rangée typiques en pierre grise ; protégées par la loi, elles attendent l'insertion d'un nouveau bâtiment.

Montréal, formes et figures en architecture urbaine, 1980

219

Même l'Office municipal d'habitation de la Ville de Montréal, d'ordinaire plutôt réactionnaire, a su générer des formes de logement social basées sur certains éléments des maisons traditionnelles des quartiers. En 1978, dans une rue située près de l'Université du Québec et bordée de maisons en rangée typiques en pierre grise, on procéda soigneusement au démontage et à la reconstruction de quelques façades du 19e siècle, qui devaient servir de parement à une structure moderne. Il est impossible de distinguer le nouvel édifice de l'ensemble de cette rue historique.

[Deux villes coexistent désormais, l'une dans l'autre. Dehors, les décombres chargés de sens d'une ville traditionnelle et vieillissante : c'est elle qui renferme les figures urbaines et qui forme l'«intérieur» de la conscience urbaine des habitants. Cette ville traditionnelle est cependant dans un état de délabrement et de démantèlement progressifs, comme si elle ne portait plus que des traces de négligence et de désengagement. Pendant cinq mois chaque année, elle est condamnée à l'exil dans la neige et le vent d'un climat hostile. Cependant, à l'intérieur des super-îlots aveugles et massifs d'une ville nouvelle et rudimentaire*, la population erre dans des abstractions de rues et de places, égarée dans les débris muets de traces urbaines qui ne sont plus, au mieux, que l'ombre d'eux-mêmes – des «ruines avant même de s'écrouler». Il reste qu'on est au chaud et au sec parmi ces «ruines» d'une culture urbaine populaire.]†

Comme le démontre l'introduction de simulacres de formes urbaines dans les super-îlots du centre-ville et l'identification tenace à l'architecture urbaine des quartiers, les symboles publics de la ville participent encore à l'affirmation culturelle d'une grande partie de la population, sinon à leurs rapports sociaux. Cependant, en ce qui concerne la façon de manipuler ces références, l'architecture semble coincée entre une tendance qu'on peut observer dans les grandes interventions urbaines, à simuler et normaliser les systèmes de signes, et la reproduction littérale des choses telles qu'elles sont par des interventions à petite échelle dans les quartiers.

[Montréal est une des grandes villes du monde où le destin d'une culture urbaine est profondément inscrit dans sa forme.]

* Note de l'éditeur : «primitive» en anglais.
† Note de l'éditeur : les paragraphes entre crochets ont été ajoutés en 1992 ; ils sont parus séparément sous le titre de «The City within the City», *Domus*, Milan, juillet 1980.

Notes
1. John Reps, *La ville américaine. Fondation et projets* ; trad. Paulette Guillitte (Liège : Pierre Mardaga, collec. Architecture+ Recherches) 1981.
2. Paul Hofet dans *The Zähringer New Towns*, Autumn 1966 publié par l'Institut fédéral de technologie de Suisse.
3. Fernand Braudel, *Civilisation matérielle et capitalisme*, Armand Colin, Paris, 1967.
4. John van Nostrand, «Roads and Planning: The Settlement of Ontario's Pickering Township, 1789-1975», City Magazine, Toronto, vol. 3, n° 2, décembre 1977.
5. Vincent Scully, *American Architecture and Urbanism*, New York, Frederick A. Praeger, 1969, p. 83.
6. Edmund Wilson, *O Canada, an American's Notes on Canadian Culture*, Farrar, Strass and Giroux, New York, 1965, p. 39. Il fait mention d'une influence qui aurait «contribué de façon notoire au Canada à décourager la pratique artistique».
7. S.B. Sutton (dir.), *Civilizing American Cities, a Selection of Frederick Law Olmsted's Writings on City Landscape*, Cambridge (Mass), MIT Press, 1971.

15.
À QUI DE DROIT : AU SUJET DE L'ARCHITECTURE CONTEMPORAINE AU QUÉBEC, 1982

Publié en français dans *ARQ-Architecture Québec*, n° 5, janvier-février 1982, p. 12-23.

Depuis le milieu des années 1960, notre compréhension de l'architecture contemporaine a considérablement changé. Les prémisses du modernisme ont subi une révision. L'histoire de l'architecture moderne a été réécrite.

Notre pensée s'est articulée davantage face à la spécificité irréductible d'un langage propre à l'architecture comme représentation formelle du milieu, une pensée mûrie dans la dimension sociale de toute forme de pratique culturelle.

Ce qui a débuté vers la fin des années 1950 avec le pressentiment qu'il existe des rapports entre les édifices et leur milieu environnant, s'affirmait vers le milieu des années 1960 dans un « contextualisme » physico-spatial de toute la création architecturale contemporaine. Ces démarches contextuelles ont été par la suite élargies à la spécificité urbaine, temporelle et symbolique de l'architecture. Le *contextualisme* s'est transformé en *rationalisme* par la reconnaissance de l'autonomie propre d'un *langage* architectural. Ce *rationalisme* s'est amalgamé à un genre de *réalisme* par l'introduction des notions de lexique et de typologie des lieux. Enfin, le discours de l'architecture contemporaine est marqué maintenant par cette acceptation de la typologie existante des lieux et des formes historiques comme formes données, parfois analogiques, des édifices contemporains. Un imaginaire formel s'est installé. Une lecture attentive des théories d'Alberti à Venturi et Tafuri, les techniques de la composition architecturale, l'iconographie des signes, les préoccupations figuratives, les attributs monumentaux des édifices publics et une narration de la mémoire font partie de ce discours comme autant d'échos des polémiques entendues avant le début du siècle et se réverbérant désormais dans le vide du modernisme.

Il reste donc à voir jusqu'à quel point ces transformations dans la pensée et la création architecturales ont affecté la production québécoise depuis 20 ans. Si on se base sur les Prix d'Excellence décernés par l'Ordre des architectes du Québec depuis quelques années, mis à part le cas de deux maisons intéressantes, la plupart des édifices révèlent une hésitation face à la conjoncture de l'architecture contemporaine. Comme si l'histoire s'était arrêtée il y a 10 ans. Il faut d'ailleurs dire que la même chose s'est produite ailleurs au Canada. Au mieux, on y voit un désir de conférer à des configurations abstraites un quelconque sens contextuel, sémantique et urbain. À Montréal, par exemple, le grand vide central du Complexe Desjardins nous propose un pas important vers l'articulation de l'espace public intérieur et vers la découverte d'une urbanité, mais il lui reste à créer la figure d'une place urbaine dans la place. Ou encore le Palais des Congrès qui, en couvrant le trou d'une autoroute, aurait pu être utilisé pour réparer le tissu urbain. Mais, au lieu de cet apport à la ville, il nous faut constater qu'il n'est qu'un immense vaisseau mal atterri. C'est la dernière des mégastructures qui ornent Montréal et qui ne sert qu'à institutionnaliser la destruction de la ville : il suffit de voir ce qui reste de la rue Saint-Antoine ou de la rue de La Gauchetière en bordure de ce *palais*.

Les mots utilisés par certains architectes démontrent bien qu'ils savent que quelque chose s'est passé, mais qu'ils ne sont pas sûrs de quoi il s'agit. Les illusions de la fin des années 1960 sont encore exprimées avec une frustration apocalyptique et typiquement moderne : « Les architectes sont une espèce en voie d'extinction... » (Le Devoir, 5 décembre 1981), alors qu'on peut voir ailleurs un regain d'intérêt dans le domaine de l'architecture : nombreuses expositions, discussions animées, croissance dans le nombre des publications, ouverture de nombreuses librairies spécialisées en architecture, concours ouverts, etc. ; c'est-à-dire un intérêt croissant envers la dimension culturelle de l'architecture plutôt qu'envers les profits des praticiens en affaires.

Il faut d'ailleurs comprendre que, dans les années 1960 au Québec, il y a eu des architectes, Paul-Marie Côté, Roger D'Astous, Henri Brillon, entre autres, qui ont engendré un authentique mouvement d'avant-garde. Ce mouvement s'est distingué par une tentative de créer des formes symboliques dont la présence aujourd'hui nous montre des gestes abstraits et sculpturaux, parfois naïfs, mais plastiquement expressifs de la présence d'un peuple dans son paysage. Cette volonté de se manifester symboliquement, cette prise de conscience du pays, paysage du Saguenay ou Montréal, était une étape importante dans l'affirmation d'une architecture québécoise. C'était d'ailleurs le premier mouvement véritable d'avant-gardisme au Canada, issu comme les Automatistes et les Plasticiens d'une conjoncture culturelle québécoise de l'époque. Cependant, en 1980, c'est comme si cette « Révolution tranquille » avait épuisé plusieurs architectes. Si la *sémantisation* culturelle des symboles reste à faire, le contexte urbain et historique reste à articuler en *paysage* propre à l'architecture.

L'histoire du Québec nous a démontré à d'autres occasions qu'il existe un écart entre la position de la pratique dominante de l'architecture ici et l'avancement ailleurs de la pensée et de la pratique architecturale. Cependant, la réalité du vécu au Québec nous a également démontré qu'on y retrouve les racines et même l'existence de ces pratiques avancées. Ce qui veut dire que l'architecture au Québec est saine et sauve, mais qu'il faut encore une fois la trouver au-delà de la production de la plupart des bureaux d'architectes, des services gouvernementaux. Il faut bien distinguer entre ce qu'est la pratique contemporaine de ce qui est encore l'inexplicable contemporain : c'est-à-dire ce qui va être mis en pratique bientôt.

Donc, dans ce grand musée qu'est le Québec, on peut découvrir les traces bâties d'un discours *postmoderne* – si vous avez besoin d'une étiquette gratuite – en train de s'installer dans la conscience sinon dans la pratique des architectes. Ce qu'on cherche, c'est la présence d'un imaginaire formel.

Voici quelques points de repère. On commence par un regard sur les choses familières, mais vues autrement et on continue par un éloge à la vie riche et colorée sinon *secrète* des bâtiments du Québec. C'est aussi une tentative de réconciliation de ce qu'on désire faire et de ce qui existe, du savoir et du plaisir du regard en architecture.

La plupart de ces photographies ont été choisies par des étudiants en architecture de l'Université du Montréal, étudiants qui sont maintenant de jeunes architectes, en réponse à la question : « Pourriez-vous identifier quelques exemples de lieux bâtis au Québec que vous trouvez significatifs de l'architecture contemporaine ? »

À qui de droit : au sujet de l'architecture contemporaine au Québec, 1982

Un appel à la mémoire

Pourquoi ne pas commencer avec un rappel de rappel ? Voici une maison bien ordinaire construite en 1951 par le propriétaire et ses frères suivant la conception de son beau-père. Surfaces lisses et composition essentielle. On se souvient alors de ce qu'écrit Gérard Morisset dans *L'architecture en Nouvelle-France* où il soulevait les liens entre le modernisme de l'architecte Marcel Parizeau et notre *architecture d'autrefois**. Ces liens sont évidemment profonds et répandus dans un savoir du bâti. Il n'est pas question de recréer le passé, mais plutôt de le comprendre et le situer par rapport au présent.

15.1 Maison au 1710, Côte Saint-Pierre, Saint-Janvier.

---

* Note de l'éditeur : Gérard Morisset, *L'architecture en Nouvelle-France*, Québec, « Collection Champlain », 1949, p. 15. Charney fait référence à la thèse qu'il a développée dans « Pour une définition de l'architecture au Québec », chapitre 8 dans ce livre, p. 131.

Écrits choisis

L'image essentielle de la maison...

On peut aussi commencer par un portrait de l'architecte des années 1960-80, jeune garçon dans une mise en scène : un fronton axial d'une maison-palais qui s'ouvre vers l'extérieur à travers les gradins d'un escalier théâtral. Cette image ne peut qu'être fixée dans sa mémoire du bâti et figurée dans ses œuvres, c'est-à-dire dans son *architecture*. Une véritable *maison au paradis**. Mémoire qui rejoint aussi l'image de la Villa Rotonda de Palladio ; autres frontons axiaux d'une maison-palais qui s'ouvre sur l'extérieur… Au fond, ce n'est pas la mémoire qui compte autant que la reconnaissance d'un soi-même collectif à travers les choses bâties.

15.2 Maison à Sainte-Agathe†.

---

* Note de l'éditeur : référence à Joseph Rykwert, *La maison d'Adam au Paradis*, Paris, Seuil, 1973.
† Note de l'éditeur : photo de la famille Charney devant une résidence d'été, nommée affectueusement « Château Sainte-Agathe ».

À qui de droit : au sujet de l'architecture contemporaine au Québec, 1982

Un rappel du méconnu…

Les qualités formelles de ce type de maison (construction en matériel industrialisé figurant l'essentiel de l'architecture moderne) et les circonstances qui l'ont produite ainsi que sa place dans l'imaginaire collectif nous présentent un monument authentique d'une architecture québécoise et nord-américaine. La reconnaissance de cette typologie dite *rationnelle* dans la parlure contemporaine ne peut qu'affirmer la puissance de l'architecture dans la culture du Québec.

15.3 Maison sur la route 309 à Mont-Laurier.
15.4 Maison sur l'avenue des Sables, dans la région de Rawdon.

Écrits choisis

Le savoir de l'ordinaire…
L'architecte allemand Erich Mendelsohn est venu aux États-Unis dans les années 1920 et a trouvé une architecture moderne dans les ruelles de New York et Chicago, architecture qu'on retrouve aussi dans nos ruelles*. Une perspective tenant d'une mise en scène théâtrale du 17e siècle nous fait entrer dans une séquence structurée où chaque élément est soigneusement placé dans une architecture qui n'affirme que les signes de sa propre existence : voilà l'idée du moderne – le papier brique et tout.

15.5 Maison au 2823-25 Est, rue Ontario, Montréal.

À qui de droit : au sujet de l'architecture contemporaine au Québec, 1982

Le délire du savoir...
Imaginez-vous d'avoir édifié une façade où chaque élément (une porte qui s'ouvre, une fenêtre verticale, une fenêtre vitrée, un axe...) est également exprimé en sens contraire (une porte murée, une fenêtre horizontale, une fenêtre condamnée ou obstruée, un axe désaxé...) Voir Ronchamp, œuvre de Le Corbusier : un toit lourd sans support visible, des murs porteurs troués au hasard...

15.6 Garage transformé pour petite industrie, rue Saint-Christophe, Montréal.

* Note de l'éditeur : Erich Mendelsohn, *Amerika* (Berlin, 1926), repris sous le titre de *Amerika : Bilderbuch eines Architekten*, New York, Da Capo, 1976.

Écrits choisis

Le savoir urbain...
Le dégagement de l'avant-plan d'un bâtiment et son engagement face à l'existence d'une rue comme lieu collectif rendent évidentes les traces des structures urbaines, c'est-à-dire les traces d'un savoir de l'architecture dans le paysage de la mémoire collective. C'est bien différent de la configuration de la plupart des édifices modernes où on ne voit ni un avant ni un côté : tout flotte dans un espace idéal, mais régressif.

15.7 et 15.8 Édifices non identifiés.

À qui de droit : au sujet de l'architecture contemporaine au Québec, 1982

15.9 Construction d'un chalet, Domaine du Lac Carillon, Chatham.
15.10 Coop Saint-Polycarpe.
15.11 Église près de La Sarre.

15.12 Édifice sur la rue Bishop, Montréal.

Écrits choisis

La ville du savoir...

À Montréal, il existe encore deux villes : celle du *savoir urbain*, une ville de quartiers, celle de l'*architecture* enterrée dans cette autre ville qu'est la métropole. Ces deux villes vivent l'une dans l'autre comme une analogie de la psyché collective que Freud a proposé à partir d'une image de Rome où tous les édifices des diverses périodes de l'histoire existaient ensemble. On peut dire alors que la libido de Montréal, donc sa vie, existe encore dans la ville du *savoir urbain* où des ruines nous présentent son avenir.

15.13 La prison de la rue Parthenais et les maisons du quartier au coin de la rue Dufresne, Montréal.
15.14 Édifice de bureaux dans un quartier du centre-ville entre les rues Ontario et Université.

À qui de droit : au sujet de l'architecture contemporaine au Québec, 1982

Le savoir des ruines...

« Oui, ç'a l'air d'une ville après un bombardement... » Montréal août 1975. La destruction du savoir urbain par ceux qui ne savent pas agir autrement que par la peur. Néanmoins, le souvenir de la rue Saint-Norbert vit encore et quatre ans après sa destruction, son passé est devenu projet : reconstruire la rue dans le sens d'une création d'un savoir propre de l'architecture.

15.15   Avant 1975, la rue Saint-Norbert, vers l'ouest.
15.17   Après 1975, la rue Saint-Norbert, vers l'ouest.

15.16   Avant 1975, la rue Saint-Norbert vers l'est.
15.18   Après 1975, la rue Saint-Norbert, vers l'est.

Écrits choisis

Les traces...
On ne sait plus quelles sont les traces de ce qui s'en vient ou de ce qui s'est passé. Elles ne paraissent parfois plus que comme une tache sur le côté d'un édifice.

15.19 Maison sur la rue de La Gauchetière, Montréal.

À qui de droit : au sujet de l'architecture contemporaine au Québec, 1982

Les tracés...
L'archéologie d'un savoir urbain, c'est-à-dire d'une architecture, a toujours servi comme point de repère à l'invention du nouveau. À Montréal, on commence à sauver la façade de certains édifices. On a enlevé l'édifice derrière la façade : un autre arrivera bientôt. L'ancienne façade est devenue le début de quelque chose de nouveau.

15.20 Maisons sur la rue Saint-Hubert, Montréal.
15.21 Maison sur la rue Sherbrooke, Montréal.

Écrits choisis

Encore des ruines…
Constructions nouvelles dont la plupart sont mal construites simplement pas terminées… un genre d'effritement s'installe partout.

15.22 Restaurant à Sherbrooke, Québec.

À qui de droit : au sujet de l'architecture contemporaine au Québec, 1982

Des ruines aux signes...
Sommes-nous en tant qu'architectes les derniers à comprendre que tout le milieu est sémiotisé et à *dire* quelque chose en ne disant rien ? Voilà des maisons qui deviennent plus *maisons* par l'ajout d'un schéma figuré. Le signe de la *maison*, celui d'une toiture mansardée, fait appel à des souvenirs d'un Québec *innocent* et rural. La parlure de ces signes est exploitée dans des constructions domiciliaires : « *Venez vivre dans le paradis du Québec.* » Enfin, tout espace construit n'est que représentation.

15.23 Maison près de Montréal.
15.24 Maison à Sainte-Majorique.

Écrits choisis

Dans le monde des signes...
Des ressemblances nous obsèdent. On ne peut y échapper. Au coin d'une rue : un « *hôtel de ville* », un « *château* », un « *palais* »...

15.25 À l'angle de l'avenue des Pins et de la rue Drolet, Montréal.
15.26 L'ancien hôtel de ville de Maisonneuve, à l'angle des rues Pie-IX et Ontario, Montréal.

À qui de droit : au sujet de l'architecture contemporaine au Québec, 1982

La folie…
Tout le monde cherche à s'affirmer dans une métaphore de l'existence et à se retrouver dans une *maison au paradis*.

15.27 C'est derrière cette *carrosserie* qu'habite un riche dépositaire d'automobiles de la région montréalaise.
15.28 Maison à Hampstead, Montréal.
15.29 Édifice non identifié.

Écrits choisis

Encore des folies…
C'est l'imaginaire qui fait une architecture de ce qui existe… On retrouve Lucien Kroll dans l'extension d'un hangar ou l'enthousiasme de Philip Johnson pour un escalier de Peter Eisenman à l'entrée d'une maison de chambres de la rue Saint-Hubert.

15.30 Hangar à Montréal.
15.31 Maison sur la rue Saint-Hubert, Montréal.

À qui de droit : au sujet de l'architecture contemporaine au Québec, 1982

La réplique du réel…
Le réel à l'image de lui-même.

15.32 et 15.33 Maison à Saint-Sauveur.

Écrits choisis

La mise en forme du réel…

On trouve une forme d'aboutissement face à ce que représentaient les Habitations Jeanne-Mance dans les années 1950 et Habitat 67 dans les années 1960, idéologies orgueilleuses et destructrices, une architecture sans savoir et déracinée de tout apport urbain, ghetto du bien-être social dans un cas et des riches dans l'autre, les deux fortement subventionnés. Un aboutissement, quelque chose d'autre en architecture : la réparation d'un tissu urbain (les logements nouveaux sont situés dans un bâtiment donnant sur deux rues de façon à reprendre l'îlot original ainsi que la structure urbaine), la refiguration d'un savoir urbain (apport logements-rue, dégagement d'une cour intérieure), la refiguration des signes collectifs (chaque logement a un avant avec une porte qui donne directement sur la rue ainsi qu'un arrière). C'est redéfinir un avenir autre. Le tout a été conçu et construit par et pour une coopérative dans un quartier populaire qui se trouve à côté de l'autoroute.

15.34 Coopérative Louis-Cyr, rue Saint-Jacques, Montréal.

À qui de droit : au sujet de l'architecture contemporaine au Québec, 1982

L'autre architecture… la retombée des signes…
Le puits d'une mine et une maison de Rouyn-Noranda. Balcons de logements à Sherbrooke.

15.37 et 15.38 Balcons et logements à Sherbrooke.

15.35 et 15.36 Mine et maison à Rouyn-Noranda, Québec.

La cabane rustique au paradis...

Finalement, on ne peut que terminer avec un dernier rappel essentiel.

Depuis ses origines, la nature fondamentale de l'architecture a été évoquée par l'image des petites cabanes rustiques, c'est-à-dire par le symbole d'un retour à la nature essentielle de l'homme. Dans Vitruve, on voit quelques hommes nus au bord d'une forêt et face à des constructions simples, mais déterminées dans un ordre géométrique. Au 18e siècle, avec Jean-François Blondel, l'ordre géométrique a réapparu dans une reconstruction de la cabane à l'image du temple grec. La recherche d'un idéal rationnel et néoclassique se retrouve avec Marc-Antoine Laugier en 1855 : « la petite cabane rustique... est le modèle sur lequel on a imaginé toutes les magnificences de l'architecture. C'est en se rapprochant dans l'exécution de la simplicité de ce premier modèle que l'on évite les défauts essentiels, que l'on saisit les perfections véritables... » La cabane de Laugier est représentée par quatre arbres, des premières colonnes disposées en un carré parfait, les branches posées en travers en forme de poutres horizontales et les rameaux ployés de façon à former un toit en triangle, le fronton. Voici le *naturel* de la figure bâtie. La nature elle-même est devenue construction de l'homme. Laugier enchaîne ensuite sur l'idée de la ville ordonnée comme jardin idéal qu'il juxtapose contre le désordonné des

15.39 La construction de la hutte primitive, *Vitruvius Teutsch*, Nuremberg, 1548.

15.40 « La hutte primitive » d'après Marc-Antoine Laugier, *Essai sur l'architecture*, Paris, 1753.

À qui de droit : au sujet de l'architecture contemporaine au Québec, 1982

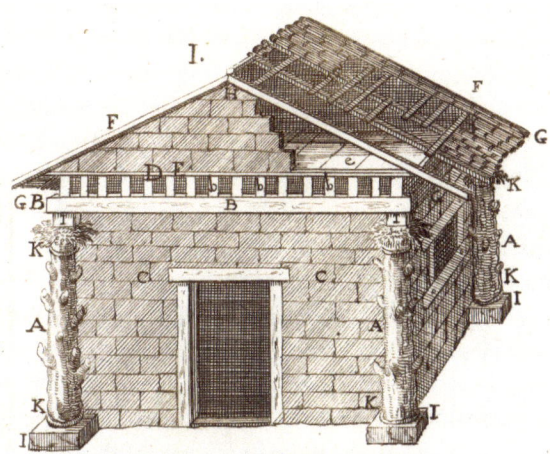

15.41 « La hutte primitive » d'après Jacques-François Blondel, 1771-77.
15.42 « Le premier bâtiment » d'après Eugène-Emmanuel Viollet-le-Duc, *Histoire de l'habitation humaine,* Paris, 1875.

15.43 Hutte primitive à Laval.
15.44 Hutte primitive sur la rue Provençale, Montréal près de la prison Parthenais.

15.45 Hutte rustique dans les Laurentides.

villes existantes, c'est-à-dire les forêts. Au 20e siècle, en banlieue, on vit encore dans la retombée de cette pensée.

Devant la cabane de Laugier, la « *cabane rustique* » de Viollet-le-Duc, en 1860, démontre une connaissance plus précise des constructions primitives réelles ou véritables, mais, cette fois-ci, le modèle de l'ordre naturel est employé à justifier le style gothique qu'il promulguait à cette époque au sein de l'École des Beaux-Arts de Paris. Dans les années 1920, Le Corbusier n'a pas échappé à situer l'architecture moderne dans un ordre *naturel*. Il a proposé l'image d'une charpente primitive d'une construction universelle, cette fois-ci en béton : la maison Domino.

Des images de la *cabane rustique* sont également présentées dans l'encyclopédie des choses bâties du Québec. Cependant, les circonstances historiques sont telles que ces constructions significatives ne sont pas manifestées dans l'imaginaire d'un discours architectural, mais dans les conditions quotidiennes les plus marginales du vécu, c'est-à-dire qu'on découvre des *cabanes rustiques* dans leur véritable état, à la fois *primitif* et métaphorique.

Prenons le cas d'une cabane rustique découverte sur la rue Provençale, à Montréal, pas très loin de la prison Parthenais, ou un autre à Laval ou encore dans les Laurentides. Elles montrent toutes les constructions réalisées à partir de l'assemblage de matériaux récupérés des détritus de notre vie contemporaine : clous rouillés, vieilles portes, blocs de béton fissurés, autobus accidenté, etc. Ce sont d'autres cabanes rustiques à d'autres moments de l'histoire : un modèle essentiel de la création architecturale. Elles confirment la venue d'une architecture qui se retrouve dans la refiguration [*sic*] nouvelle et consciente des images d'images, des symboles de symboles et des signes de signes. Tout se passe comme si l'architecture commence par un refus d'un refus, un vouloir d'affirmer une continuité entre l'art et la vie.

16.
À PROPOS DES TEMPLES ET DES CABANES, 1983

Le texte original en anglais « Of Temples and Sheds », est paru dans la revue *ARQ – Architecture Québec*, octobre 1983, p. 11-15. Traduction de Louis Martin relue par Alessandra Mariani.

Note de l'éditeur : cet essai a été écrit en tant que commentaire de l'exposition *Les villas de Pline et les éléments classiques de l'architecture à Montréal*, présentée au Musée des Beaux-arts de Montréal à la fin de 1983. L'exposition montrait des projets d'architecture contemporains présentés à l'Institut Français d'Architecture à Paris et une section sur la présence de la tradition classique dans l'architecture de Montréal, organisée par le Centre Canadien d'Architecture. Pour l'occasion, Charney a créé *Pliny on My Mind*, une installation qui agissait comme porte d'entrée à l'exposition (voir fig. 3.9 et 3.10). Sur l'exposition, voir : Pascale Beaudet, « La villa comme archétype architecture », *Vie des arts* 28, n° 113, 1983-84, p. 74. Sur les projets, voir *La Laurentine et l'invention de la villa romaine*, Paris, Institut Français d'Architecture, 1982 ; et Pierre de la Ruffinière du Prey, *The Villas of Pliny from Antiquity to Posterity*, Chicago, University of Chicago Press, 1994.

Pourquoi s'en faire avec les ruines d'un passé obscur ? Comment la reconstruction d'un domaine rural appartenant à un riche Romain peut-elle contribuer à un débat pertinent sur la condition de l'architecture contemporaine ? Et pourquoi ressusciter un concours d'émulation d'un monument antique en tiré d'un programme de l'École des Beaux-Arts, une institution qui a depuis longtemps rendu l'âme en tant que dépositaire de la tradition classique ? Il doit y avoir une signification à cette initiative plutôt absurde.

Plusieurs notions concernant l'architecture devraient être clarifiées afin d'aborder un sujet aussi ésotérique, autrement, l'exposition risque d'être banalisée en étant assimilée, à tort, à un discours sur la disposition de la villa comme refuge pour la classe privilégiée, qu'elle soit de la ville de Fiesole au début de la Renaissance ou de Montréal au 19e siècle[1]. Ou pire, elle peut être dissoute en une série d'images séduisantes prêtes à être appropriées, comme le fait la mode actuelle qui caricature des dispositifs bâtis tirés superficiellement de l'histoire et exposés au nom d'une sensibilité « postmoderne ».

La fascination pour les villas de Pline peut s'expliquer par le fait que leurs vestiges physiques n'ont jamais été trouvés. Il n'existe aucune évidence de leur existence autre que dans les lettres que Pline a écrites à ses amis, lettres dans lesquelles il a décrit en termes vivants et avec beaucoup de détails le mode de vie et les caractéristiques physiques de ses propriétés rurales à l'extérieur de Rome. Mille quatre cents ans plus tard, un nouvel intérêt pour l'antiquité et la relecture de Vitruve ont attiré l'attention sur ces lettres. C'était aussi une époque pendant laquelle l'émergence d'une puissante classe marchande a donné naissance à une architecture de villas. Une « vie rustique » a donné place à la « villa rustique » dont les postulats architecturaux ont été

16.1 Une villa en Arcadie placée devant les ruines squelettiques d'une ville : l'illusion idyllique et le spectre de la mort hantent l'architecture. Un photographe dans une rue de Varsovie, Pologne, vers 1947.

16.2 La genèse de l'architecture émergeant des ruines antiques : la légende de Callimachus rapportée par Vitruve et l'invention de l'ordre Corinthien.

développés par Alberti, Palladio et Scamozzi, selon l'interprétation des modèles de l'Antiquité[2].

Les exemples de l'Antiquité ont été dérivés de reconstructions fondées sur l'étude des ruines romaines. Les villas de Pline ne pouvaient être imaginées qu'à partir de références littéraires et d'analogies et affinités latentes avec les images de l'Antiquité que l'on croyait correspondre aux textes. Un exercice résultait d'un autre. Chacun réinterprétait l'autre, à la recherche de sources appropriées assimilant une connaissance accrue des sites romains, puis grecs, de même que le changement d'attitude face à l'Antiquité, occasionnés les impératifs de l'époque.

Ainsi, trois siècles de reconstructions des villas de Pline, chaque œuvre « faisant écho, miroir, et allusion aux œuvres précédentes de la tradition[3] », ont contribué à la création d'un ensemble de projets d'architecture qui, à partir du 18e siècle, est devenu le « vrai style » maintenu par un *habitus*[4], un processus de création physique fondé sur un raisonnement formel profondément enraciné, consistant et autonome, processus dont la justesse était justifiée par les vestiges de l'Antiquité, les « ordres », sinon par la « nature » elle-même (fig. 16.2).

Le processus de recréation de l'entité physique de la villa antique reflétait aussi le processus par lequel un architecte instrumentalisait la conception d'une villa pour l'habitation moderne. Dans les deux cas, un projet (projection), des sources archéologiques analogues et des dispositifs de représentation semblables étaient invoqués. Par conséquent, la reconstruction hypothétique de la villa antique tendait à émuler et idéaliser les bâtiments existants, créant une histoire naturelle et contribuant à la codification autoréflexive d'une architecture autonome et « vraie. »

À propos des temples et des cabanes, 1983

16.3 Peintures de Pompéi datant du début de l'Empire montrant des villas en terrasses en bord de mer.

Ainsi, la formulation aboutie des villas de Pline du 18ᵉ siècle représentait simultanément l'invention de la « maison romaine » et l'invention d'un modèle d'une classe exemplaire, c'est-à-dire l'architecture, à partir de laquelle la composition des édifices modernes pouvait être évaluée. Inutile de s'attarder sur la déception provoquée au 18ᵉ siècle lors du déterrement des vestiges des maisons romaines découvertes à Herculanum et Pompéi[5]. Les découvertes importantes ont révélé des fresques murales à grande échelle représentant des villas rurales romaines clairement incompatibles avec les préceptes du classicisme (**fig. 16.3**).

La restitution de la villa Laurentienne par Robert Castells publiée à Londres en 1728 présente une propriété rurale élaborée, avec un édifice central semblable aux domaines qu'on pouvait trouver dans la campagne anglaise au 17ᵉ siècle, placé, en accord avec la lettre de Pline, sur une plaine plate entre les montagnes et la mer[6] (**fig. 16.4**). À l'intérieur des limites du domaine, se trouve un grand jardin rendu plus « naturel » que la nature environnante (**fig. 16.5**). Des collines artificielles, des ruisseaux irréguliers, des sentiers forestiers, des temples hermétiques dans un bosquet, des effigies sur des sites rituels, des lions d'Arcadie, tous encagés dans ce zoo de plaisirs antiques. Cette saturation de choses « naturelles, » véritable inventaire de choses nommées et catégorisées, esquisse l'émulation d'une histoire naturelle et la propension à une rationalisation esthétique de l'ordre irrationnel de la nature. La villa foisonne de représentations de choses se réfléchissant elles-mêmes : paysages du paysage et villas à l'intérieur de la villa. Ces représentations créent un lien entre le passé et un ordre architectural libéré de la rationalité classique, ordre qui allait émerger au 19ᵉ siècle et qui influence l'architecture depuis ce temps. La figure du jardin comme « solitude rurale artificielle » est attribuable aux descriptions des villas romaines[7] et à des parcs tels le Regent's Park

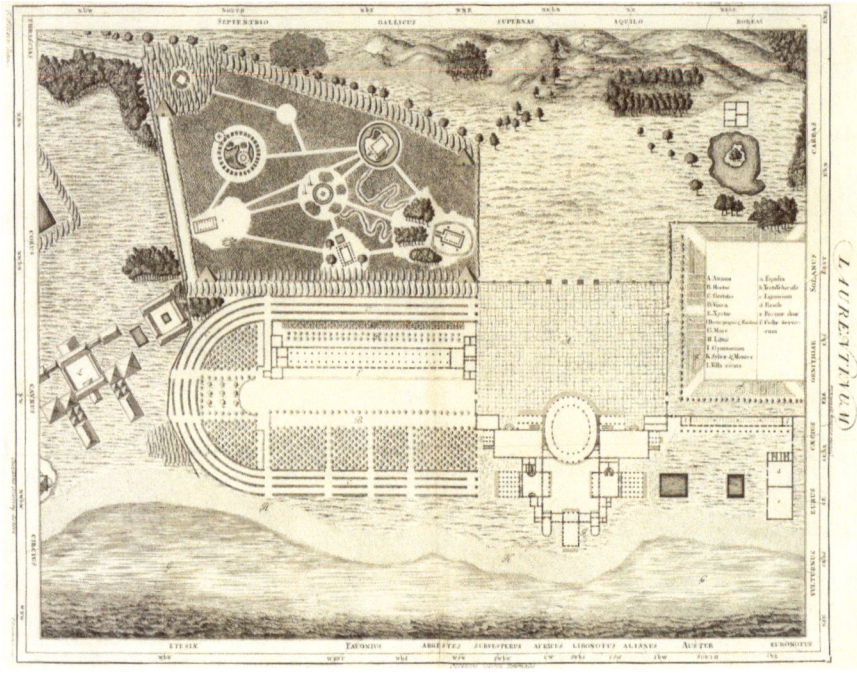

16.4 Robert Castell, La villa Laurentine de Pline en front de mer, 1728.
16.5 Robert Castell, Plan de la villa Laurentine, 1728.

à Londres, le parc des Buttes Chaumont à Paris, et le Parc du Mont-Royal à Montréal, qui ont été conçus pour être les poumons verts des centres urbains du 19ᵉ siècle. Une villa placée dans un verger à l'intérieur d'une villa réapparaît dans le classicisme pittoresque des distractions arcadiennes du 19ᵉ siècle (**fig. 16.6**), comme The Grange à Toronto, ou Temple Grove, la résidence McCord sur le flanc sud du Mont-Royal à Montréal (**fig. 16.7**).

Au 19ᵉ siècle, la grande dissémination du « néo » classicisme a eu lieu en même temps que l'institutionnalisation de l'architecture comme pratique professionnelle. Après Durand, un style si rationnel était devenu éminemment reproductible et adaptable. Il donnait à l'architecte en devenir, peu importe son talent, un terrain d'entente à propos de ce qui était considéré exemplaire, sinon « meilleur. » Le néoclassicisme est ainsi devenu le fonds de commerce d'une « architecture officielle[8] » qui a fourni des monuments publics aux capitales des états modernes alors en plein essor. Plus de dessins d'émulation des villas de Pline furent produits pendant ce siècle que jamais auparavant[9].

La signification des émulations à cette époque peut être exemplifiée par la restitution de la villa Laurentine de Pline par Karl Friedrich Schinkel (**fig. 16.8**) dans les années 1830 au moment où il travaillait à la conception de plusieurs résidences de campagne et au palais du Roi de Grèce qui devait être situé sur l'Acropole (et où « il a réussi à rendre le Parthénon semblable à un ornement de jardin.[10] ») De toute évidence, la restitution lui a fourni un point

À propos des temples et des cabanes, 1983

de référence et une occasion de poursuivre l'exercice bénéfique qui consiste à évoquer les sources de la « meilleure » de toutes les architectures. L'émulation de Schinkel, ressemblait toutefois davantage à une version traditionnelle d'une reconstruction de la villa de Pline en termes « romantiques », un *Formendichter** à l'œuvre – tant « sa composition est poétique et pittoresque[11] » – qu'une reconstruction correcte d'une villa antique fondée sur la solide évidence archéologique disponible à l'époque.

La pratique de la restitution d'édifices antiques avait sa place dans le programme d'études de l'École des Beaux-Arts au 19ᵉ siècle. Une architecture si rationnelle était aussi éminemment enseignable. Et comme la composition avait été systématisée dans le répertoire des formes et dans la syntaxe combinatoire du néoclassicisme, la tradition était par le fait même enfermée dans les conventions passées. Le processus de la restitution donna lieu à un processus de réplication. Le retour aux « sources » était limité à la copie d'un répertoire prescrit d'effigies historiques, niant la tradition d'architecture que l'École prétendait défendre.

Ainsi en fut-il pour la majorité des restitutions des villas de Pline au 19ᵉ siècle : des répliques moribondes dépourvues de la reconstitution essentielle de la condition architecturale. Peut-être que le dernier mot devrait être donné à Léon Krier qui a participé à la reprise du concours d'émulation de 1982 : « ... l'architecture est avant tout une affaire d'ordre et de beauté ; à mon avis, les Beaux-Arts ne se souciaient d'aucun de ces éléments[12]. »

Voici ce qui rend cette exposition intéressante : elle nous présente, avec les traces d'une tranche d'histoire ayant un début et une fin, des processus de formation qui ont établi un ensemble de projets d'architecture sur une lignée antique pendant trois siècles. L'archéologie qu'elle présente n'est pas celle de la maison romaine, ni l'évolution de la villa comme type, mais une tradition soutenue de dessins d'interprétation qui ont servi à internaliser la *figura* de ce que nous comprenons être l'architecture, et dans laquelle la « pertinence », si elle devait se révéler, serait reconnue.

Voici maintenant le dilemme de l'exposition : elle prétend que « l'alphabétisation » classique en

---

* Note du traducteur : littéralement « poète de la forme ».

16.6 Temple rustique, Ermenonville, gravure par Merigot fils, 1788.
16.7 Temple Grove, Montréal, vers 1875.

Écrits choisis

architecture subsiste dans la dernière partie du 20ᵉ siècle.

Une deuxième section de l'exposition présente les dessins qui ont été préparés en réponse à la reprise du concours d'émulation de la villa Laurentienne, telle que décrite dans la lettre de Pline, organisée par l'Institut Français d'Architecture en 1981-82.

Pendant les années 1980, le postmodernisme a poussé les architectes à se précipiter à nouveau vers les vestiges du passé. Mais il est présomptueux d'assumer que les codes classiques leur sont familiers. L'érudition archéologique et les compétences conceptuelles fondées sur les « ordres » exigeaient une émulation. Les résultats de l'émulation démontrent que quelques participants ont tenté de ressusciter les nécessaires dispositifs figuratifs et les sources appropriées, et dans certains cas ont même tenté d'interpréter le programme de manière contemporaine. Toutefois, à l'exception des dessins exceptionnels de Léon Krier, les résultats sont

16.8 Karl Friedrich Schinkel, Reconstruction de la villa Laurentine de Pline, 1841.
16.9 La fin de l'histoire : le Parthénon, les restitutions de la villa Laurentine de Pline, et le projet de F. Gilly pour le monument à Frédéric le Grand, 1797, ont contribué au projet pour le château Orianda de Karl Friedrich Schinkel, conçu en 1838, sur un promontoire en bord de mer.

insignifiants. Krier nous présente des formulations savantes et convenables sur lesquelles il a travaillé depuis plusieurs années dans une mise en scène inspirée par des sources peintes[13].

En général, l'exercice ressemble à un hommage mal défini à un passé dont l'autorité est toujours dominante. « C'était un jeu en effet[14] ». Ce n'était rien d'autre qu'un jeu de codes dans lequel, comme cela arrive dans d'autres simulations qui font partie de la vie dans cette dernière partie du 20ᵉ siècle, un scénario a été confondu avec la réalité. Dans une époque « déchue » et tardive, nous ne voyons que des signes vides et des gestes creux. « Nous

À propos des temples et des cabanes, 1983

avons assisté à l'effondrement des hiérarchies et à des changements radicaux dans les systèmes de valeurs qui relient les créations personnelles à la mort... des mutations (qui) ont mis fin à l'alphabétisation classique[15] ». La stupidité de la reprise de l'émulation peut bien être illustrée par l'anecdote avec laquelle les auteurs introduisent le catalogue. Elle raconte l'histoire d'un texte publié en 1942 par l'architecte Henri van de Velde, dans lequel il dramatise, sous la forme d'une pièce de théâtre, le passage fatal d'un personnage nommé « La colonne » depuis sa première apparition au centre de la scène, pour ainsi dire, jusqu'à son éventuelle disparition aux mains de la *Fantaisie*[16]. Imaginez l'inquiétude à propos du « décès » de la figure de la colonne morte depuis longtemps au milieu de la barbarie de la Deuxième Guerre mondiale. Le Troisième Reich était après tout intéressé à ressusciter les colonnes « classiques » ! Comment est-il possible de plaider en faveur de « l'ordre » et du « sens » quand les événements de ce siècle ont remis en question la nature même de la tradition et de l'histoire ?

Ces événements nous ont aussi appris à regarder au-delà de la tradition et, par conséquent, à des thèmes fondamentaux qui sont présents en tant que référence constante au-delà des vestiges du classicisme.

L'émulation de Léon Krier est un exemple concret. À la différence des restitutions traditionnelles de la villa de Pline, en commençant par Scamozzi en 1615, qui concevaient la villa sous la forme d'un bâtiment unique organisé autour d'axes majeur et mineur et d'atriums, Krier a proposé une villa constituée d'une séquence d'édifices individuels. Chaque bâtiment confronte et est relié à ses voisins dans une dialectique qui est subsumée dans un ordre urbain. Cette déconstruction et reconstruction de la villa assument, comme les émulations devaient le faire, une position didactique et même morale.

Il est difficile pour la moralité et la réalité d'entrer en contact ; les causes imaginaires et les effets imaginés interviennent. Toutefois, plusieurs leçons peuvent être tirées du travail de Krier. Étant donné le paysage moderne et turgide de grands bâtiments indifférenciés, le projet de Krier suggère qu'il y a des limites à ce que nous pouvons saisir comme une unité d'expression en architecture, et que les grands immeubles peuvent être fragmentés en édifices distincts et différenciés les uns des autres en une hiérarchie d'éléments ; cela, conformément à l'architecture néoclassique qui met l'emphase sur le contraste entre les différentes masses d'un bâtiment et d'un groupe de bâtiments.

Krier établit donc des relations entre ces parties dans une dialectique de dispositifs urbains : la forme essentielle de la ville. Les lignes parallèles d'arbres, un édifice dans l'axe et un édifice moins proéminent du côté d'un sous-axe, visible dans la villa, reprennent les tenants de l'ordonnancement urbain qui peuvent être trouvés dans les projets urbains Beaux-Arts du 19e siècle, dont le quartier Hochelaga-Maisonneuve à Montréal est un exemple (fig. 13.3, p. 200). Ici, nous avons un « ordre majeur » inséré dans « l'ordre mineur » de la grille des rues et des logements, un alignement d'arbres le long de l'axe d'un boulevard, un Hôtel de Ville et des bains publics placés sur un axe secondaire. L'idée n'est pas tant que l'on puisse découvrir la villa de Pline tapie dans la structure de ce quartier, mais bien plutôt de confirmer l'existence d'un ordre fondamental qui donne forme à la ville comme construction urbaine : la figure d'une ville dans une ville.

Au-delà de « l'ordre majeur », le tissu de la ville peut aussi être extrait de sa condition historique. La grille orthogonale du quartier est à la base des structures urbaines classiques. Il s'agit moins d'un modèle que d'une série de relations qui contiennent la forme urbaine potentielle d'une ville[17]. Et au-delà du quartier, le système de division des terres rurales, connu sous le nom de rangs, unique en Amérique du Nord, n'est ni plus ni moins qu'une extension de cette grille antique.

Ce quartier ordinaire présente d'autres continuités sous-jacentes dans la tradition classique. L'architecture utilitaire des maisons à appartements recouverte de briques situées dans les interstices de la grille nous présente une façon de construire des logements qui est la contrepartie classique de la tradition « classique » des maisons romaines semblables à la villa de Pline, comme Axël Boëthius l'a remarqué[18].

Jusqu'à récemment, cet *habitus* de la construction de la ville a persisté avec une constance remarquable. De l'insula romaine, aux rangées de maisons des villes médiévales, aux immeubles locatifs des villes industrielles de la fin du 19e siècle, cette manière fondamentale de construire a alimenté une architecture de logements qui, à son tour, a structuré les rues, les carrefours, et donc les squares, ordonnant l'existence publique des gens.

À la porte d'entrée de plusieurs immeubles locatifs de ces quartiers de Montréal, les entrées sont conçues pour avoir l'aspect de temples «classiques» insérés dans planéité de la façade, perpendiculairement à la rue. Ces vestiges ritualisent le passage vers les intérieurs sombres. Ils extériorisent aussi une *figura* de substitution de l'immeuble locatif urbain comme logement et, donc, comme temple : sur les rues, alignés avec les arbres, tout ce que vous voyez est un alignement de «trésors» le long d'une voie sacrée. Chacun veut habiter dans les enceintes sacrées où la nature n'est plus une menace pour son existence : n'est-ce pas la *figura* essentielle de l'architecture vérifiée non seulement par les reconstructions aux allures de temple des villas de Pline, mais aussi par la «longue durée» des transformations monumentales effectuées par la plupart des gens qui habitent de modestes cabanes ?

Ces entrées étaient habituellement construites en bois. Elles représentent, comme les dessins de huttes primitives publiés par Blondel au 18ᵉ siècle, les antécédents en bois de la construction en pierre des temples classiques. Et à l'intérieur de ces immeubles locatifs, les murs structuraux sont remplis des gravats des constructions antérieures comme cela se faisait au temps des Romains ; après tout, une ville est un chantier perpétuel. Le système pour construire ces murs, madrier sur madrier, unique à Montréal, nous mène vers des antécédents... à des constructions qui incarnent les thèmes sous-jacents dans la «vraie» vie des formes qui portent l'empreinte, espérons-le, de notre image.

D'où les ruines poussiéreuses des temples antiques et les cabanes modestes : la pénible recherche, par nécessité, du sens.

Notes

1. Dans la préface au catalogue de la présentation originale de cette exposition, Maurice Culot et Pierre Pinon avertissent clairement le lecteur : la description de la villa de Pline «... *n'est pas à confondre avec celle d'une seconde résidence quelque peu enflée sur la Côte d'Azur...,*» dans les Cantons-de-l'Est ou dans les Hamptons ; voir : *La Laurentine et l'invention de la villa romaine*, Paris, Le Moniteur, 1982, p. 8.
2. Voir Richard Bentmann et Michael Müller, *La villa, architecture de domination*, Bruxelles, Mardaga, 1975.
3. Sur la montée et la disparition de l'alphabétisation classique dans la culture occidentale, voir George Steiner, *In Bluebeard's Castle*, London, Yale University Press, 1971, p. 78.
4. *Habitus* : "... un système de dispositions durables et transposables qui, intégrant toutes les expériences passées, fonctionne à chaque moment comme une matrice de perceptions, d'appréciations et d'actions..." Pierre Bourdieu, *Esquisse d'une théorie de la pratique*, Genève, Droz, 1972, p. 178-179.
5. Hugh Honour, *Neo-Classicism*, London, Penguin Books, 1977, p. 45-46.
6. *La Laurentine*, 1982, p. 110-111.
7. Axël Boëthius. *Etruscan and Early Roman Architecture*, London, Harmondsworth, 1970, p. 194-195.
8. En français dans le texte.
9. Quinze des vingt-deux projets exemplaires cités dans *La Laurentine* datent de cette période, p. 68-69.
10. David Watkin, «Karl Friedrich Schinkel», *Architectural Design*, vol. 19, nº 8-9, London, 1979, p. 62.
11. Cette appellation a été accolée à Schinkel par son compatriote Seidel en 1831, tiré de Hugh Honour, *Romanticism*, New York, Westview Press, 1979, p. 151.
12. Léon Krier, "Au nom de la loi et du désordre" in "The Beaux-Arts", Architectural Design, vol. 48, nº 11-12, London, 1978, p. 86.
13. Comparez, par exemple, le dessin de Krier sur la page 161 de *La Laurentine* avec la «Vue générale de la Laurentine» par Jules-Frédéric Bouchet, exécutée en 1852, sur la page 136.
14. *La Laurentine*, p. 217.
15. Voir Steiner, *In Bluebeard's Castle*, p. 77-85.
16. *La Laurentine*, p. 7.
17. Voir Melvin Charney, «Formes et figures de l'architecture urbaine de Montréal». Chapitre 14 dans ce livre, p. 209.
18. Axël Boëthius, *The Golden House of Nero*, Ann Arbour, University of Michigan Press, 1960, chap. 4.

ANNEXES

Louis Martin

UNE BRÈVE BIOGRAPHIE DE MELVIN CHARNEY

Melvin Charney est né à Montréal le 28 août 1935. Il est l'aîné des trois fils de Fanny et Hyman Charney.

Ses parents se sont établis à Montréal en provenance d'Europe de l'Est en 1929 ; ils étaient tous deux de descendance juive. Son père était un constructeur, décorateur et ébéniste bien connu pour les portes qu'il a fabriquées pour les églises et les synagogues de Montréal.

Charney a étudié à l'école élémentaire Jewish People de 1941 à 1948. À huit ans ses parents l'ont inscrit aux leçons du samedi matin au Musée des Beaux-Arts de Montréal. Il y a appris à dessiner et à peindre avec des enseignants tel qu'Arthur Lismer, un membre du Groupe des Sept[1].

De 1948 à 1952, il a fréquenté l'Académie Strathcona, une école protestante anglaise située à Outremont, qui était à cette époque un quartier à prédominance catholique et francophone. Pendant ces années à l'école secondaire, Charney a développé un goût marqué pour la science et la technologie, qu'il a cultivé en collectionnant des articles de journaux et de revues assemblés dans des albums qu'il a gardés toute sa vie. Cette activité lui a permis de découvrir le travail du Dr Robert Goddard, un pionnier de la fuséonautique moderne, les inventions de R. Buckminster Fuller, et les avancées de l'énergie atomique et de l'exploration spatiale.

Formation en architecture

Charney entreprend des études en ingénierie civile à l'Université McGill en 1952. Il se spécialise en architecture deux ans plus tard malgré une interruption en 1954 causée par un accident de ski. Il complète sa première année d'études en architecture au cours de l'été de 1955 sous le mentorat intense et inspirant de Stuart Wilson, un architecte d'origine écossaise, dont l'enseignement était la contrepartie du modèle institué par le directeur de l'école John Bland, qui a introduit les principes de l'Architecture moderne dans le cursus de McGill.

Publié en anglais dans Louis Martin (dir.), *On Architecture. Melvin Charney: A Critical Anthology*, Montreal, McGill-Queen's University Press, 2013, p. 441-447.

Annexes

L'orientation de Wilson a mené Charney à examiner attentivement les quartiers ouvriers de Montréal et à comprendre que l'architecture n'était pas destinée à produire le décor de la vie des privilégiés.

Au moment de ses études, l'influence de Mies van der Rohe domine l'enseignement du corps professoral de l'École d'architecture. Lorsque Charney visite le Crown Hall à Chicago en 1956, il constate que l'approche adoptée par McGill est somme toute superficielle. Le corps professoral interprète la production de van de Rohe comme une logique inhérente à l'architecture tandis que Charney n'y voit que pur romantisme. Il clarifie son point de vue dans un essai produit dans le cadre d'un cours sur l'histoire de l'architecture. Il y analyse la vision de l'Amérique de l'architecte Erich Mendelsohn et voient dans ses photos de silos à grains et d'arrière de bâtiments new-yorkais une anticipation de l'esthétique industrielle de l'Architecture moderne. Selon Charney, l'essai a été mal reçu, mal noté et estimé être de la provocation, ce qui a renforcé chez lui la conviction que l'École entretenait des préjugés sociaux.

En 1956, Charney rencontre R. Buckminster Fuller au moment où celui-ci est invité par McGill pour diriger la construction d'un dôme géodésique par des étudiants au centre d'entrainement de l'Université. Au cours de sa troisième année, il fait la connaissance de Peter Collins, qui venait tout juste d'être embauché par McGill pour enseigner l'histoire de l'architecture[2].

En 1957, Charney gagne le prix de design de la Canadian Pittsburg Industries et une bourse de voyage A.F. Dunlop. Charney a attribué son désir de voyages hors Québec au climat régnant à Montréal pendant les années du gouvernement de Maurice Duplessis. Collins lui a alors suggéré de s'inscrire au programme de maîtrise en architecture de Yale et l'a mis en contact avec Christopher Tunnard, qui enseignait là-bas. En 1958, Charney se voit octroyer la bourse William McCay pour ses études à Yale. Il quitte Montréal après l'obtention de son diplôme avec l'intention de ne plus jamais y revenir.

Contrastant avec la rigidité victorienne de McGill, l'ambiance élitiste de Yale était propice à la tenue de débats informés par l'idée que l'art et l'architecture font partie de la vie intellectuelle. Le cœur du curriculum de 18 mois consistait en la conception de trois projets indépendamment dirigés par trois professeurs d'ateliers : Philip Johnson, Louis I. Kahn et John Johansen. Sous Johnson, Charney dessine un projet de logements dérivé des idées d'Alison et Peter Smithson dont les travaux étaient présentés au même moment dans le cadre d'une exposition sur Team X à Yale. Avec Kahn, il travaille à la reconstruction d'un îlot complet du centre-ville de New Haven. Bien qu'il considère son projet final avec Johansen plus audacieux, Kahn s'est révélé être son véritable mentor. Charney considérait que Kahn était le seul à avoir des idées valables et il croyait que cet état de fait était la source d'un conflit avec le directeur de l'École d'art et d'architecture de Yale, Paul Rudolph, mais aussi avec Johnson, conduisant Kahn à quitter Yale en 1960. En parallèle, les conférences sur l'architecture américaine associant la production architecturale aux grandes idées (dont celle de *Studies in Classic in American Literature* de D.H. Lawrence) de l'historien de l'architecture Vincent Scully Jr. l'ont fasciné au même titre que sa garde-robe existentialiste inspirée d'Albert Camus. Charney a complété sa formation à Yale en suivant des cours d'art et de philosophie.

Une brève biographie de Melvin Charney

Voyages

Après ses études, Charney postule pour un emploi auprès de l'agence de Walter Gropius, The Architects' Collaborative à Cambridge au Massachusetts. L'expérience catastrophique vécue dans cette agence le conduit à n'y passer que trois heures, et à la renommer « The Architects Calamity ». Par la suite, Kahn l'a invité à participer à la critique des projets de ses étudiants à Philadelphie. C'est dans ce cadre qu'il fait la connaissance de Robert Venturi, alors occupé à la construction de la maison de sa mère Vanna, maison qui est devenue ultérieurement le symbole fondateur du postmodernisme américain. Charney s'établit dans la région de New York pour travailler avec John Johansen. Les projets de Johansen étaient intéressants et lui ont permis d'explorer de nouvelles méthodes pour traiter l'enveloppe des bâtiments, comme les éléments porteurs en béton préfabriqué de la façade de l'ambassade des États-Unis à Dublin. Le rôle de Charney était de traduire les petits croquis de Johansen

A.1 Melvin Charney au début des années 1960.

257

en plans d'architecture, notamment pour l'ambassade de Dublin, la maison Taylor, construite à Westport au Connecticut en 1966, et le Morris Mechanic Theater à Baltimore au Maryland. Si son expérience avec Johansen a stimulé l'intérêt de Charney pour les nouvelles technologies, ce dernier a aussi cultivé un véritable intérêt pour l'architecture vernaculaire depuis ses études à McGill avec Stuart Wilson. Cet intérêt fut renforcé par l'enseignement de Kahn qui professait que la source de toute chose à venir se trouve au moment des véritables « commencements ». Suivant le conseil de Kahn, Charney fait une demande auprès du Conseil des arts du Canada pour effectuer un voyage d'un an pour étudier l'architecture européenne de l'antiquité grecque à la période médiévale. Il obtient une bourse en 1960 et quitte le bureau de Johansen après un an et demi.

Charney s'établit à Paris en 1961 et utilise sa bourse pour parcourir l'Italie, la Sicile, la Grèce et la Turquie. Les photographies, les notes et les croquis produits pendant son voyage lui ont servi à rédiger plusieurs articles sur les traditions constructives vernaculaires qu'il a soumis au magazine *Landscape*, fondé et dirigé par John B. Jackson. À Paris, il a aussi travaillé avec l'architecte Guillaume Gillet jusqu'en 1962.

Il regagne l'Amérique du Nord en 1963 lorsque Johansen lui offre de diriger son atelier. On lui offre au même moment un poste à l'université Columbia, mais un différend impliquant le directeur de l'École d'architecture, Charles Colbert, un descendant des Acadiens francophones de Louisiane, entraîne le report de son contrat d'embauche d'une année. Pendant son séjour à New York, il visite les galeries d'art, et écrit au sujet du Pop Art américain, alors en éclosion, et commence à produire ses propres œuvres d'art.

Retour à Montréal

Charney est de retour à Montréal en 1963 pour des raisons familiales. Il est alors embauché à titre d'enseignant en design et en construction à l'École d'architecture de l'Université de Montréal, nouvellement créée à la suite d'une réforme majeure de l'ancienne École des Beaux-Arts de Montréal. Parlant désormais couramment le français, il trouve dans ce milieu un environnement dynamique et propice à la diffusion des récents développements du design de l'environnement. Avec ses étudiants, il explore le potentiel constructif de nouveaux matériaux, comme les plastiques et le béton préfabriqué. Il écrit abondamment, publiant des essais importants sur les silos à grains de Montréal, les innovations en architecture scolaire, l'introduction des modèles de prédiction dans les méthodes du design de l'environnement, et les transformations urbaines de sa ville natale.

Après quelques mois de collaboration avec l'architecte montréalais Victor Prus à la conception de la station de métro Bonaventure, Charney fonde sa propre agence en 1964. Son travail artistique est retenu la même année pour une exposition au Musée des beaux-arts de Montréal. Au même moment, Stanford Anderson, un diplômé de l'Université Columbia récemment employé par le Massachusetts Institute of Technology (MIT), l'invite à participer à un symposium d'une semaine à l'Académie de Cranbrook au Michigan organisé par l'Association des collèges et des écoles d'architecture [Association of Colleges and Schools of Architecture]. Au cours de cet événement de l'été 1964 coordonné par Henry Milion de MIT et Peter Collins de l'Université McGill, Charney fait la

A.2 Melvin Charney, vers. 1967.

connaissance de plusieurs « personnalités » de l'architecture dont Colin Rowe et Reyner Banham qui lui offrent le dernier numéro de la revue *Archigram*.

L'arrivée des années 1960 marque le début de la Révolution tranquille et l'amorce de profonds changements dans la société québécoise. La création du ministère de l'Éducation et les conclusions du Rapport Parent sur l'éducation entraîne de grandes réformes et favorisent la construction accélérée d'équipements scolaires. À l'issue d'un concours provincial tenu en 1964 pour la construction de prototypes d'écoles primaires, Charney se voit confier, en 1965, la construction de son projet innovant pour l'école Curé-Grenier (maintenant École du Boisé 2) à Notre-Dame-des-Laurentides (Beauport). En 1966, il crée avec Oscar Newman[3] un nouveau concept d'école secondaire, la Cité des jeunes pour la ville de Hull. Ensemble, ils conçoivent un campus de bâtiments devant être occupé par 2 000 étudiants. Au même moment, l'entreprise Schokbeton le subventionne pour produire une étude et faire la promotion de l'emploi du béton au Québec. Il a écrit plusieurs essais sur le béton et édité un numéro de *Canadian Architect* sur le sujet. Toutefois, le décèlement de défectuosités majeures aux fenêtres de l'école Curé-Grenier l'a traîné en justice à la fin des années 1960 ; cette expérience difficile a vraisemblablement motivé par la suite son retrait définitif de la pratique architecturale traditionnelle.

Charney obtient sa permanence à titre de professeur à l'Université de Montréal en 1966. En 1968, il crée le programme d'études supérieures en aménagement en 1968, qu'il dirige jusqu'en 1972. À partir de 1968, il enseigne aussi à titre de professeur invité aux universités de Toronto (1968-70), Harvard (1971)

Annexes

A.3 Melvin Charney participant à un symposium sur Corridart, organisé par Normand Thériault à la Galerie Média à Montréal, l'une de nombreuses réunions publiques discutant de l'état des arts tenues dans le contexte des élections provinciales du 15 novembre 1976.

et à l'Université du Québec à Montréal (1972). Cette période le voit prononcer plusieurs conférences notamment à l'International Design Conference à Aspen au Colorado (1968) et au symposium « Form and Use in Architecture » tenu au MIT (1969).

En 1967, il soumet un système de structure flexible plutôt qu'un bâtiment traditionnel au concours du pavillon du Canada pour l'exposition internationale d'Osaka 70. Ce projet pour Osaka est publié dans plusieurs revues internationales, ce qui lui vaut d'être associé lors de l'International Futures Research Conference de Tokyo (1970) aux architectes radicaux les plus significatifs, tels Cedric Price, Yona Friedman et les membres d'Archigram.

L'affirmation politique

En octobre 1970, Montréal devient le théâtre de la plus importante crise politique d'après-guerre au Canada. Le déploiement de l'armée canadienne dans les rues de la ville après l'enlèvement d'un diplomate britannique et du ministre de la Justice du Québec, Pierre Laporte, par le Front de libération du Québec (FLQ) est suivi par des arrestations massives de gens innocents considérés suspects pour leur allégeances aux groupes faisant la promotion du séparatisme au Québec. Au nombre de ces sympathisants figurent des amis artistes et des collègues d'université de Charney. Cette violation des droits de la personne l'amène à dénoncer « l'auto-colonisation » du Québec dans les secteurs de l'habitation, de l'urbanisme et du développement des régions du nord du Québec par son élite politique. Il écrit en français un premier article-manifeste en 1971 qui déclare l'existence d'une architecture moderne authentique dans les quartiers populaires de Montréal et dans les villages du Québec. De 1970 à 1972, il codirige avec Colin Davidson et Serge Carreau une unité de recherche subventionnée par le gouvernement fédéral étudiant les habitations à loyer modique au Canada. Charney diffuse les conclusions finales tirées de cette étude dans une série d'articles publiés au cours des années 1970.

Une brève biographie de Melvin Charney

L'implication publique de Charney dans le monde de l'art montréalais débute en 1972 avec son organisation de l'exposition collective *Montréal, plus ou moins?* pour le Musée des Beaux-Arts de Montréal. L'exposition célébrait la culture urbaine de Montréal et demeure l'une des plus populaires jamais présentées par cette institution. Concurremment, ses réflexions inédites sur le potentiel libérateur de la technologie et l'utilisation répressive de l'architecture se sont cristallisées dans deux œuvres originales exposées à la Triennale de Milan et au Musée d'art moderne de la Ville de Paris en 1973, la *Memo Series* et le *Dictionnaire d'architecture*. Son travail prend par la suite une nouvelle direction avec la production d'une série d'installations-monuments conçues en guise d'alternatives aux œuvres de l'architecture officielle promue par les institutions culturelles québécoises. La première de ces installations est *Le trésor de Trois-Rivières*, exposée au Musée d'art contemporain de Montréal (1975). Par la suite, à l'occasion des Jeux olympiques de Montréal de 1976, Charney crée Corridart, une exposition longue de 7 km traversant la rue Sherbrooke du centre-ville jusqu'aux installations olympiques. Dans ce même cadre, il propose à 60 jeunes artistes québécois et canadiens de créer 16 installations ; parmi celles-ci figure son œuvre personnelle *Les maisons de la rue Sherbrooke* qu'il érige à l'angle sud-ouest des rues Saint-Urbain et Sherbrooke. L'exposition est démantelée en pleine nuit par des employés municipaux sous l'ordre du maire Jean Drapeau, une semaine après son inauguration et deux jours avant le début des jeux.

En mars 1977, Charney présente sa première exposition individuelle, intitulée *Other Monuments*, à la Graduate School of Design à Harvard University. Rapidement d'autres vont lui succéder : à la Art Gallery of Ontario à Toronto (1978), à P.S.1 à New York, au Musée d'art contemporain de Montréal (1979), aux centres culturels canadiens de Paris et Bruxelles (1980) et au Museum of Contemporary Art de Chicago (1982). Pour chaque événement, il dessine et construit des installations spécifiques aux lieux d'exposition. Sa production a également été présentée au sein d'expositions collectives, comme elle a été reproduite dans de nombreux catalogues et commentée dans la presse internationale. En parallèle, il fut invité à présenter son travail dans le cadre de conférences organisées par des musées, des galeries d'art, et des universités au Canada, aux États-Unis, en Angleterre, en France, en Hollande et en Australie.

Un mentor charismatique
Lorsque l'École d'Architecture adopte en 1978 une structure d'ateliers thématiques inspirée des enseignements dispensés à l'Architectural Association de Londres, Charney fonde et dirige l'« Unité d'architecture urbaine » (A.U.). L'A.U. initiait sur une période de deux sessions consécutives et parfois plus, un groupe hétérogène d'étudiantes et d'étudiants de deuxième, troisième et quatrième années à l'étude du tissu urbain montréalais. Parmi les étudiants, l'A.U. a rapidement acquis la réputation d'être un atelier exigeant et stimulant, mais aussi de haut niveau intellectuel. Au cours des premières années de son existence, l'A.U. a porté son regard sur les questions sociales et politiques : l'analyse critique des faits urbains constituaient souvent le « projet ». En 1980, année du premier référendum sur l'indépendance du Québec, la publication de « The Montrealness of Montreal » a agi comme un manifeste pour une refondation symbolique de Montréal basée sur une réévaluation du contenu figuratif de son architecture

Annexes

A.4 Melvin Charney sur le site de construction du jardin du CCA en 1989.

urbaine. Simultanément, un changement majeur s'est effectué au sein de l'unité : le dessin devient l'outil fondamental de l'analyse collective de la ville. Du milieu des années 1980 jusqu'à la dissolution de l'A.U. en 1990, l'obsession analytique et la figuration critique ont laissé place à des visions plus métaphoriques dans lesquelles le dessin a conféré à l'architecture urbaine montréalaise une certaine autonomie poétique. Au fil des ans, Charney a invité un grand nombre de critiques rigoureux aux présentations des projets étudiants et a utilisé le rituel de la critique comme un instrument pédagogique exposant les étudiants à différents points de vue. Au cours des quinze années de son existence, l'A.U. a accueilli environ 300 étudiants, qui ont tous été profondément marqués par l'enseignement de Charney et sa personnalité charismatique. Il a agi à titre de mentor dans le cadre d'expositions étudiantes présentées dans des galeries à

Montréal et Toronto. Il a aussi invité plusieurs d'entre eux à travailler dans son atelier à la production de ses dessins et de ses installations.

Si l'A.U. était un laboratoire où le « faire » menait à l'apprentissage, le cours « Environnement bâti » de Charney procurait l'expérience intellectuelle la plus stimulante du cheminement académique. Il a développé dans une série de conférences captivantes, par le biais d'un réseau de références internes et externes à l'architecture, une interprétation personnelle de l'architecture contemporaine – de Team X au au postmodernisme – au Québec et à l'étranger. Son enseignement a stimulé plusieurs étudiants à poursuivre des études supérieures dans les plus grandes institutions des États-Unis, d'Angleterre et de France et il a entretenu des relations serrées et durables avec ceux-ci et les conservateurs avec qui il a travaillé.

Une carrière internationale

Charney a représenté le Canada à la *Documenta Urbana* de Kassel, en Allemagne de l'Ouest en 1982 et il a créé une installation pour Stuttgart en 1983. La même année, il a fait la mise en scène de l'exposition *Les villas de Pline*, co-organisée par le Musée des Beaux-Arts de Montréal et le Centre Canadien d'Architecture (CCA), qui venait d'être fondé à Montréal par Phyllis Lambert. Charney fait la connaissance de Phyllis Lambert au cours de ses études à Yale (1959-60). Au cours des années 1970, leur combat mutuel contre la destruction des quartiers populaires de Montréal les transforme en acteurs importants de ce mouvement et resserre leur liens d'amitié. Lambert qui a fondé le CCA, lance en 1989, parallèlement à la construction d'un nouveau bâtiment pour loger les collections de l'institution, un concours pour l'aménagement en jardin public du terrain face à celui-ci. Charney remporte le concours avec un ensemble de sculptures spécifiques au lieu. Largement acclamé, le jardin du CCA a été la première d'une série d'installations permanentes que Charney a réalisées dans les années 1990. Le *Monument canadien pour les droits de la personne* à Ottawa (1990), et le groupe *Gratte-ciel, cascades d'eau / rues, ruisseaux... une construction* pour la nouvelle place Émilie-Gamelin, inaugurée en 1992 sont parmi les plus importantes de cette série. Les années 1990 ont été marquées par d'importantes expositions rétrospectives au CCA (1991-92), au Musée d'Israël (1994-95), à la Fondation pour l'architecture de Bruxelles (1994), et à FRAC Basse-Normandie à Caen en France (1998). Charney s'est retrouvé parmi les finalistes de plusieurs concours et a poursuivi sa production d'œuvres portatives, qui ont été exposées dans d'importantes expositions collectives dont : « La ville : arts et architecture en Europe, 1870-1993 » au Musée national d'art moderne, Centre Pompidou de Paris (1993) ; « Après Auschwitz – Réponses à l'holocauste en art contemporain (1995-96) » présentée dans des musées de Grande-Bretagne ; « Déclics, art et société, le Québec des années 1960 et 1970 », Musée d'art contemporain de Montréal, (1999) ; « Utopie : la recherche d'une société idéale dans le monde occidental », Bibliothèque nationale de France (2001) ; « Sans commune mesure : image et texte dans l'art actuel », Centre national de la photographie, Paris (2002) ; « Against Architecture: The Urgency to (Re) Think the City », Espai d'Arte Contemporani de Castello, Valence (2002). Il a représenté le Canada à deux Biennales de Venise, soit la 42ᵉ Biennale internationale d'art (1986) et la 7ᵉ Biennale internationale d'architecture (2000).

A.5 Melvin Charney avec le Dalai Lama durant l'inauguration du Monument canadien pour les droits de la personne, Ottawa, 30 septembre 1990.

Charney s'est vu décerner plusieurs prix et honneurs au cours de sa carrière dont le prix Berliner Künstler Programme, Deutscher Akadmisher Austauschdienst (DAAD), 1982; des subventions du Conseil des arts du Canada; le prix Paul-Émile Borduas pour l'ensemble de son œuvre en arts visuels, Prix du Québec, 1996; et le prix Lynch-Stanton du Conseil des arts du Canada, 1997. En mars 2006, il est nommé Commandeur de l'ordre des arts et des lettres par le gouvernement français, la plus haute récompense offerte par le gouvernement français aux personnes qui se sont distinguées par leur création dans le domaine artistique ou littéraire. En 2009, l'Université McGill lui a décerné un doctorat *honoris causa* en lettres.

Melvin Charney s'est éteint dans son atelier le 17 septembre 2012. Il avait 77 ans.

Notes

1. Alors que Melvin a très tôt reconnu l'appel de sa vocation artistique, ses frères cadets ne se sont pas non plus éloignés du monde des arts visuels : Israël a fait carrière en design graphique et Morris est devenu architecte.
2. Un disciple d'Auguste Perret, Collins a passé l'année académique 1955-56 à l'Université Yale grâce à une bourse Fulbright et a travaillé à la rédaction d'une histoire du béton qui fut publiée en 1959.
3. Newman a travaillé pour Aldo van Eyck en Hollande. Il a été chargé par Van Eyck d'éditer les actes de la dernière réunion des CIAM tenue à Otterlo en 1959. Oscar Newman (dir.), *CIAM '59 in Otterlo*, London, Tiranti, 1961.

BIBLIOGRAPHIE : AUTRES ÉCRITS DE MELVIN CHARNEY

Melvin Charney : œuvres, 1970-1979. Préface : Denis Chartrand. Introduction : Alexandre Tzonis. Œuvres et commentaires : Melvin Charney. Montréal, Ministère des Affaires culturelles / Musée d'art contemporain, 1979. Français et anglais.

Melvin Charney, 1981-1983. Préface : Robert Swain. Introduction : Louise Dompierre. Œuvres et commentaires : Melvin Charney. Kingston, Ontario, Agnes Etherington Art Centre / Queen's University, 1983. Anglais.

Paraboles et autres allégories : l'œuvre de Melvin Charney, 1975-1990. Préface : Phyllis Lambert. Textes : Alessandra Latour, Patricia C. Phillips, Robert-Jan van Pelt. Entrevue par Phyllis Lambert et notes d'atelier par Melvin Charney. Montréal, Centre Canadien d'Architecture, 1991. Français et anglais.

Chevrier, Jean-François, Lamoureux, Johanne et Jun Tsohigawara. *Melvin Charney : parcours de la réinvention = about reinvention*. Caen : FRAC Basse-Normandie, 1998. Français et anglais.

Charney, Melvin et al., *Tracking Images: Melvin Charney, Un Dictionnaire…* Montréal, Centre Canadien d'Architecture, 2000. Anglais, français et italien.

Landry, Pierre, *Melvin Charney*. Avec la collaboration de David Harris, Melvin Charney et Gilles A. Tiberghien. Montréal, Musée d'art contemporain de Montréal, 2002. Français et anglais.

Martin, Louis (dir.), *On Architecture: Melvin Charney, A Critical Anthology*, Montréal / Kingston, McGill / Queen's University Press, 2013. Anglais.

LISTE DES ILLUSTRATIONS

1.1 Photo du *Memo 20*, aujourd'hui perdu, de la première version des *Memo Series* créée par Melvin Charney en 1969-70. Collection de l'artiste.

1.2 Melvin Charney, *Wall Piece, n° 3*, 1977, crayon de couleur et graphite sur impression électrostatique (d'une photographie), posée sur papier vélin, 27,9 × 43,1 cm. Collection du Centre Canadien d'Architecture, Montréal, don de Melvin Charney, DR2007:0084:002:006 © Melvin Charney/SODRAC (2012).

1.3 Melvin Charney, *A Kingston Construction, View from the Outside Corner of the Site*, 1983, feuille d'impression à la gélatine argentique, 28 × 35,5 cm. Collection du Centre Canadien d'Architecture, Montréal, don de Dr Dara Alexandra Charney, DR2007:0086:003:004 © Melvin Charney/SODRAC (2012).

1.4 Melvin Charney, *Le carré dans le carré*, 1979, crayon de couleur, crayon de cire, graphite, sur épreuve à la gélatine argentique, 96,5 × 107 cm. Collection du Centre Canadien d'Architecture, Montréal, DR1984:1574 © Melvin Charney/SODRAC (2012).

1.5 Melvin Charney, *Visions du Temple (d'après La Reconstruction du Temple de Jérusalem de Matthias Hafenreffer, 1631)*, 1986. pastel sur vélin, 100 × 150 cm. Musée des beaux-arts du Canada, n° 29554 © Melvin Charney/SODRAC (2012).

1.6 Melvin Charney, *Monument canadien pour les droits de la personne, Ottawa : Axonometrique*, août 1986, dessin, 102,5 × 76,4 cm. Collection du Centre Canadien d'Architecture, Montréal, DR1995:0152 © Melvin Charney/SODRAC (2012).

1.7 Melvin Charney, *La "tribune", colonne n° 11*, 1987–89. Béton, acier inoxydable, bois couvert de cuivre. Photo : Mick Hale. Collection de l'artiste.

1.8 Melvin Charney, *Parabole, n° 4… Segesta*, 1990, pastel à l'huile, et crayon de couleur sur épreuve à la gélatine argentique, montée sur masonite, 188 × 92 cm. Musée des beaux-arts du Canada, don de Martin Storm, n° 39959 © Melvin Charney/SODRAC (2012).

2.1 Détail du portique de l'Église Saint-Jean-Baptiste montrant une colonne, des arches et des denticules sculptés dans la formation rocheuse, Cavusin, Cappadoce, Turquie, 1961. Épreuve à la gélatine argentique. Photo : Melvin Charney Collection du Centre Canadien d'Architecture, Montréal, PH1987:0615 © Melvin Charney/SODRAC (2012).

2.2 Cedric Price, *Fun Palace : perspective intérieure* vers 1961. Fonds Cedric Price, Collection du Centre Canadien d'Architecture, Montréal, DR1995:0188:5112.

2.3 Melvin Charney, architecte, Harry Parnass, architecte, Janos Baracs, ingénieur, Marcel Pageau, ingénieur. *Projet pour le Pavillon du Canada à Osaka, Expo 70*. Photo de la maquette, 1967. Collection du Centre Canadien d'Architecture, Montréal, DR1997:0004:008 © Melvin Charney/SODRAC (2012).

2.4 Hélène Geoffrion, « Trois-Rivières Centre-Ville », *Architecture Concept*, mars-avril 1975, p. 22.

2.5 Rue Sainte-Geneviève, Trois-Rivières, 1975. Photo : Melvin Charney. Collection de l'artiste.

2.6 1085, rue Sainte-Geneviève, Trois-Rivières, 1983. Photo : Cécile Baird.

2.7 Melvin Charney, *Jardin du Centre Canadien d'Architecture, maquette*, 1987. Collection du Centre Canadien d'Architecture, Montréal, DR1990:0008 © Melvin Charney/SODRAC (2012).

3.1 Melvin Charney, Une rue de Montréal, Québec, 1964, épreuve à la gélatine argentique, 34,6 × 22,9 cm. Collection du Centre Canadien d'Architecture, Montréal, acquis avec l'aide du Conseil des arts du Canada, PH2002:0013. © Melvin Charney/SODRAC (2012).

3.2 Melvin Charney, Dessin en coupe du centre-ville de Montréal, vers 1967. Collection de l'artiste.

3.3 Melvin Charney, *La Main… Montréal, le boulevard Saint-Laurent, entre Sainte-Catherine et Dorchester, le 16 novembre 1965, 4:15*, 1965. Panneau 1 : montage de 17 épreuves argentiques à la gélatine sur 3 cartons, 44,5 × 111,5 cm, 44,5 × 120 cm et 44,5 × 126,6 cm. Panneau 2 : montage de 12 épreuves argentiques à la gélatine sur 2 cartons, 44,5 × 111,6 cm, 44,5 × 91,6 cm. Collection de l'artiste.

3.4 Melvin Charney, *La Main… Montréal* (détail côté ouest), 1965. 44,5 × 111,5 cm. Collection de l'artiste.

3.5 Melvin Charney, *La Main… Montréal* (détail côté est), 1965. 44,5 × 91,6 cm. Collection de l'artiste.

Liste des illustrations

3.6 Photo aérienne de l'urbanisation d'un rang. Source inconnue. Reproduit de : Michel Barcelo, "Montreal – Planned and Unplanned," *Architectural Design* 37, n° 7, juillet 1967, p. 308, image n° 3.

3.7 Melvin Charney, *Villas of Pliny*, 1983, pastel et crayon de couleur sur papier vélin, 99,3 × 114,1 cm, Collection du Centre Canadien d'Architecture, Montréal, DR1984:0579. © Melvin Charney / SODRAC (2012).

3.8 Melvin Charney, *Pliny on My Mind n° 1 and n° 2*, 1983, construction en bois. Photo : Brian Merrett. Collection de l'artiste. Reproduit avec la permission de Brian Merrett, merrettimages.ca.

3.9 Page couverture de *Ville, métaphores, projets : Architecture urbaine à Montréal, 1980–1990*, Montréal, Éditions du Méridien, 1992.

3.10 Melvin Charney, dessin tiré de *Le Faubourg St-Laurent Pl. 63*, 43 × 28 cm. Plan du faubourg reconstitué, 1990. Reproduit de : Melvin Charney, *Le Faubourg St-Laurent : D'un savoir urbain à une vision éclairée du développement du faubourg*, rapport préparé pour la division du développement urbain de la Ville de Montréal, 14 mars 1990. Collection de l'artiste.

4.1 Rue Saint-Paul Ouest, Montréal, 7 juillet 1953. Photographe inconnu. Archives de la Ville de Montréal. VM94-Z500-41.

4.2 64, rue Saint-Paul Ouest, Montréal. Photo : Peter Fianu, 2012.

4.3 415-419, rue Des Récollets, Montréal, s.d. Photo : Melvin Charney. Collection de l'artiste.

4.4 Groupe de maisons sur la rue Berri, Montréal. Photo : Alessandra Mariani, 2012.

4.5 Neurdein Frères, *Sherbrooke Street, Montreal, Quebec*, vers 1907, impression photomécanique, encre sur papier monté sur carte – Collotype 8,9 × 13,9 cm. Don de M. Stanley G. Triggs MP-0000.823.15 © McCord Museum.

5.1 *Tour de la Bourse de Montréal et Square Victoria*, vers 1964. Photographe inconnu. Canadian Architect Magazine fonds, Ryerson University Archives & Special Collections.

6.1 Université Simon Fraser, 1974. Photo : John Roaf.

6.2 Intérieur de Scarborough College, pour le numéro d'avril 1966 de la revue *Canadian Architect*. Photographe inconnu. Canadian Architect Magazine fonds, Ryerson University Archives & Special Collections. Courtoisie de Canadian Architect.

6.3 Maquette du projet pour la Cité étudiante de Hull, Melvin Charney et Oscar Newman, architectes, vers 1966. Collection de l'artiste.

6.4 Photomontage du centre-ville de Montréal, s.d. Photographe inconnu, reproduit de la revue *Cimaise*, Paris, juillet 1967.

6.5 Maquette de la Place Bonaventure, Montréal, ARCOP Architects, s.d. Courtoisie du Centre Canadien d'Architecture.

6.6 Hôtel Château Champlain, Montréal, Roger d'Astous et Jean-Paul Pothier, architectes, vers 1962–65. Photographe : M. Quinn. © Canadian Pacific Archives. E1415-1.

6.7 Collège de Chicoutimi, Paul-Marie Côté et Léonce Desgagné, architectes, s.d. Photograph inconnu, reproduit de la revue *Cimaise*, Paris, juillet 1967.

7.1 Port de Montréal, s.d. Photographe inconnu. Collection de l'artiste.

7.2 *Cross-Section of Grain Elevator Track Shed, Work House and Storage Annex Showing Dust Control System*. Auteur et date inconnus. Reproduit de Milo Smith Ketchum, *The Design of Walls, Bins and Grain Elevators*, New York, McGraw Hill, 1919, p. 450.

7.3 Élévateurs à grains de la Tête-des-Grands-Lacs à Port Arthur (Thunder Bay), Ontario. Photo : Edward S. Kayden, s.d. Collection de l'artiste.

7.4 Coupes longitudinale et transversale d'un élévateur à grains terminal. Source inconnue. Collection de l'artiste.

7.5 Élévateur à grains n° 5, Montéeal, vers 1965. Photo : Business and Industrial Photography. Collection de l'artiste.

7.6 Intérieur de l'élévateur à grains n° 4, Montréal, s.d. Photographe inconnu. Collection de l'artiste.

7.7 Lanceur mobile pour la fusée Saturn V. Photographe inconnu, s.d. Reproduit de : *Architectural Forum*, janvier-février 1967.

7.8 Élévateur à grains n° 1, Montréal, vers 1967. Photo : Pierre Beaupré. Collection de l'artiste.

7.9 Élévateur à grains n° 1, Montréal, vers 1967. Photo : Melvin Charney. Collection de l'artiste.

7.10 Conduit chargeant de grain la cale d'un navire, Montréal, n.d. Photographe inconnu. Collection de l'artiste.

7.11 Façade maritime de l'élévateur à grains n° 4, Montréal, s.d. Photo : A. Sima. Collection de l'artiste.

7.12 Baie-Comeau, Québec, s.d. Photo : J.J. Lavoie. Collection de l'artiste.

8.1 Maison-magasin à Saint-Canut, Québec. Reproduit de : Alan Gowans, *Looking at Architecture in Canada*, New York, Oxford University Press, 1959, p. 64.

8.2 Maison de l'architecte Charles Elliott Trudeau, Saint-Sauveur, Québec, vers 1966. Reproduite avec la permission de *Vie des arts*, n° 42, 1966, p. 32.

8.3 Maison d'une personne inconnue, s.d., photo : Jean Saulnier. Reproduite avec la permission du Ministère de la Culture du Québec dans *Culture vivante*, n° 15, 1969, p. 12.

8.4 Maison Hector Brossard, Laprairie, fin du 17e siècle. Reproduite de : Gérard Morisset, *L'architecture en Nouvelle-France*, Québec, 1949, Planche 9a.

8.5 *Rue du Petit-Champlain*, Québec, 1916, William Notman & Son, VIEW-5686 © Musée McCord.

8.6 415-419, rue des Récollets Street, Montréal, s.d. Photo : Melvin Charney. Collection de l'artiste.

8.7 Élévateur à grains n° 2, 1912. Reproduite de : *Old and New Montreal with a Series of Comparative Views illustrating the Growth and Development of the Greater City*, Montreal [International Press Syndicate], 1913 [s.p.].

Annexes

8.8 Élévateur à grains nº 2, 1912. Photographe inconnu. Reproduit de : Le Corbusier, *Vers une architecture*, Paris, Crès et Cie, 1923, p. 17.

8.9 Logement montréalais, s.d. Photo : Denis Plain. Reproduit de : *Culture vivante*, nº 15, 1969, p. 36.

8.10 Maison de logements, rue Saint-Denis, vers 1970. Photo : Giulio Maffini. Collection de l'artiste.

8.11 2, rue Sherbrooke Ouest, Montréal, vers 1970. Photo : Melvin Charney. Collection de l'artiste.

8.12 Notre-Dame-des-Champs, Repentigny, Québec, 1963. Reproduit de : *Architecture, bâtiment, construction*, Toronto, Southam-McLean Publications, novembre 1963.

8.13 Notre-Dame-de-Fatima, Jonquière, Québec, vers 1965. Photographe inconnu, s.d. Collection de l'artiste.

8.14 Caisse populaire Desjardins, quartier St Henri, Montréal, Québec, vers 1970. Photographe inconnu. Collection de l'artiste.

8.15 Le centre-ville de Montréal, vers 1967. Photo : Henri Rémillard. Archives de la Ville de Montréal, VM94-B32-012.

9.1 *Montréal, plus ou moins?* 1972, couverture du catalogue de l'exposition. Reproduit avec la permission du Musée des Beaux-Arts du Montréal.

9.2 Vernissage de *Montréal, plus ou moins?* 11 juin 1972 au Musée des Beaux-Arts de Montréal. Photographie : MBAM / Henry Koro.

9.3 Vernissage de *Montréal, plus ou moins?* 11 juin 1972 au Musée des Beaux-Arts de Montréal. Photographie : MBAM / Henry Koro.

9.4 Vernissage de *Montréal, plus ou moins?* 11 juin 1972 au Musée des Beaux-Arts de Montréal. Photographie : MBAM / Henry Koro.

10.1 *Vue de la côte du Beaver Hall, avec la rue Craig en avant-plan, vers 1851*. Photo : Robert Lisle. Bibliothèque et archives Canada / C-047354.

10.2 Vue ancienne du boulevard Saint-Laurent. Reproduit de : *Découvrir Montréal*, Montréal, Éditions du Jour, 1975, p. 20.

10.3 Place d'Armes, Montréal, estampe de Robert Auchmuty Sproule (1799-1845), 1830. 37,2 × 46,2 cm. Don de M. R.W. Humphrey. M970.67.26 Musée McCord.

10.4 Scène de rue avec enfants. Photographe inconnu. Reproduit de : *Découvrir Montréal*, Montréal, Éditions du Jour, 1975, p. 21.

10.5 Photo aérienne de l'urbanisation d'un rang. Source inconnue. Reproduit de : Michel Barcelo, « Montreal – Planned and Unplanned », *Architectural Design*, vol. 37, nº 7, juillet 1967, p. 308, image nº 310.2 Triplex montréalais. Photographe et date inconnus. Collection de l'artiste.

10.6 Démolition d'une maison montréalaise, Montréal, vers 1975. Photographe inconnu. Collection de l'artiste.

10.7 Maisons en rangée, rue Lacasse à Saint-Henri. Reproduit de : *Découvrir Montréal*, Montréal, Éditions du Jour, 1975, p. 22.

10.8 Jour de déménagement, 1 mai durant les années 1930. Source inconnue. Collection de l'artiste.

10.9 Rue Fabre. Photographe inconnu. Collection de l'artiste.

10.10 Les usines du Canadien Pacifique en construction. Source inconnue. Collection de l'artiste.

10.11 Élévateur à grains nº 2, 1912. Reproduite de : *Old and New Montreal with a Series of Comparative Views illustrating the Growth and Development of the Greater City*, Montreal [International Press Syndicate], 1913 [s.p.].

10.12 Place d'Youville dans les années 1960. Reproduit de : *Découvrir Montréal*, Montréal, Éditions du Jour, 1975, p. 26.

10.13 2, rue Sherbrooke Ouest, Montréal, vers 1970. Photo : Melvin Charney. Collection de l'artiste.

10.14 Maison de logements, rue Saint-Denis, vers 1970. Photo : Giulio Maffini. Collection de l'artiste.

10.15 Melvin Charney, Dessin en coupe du centre-ville de Montréal, vers 1967. Collection de l'artiste.

10.16 Coupe de la Place Bonaventure tirée d'une revue non-identifiée. Collection de l'artiste.

10.17 Démolition d'une maison au centre-ville de Montréal durant les années 1970. Reproduit de : *Découvrir Montréal*, Montréal, Éditions du Jour, 1975, p. 30.

10.18 Logement municipal, Montréal, années 1970. Photographe inconnu. Collection de l'artiste.

10.19 Tours d'habitation, rue Guy, Montréal, années 1970. Photographe inconnu. Collection de l'artiste.

10.20 Maisons à Hampstead, années 1970. Photographe inconnu. Collection de l'artiste.

10.21 Bungalows à Fabreville, Laval, années 1970. Reproduit de : *Découvrir Montréal*, Montréal, Éditions du Jour, 1975, p. 33.

10.22 Hutte primitive sur la rue Provençale, Montréal. Photographe inconnu. Collection de l'artiste.

10.23 Scène de jeu, Montréal, mai 1972. Reproduit de : *Découvrir Montréal*, Montréal, Éditions du Jour, 1975, p. 35.

10.24 Manifestation, Montréal, années 1970. Reproduit de : *Découvrir Montréal*, Montréal, Éditions du Jour, 1975, p. 35.

11.1 Démolition d'une maison montréalaise, Montréal, vers 1975. Photographe inconnu. Collection de l'artiste.

11.2 Publicité pour maisons unifamiliales à Saint-Hubert. Source inconnue. Collection de l'artiste.

11.3 Rue Fabre, Montréal, vers 1975. Photographe inconnu. Collection de l'artiste.

11.4 Coupure de journal : *Le Jour*, nº 111, Montréal, 1975. Photo : Pierre Boisclair.

11.5 Coupure de journal : *La Presse*, Montréal, 18 octobre 1975. Photo : J.-Y. Létourneau.

11.6 Coupure de journal : *La Presse*, Montréal, 30 décembre 1975. Photo : Michel Gravel.

11.7 Modules préfabriqués de maisons en série, vers 1975. Source inconnue. Collection de l'artiste.

11.8 Modules préfabriqués de maisons en série, vers 1975. Source inconnue. Collection de l'artiste.

Liste des illustrations

11.9 Barrage hydroélectrique Manicouagan 5, 1968. Courtoisie des Archives Hydro-Québec. H01_700964_69-5042-C_Manic-5_loc10034-424.

11.10 Coupure de magazine : Sept-Îles, 1976. Photographe et source inconnus. Collection de l'artiste.

11.11 Habitat mobile, s.d. Photographe inconnu. Collection de l'artiste.

11.12 Rue Smith, Thetford Mines, vers 1966, source inconnue. Centre d'archives de la région de Thetford – Fonds George Washington Smith, n° 5428.

12.1 Routes aériennes d'Air Canada, vers 1970. Source inconnue. Collection de l'artiste.

12.2 Zones des routes aériennes du système de guidance d'un avion, s.d. Source inconnue. Collection de l'artiste.

12.3 Un bombardier B-29 ouvert aux visiteurs, stationné au bout d'une piste de la base aérienne militaire de Wright-Patterson, Ohio. Source inconnue. Collection de l'artiste.

12.4 Simulateur de vol conçu à partir d'un système de mouvement créé par LINK. Source inconnue. Collection de l'artiste.

12.5 Les restes d'un avion français après la chute de Diên Biên Phu, 1954. Source inconnue. Collection de l'artiste.

12.6 Une réplique japonaise d'un manège aérien de parc d'attractions. Source inconnue. Collection de l'artiste.

12.7 Melvin Charney, Planche de *Un Dictionnaire...*, réalisée entre 1970 et 1996, acrylique sur épreuve à la gélatine argentique, monté sur carton d'archive, 28,1 × 35,6 cm. Collection du Centre Canadien d'Architecture, DR1999:0003:010:005 © Melvin Charney / SODRAC (2012).

12.8 Melvin Charney, Planche de *Un Dictionnaire...*, réalisée entre 1970 et 1996, acrylique sur épreuve à la gélatine argentique, monté sur carton d'archive, 28,1 × 35,6 cm. Collection du Centre Canadien d'Architecture, DR1999:0003:010:005 © Melvin Charney / SODRAC (2012).

12.9 Melvin Charney, Planche de *Un Dictionnaire...*, réalisée entre 1970 et 1996, acrylique sur épreuve à la gélatine argentique, monté sur carton d'archive, 28,1 × 35,6 cm. Collection du Centre Canadien d'Architecture, DR1999:0003:016:007 © Melvin Charney / SODRAC (2012).

12.10 Melvin Charney, Planche de *Un Dictionnaire...*, réalisée entre 1970 et 1996, acrylique sur épreuve à la gélatine argentique, monté sur carton d'archive, 28,1 × 35,6 cm. Collection du Centre Canadien d'Architecture, DR1999:0003:025:002 © Melvin Charney / SODRAC (2012).

12.11 Photographie prise dans l'atelier de Melvin Charney illustrant un montage des sources qui ont alimenté la réalisation du « trésor de Trois-Rivières ». Photographie : André Boulerice. Médiathèque du Musée d'art contemporain. Fonds André Boulerice.

12.12 « Une histoire... Le trésor de Trois-Rivières », 1975. Musée des Beaux-Arts du Canada 28777) © Melvin Charney / SODRAC (2012).

12.13 « Chapitre 2... Un monument dorique à Trois-Rivières », 1977. Musée des Beaux-Arts du Canada 28777) © Melvin Charney / SODRAC (2012).

12.14 « Une histoire... Le trésor de Trois-Rivières », 1975. Photographie : André Boulerice. Médiathèque du Musée d'art contemporain. Fonds André Boulerice.

12.15 Une installation de Corridart, 5 juillet 1976, Montréal. Photo : Louis-Philippe Meunier. Archives de la Ville de Montréal, VM94-EM745-056.

12.16 « Le site... Les maisons de la rue Sherbrooke », 1976. Épreuves à la gélatine argentique, impression chromogénique et texte dactylographié, 71 × 60,8 cm. Collection du Centre Canadien d'Architecture, DR1984:1570. © Melvin Charney / SODRAC (2012).

12.17 « Les maisons de la rue Sherbrooke », 1976. Crayon de couleur et crayon de cire sur impression photostatique d'un photomontage, 43,2 × 57 cm. Collection du Centre Canadien d'Architecture, DR1984:1571. © Melvin Charney / SODRAC (2012).

12.18 « Les maisons de la rue Sherbrooke », 1976. Photographe inconnu. Collection de l'artiste.

12.19 Les maisons de la rue Sherbrooke démolies, 1976. Photographe Yvan Boulerice, 14 juillet 1976. Collection de l'artiste.

13.1 Carte postale de Rawdon, Québec, vers 1908. Collection de l'artiste.

13.2 Maison à Duparquet, Abitibi. Photo Melvin Charney. Collection de l'artiste.

13.3 Perspective de la Ville de Maisonneuve, avec des vignettes de ses bâtiments publics, vers 1910. Archives de la Ville de Montréal VM94-D98.

13.4 Ville de Maisonneuve, ancien Hôtel de ville 1916. Joseph Cajetan Dufort, architecte. Photographe inconnu. Archives de la Ville de Montréal VM94-Z49-1.

13.5 Dessin de la caserne de pompier et poste de police de Maisonneuve, 1914. Marius Dufresne, architecte. Source inconnue. Collection de l'artiste.

13.6 Maison Larocque, Outremont, 1931. Marcel Parizeau, architecte. Reproduit de Gérard Morisset, *L'architecture en Nouvelle-France* (Québec, 1949), planche 104b.

13.7 Centre sportif, Université Laval, Québec, 1969-71. Gauthier, Guité et Roy, architectes. Source inconnue. Collection de l'artiste.

13.8 Maquette du Complexe Desjardins, s.d. Reproduit d'une brochure promotionnelle de la Société La Haye-Ouellet, architectes et urbanistes.

13.9 Services de santé du Québec, 2525 boulevard Laurier, Québec, 1971. La Roche, Ritchot, Déry, Robitaille, architectes. Source inconnue. Collection de l'artiste.

13.10 Université du Québec à Montréal, maquette du campus vers 1976. Dimitri Dimakopoulos et Jodoin, Lamarre, Pratte, architectes. Photographe inconnu. Collection de l'artiste.

13.11 Usine de maisons préfabriquées. Source inconnue. Collection de l'artiste.

13.12 Camp de travail, Churchill Falls, vers 1972. Courtoisie des Archives Hydro-Québec,

Annexes

14.1 Détail de la *Carte du gouvernement de Québec: levée en l'année 1709 par les ordres de Monseigneur le comte de Ponchartrain, commandeur des ordres du roy, ministre et secrétaire d'estat par le S. Catalogne, lieutenant des troupes, et dressée par Jean Bt. Decouagne, 1709*, Gédéon de Catalogne (1662-1729), 79 × 107 cm. G/3452/G46/1709/C381/1921 DCA, Bibliothèque et Archives nationales du Québec.

14.2 Copie de Les premières rues de Ville-Marie (original: 1672). Plan par Dollier de Casson et Bénigne Besset, arpenteurs. Reproduit de Jean-Claude Marsan, *Montréal en évolution*, Montréal, Fides, 1974, p. 11.

14.3 *Vue de la côte du Beaver Hall, avec la rue Craig en avant-plan, vers 1851*. Photo: Robert Lisle. Bibliothèque et archives Canada / C-047354.

14.4 *Prince of Wales Terrace*, rue Sherbrooke, 1860. Photo: James Inglis, MP 1974-82, Musée McCord.

14.5 Rue Fullum, Montréal, vers 1970. Photographe inconnu. Collection de l'artiste.

14.6 57 Square Victoria, 1873. Photographe inconnu. Négatif à l'albumine argentique sur plaque de verre, 17,5 × 23,3 cm. PH1982:0040. Collection du Centre Canadien d'Architecture, Montréal.

14.7 Rue Saint-Jacques dans les années 1960. Source inconnue. Collection de l'artiste.

14.8 Photo aérienne de l'urbanisation d'un rang. Source inconnue. Reproduit de: Michel Barcelo, "Montreal – Planned and Unplanned," *Architectural Design*, vol 37, nº 7, juillet 1967, p. 308, image nº 3.

14.9 Jour de déménagement, Montréal, vers 1930. Photographe inconnu. MP-1984.105.21, Archives du Musée McCord.

14.10 Rue Fabre, Montréal, vers 1975. Photographe inconnu. Collection de l'artiste.

14.11 Melvin Charney, vue des escaliers et des jardins de maisons en rangée, rue Waverly, Montréal, Québec, 1971, épreuve à la gélatine argentique, 34,9 × 23,1 cm. Collection du Centre Canadien d'Architecture, Montréal, PH1987:0618 © Melvin Charney / SODRAC (2012).

14.12 Westmount Square, Montréal, Mies van der Rohe, architecte, 1965, s.d. Photo Melvin Charney, Collection de l'artiste.

14.13 Complexe Desjardins, Montréal, s.d. Photo Melvin Charney. Collection de l'artiste.

14.14 Rue Victoria au coin de l'avenue du Président-Kennedy, vue depuis l'avenue McGill College. Photo Katia Montillet, vers 1980. Collection de l'artiste.

14.15 Campus de l'Université du Québec à Montréal, rue Saint-Denis, s.d. Photo Melvin Charney. Collection de l'artiste.

14.16 Façades de maisons en rangée sur la rue Saint-Hubert. Photo Melvin Charney. Collection de l'artiste.

15.1 Maison au 1710, Côte Saint-Pierre, Saint-Janvier. Photo Michel Nantel. Collection de l'artiste.

15.2 Maison de vacances de la famille Charney à Sainte-Agathe, vers 1940. Collection de l'artiste.

15.3 Maison sur la route 309 à Mont-Laurier, vers 1980. Photo Pierre-Yves Séguin. Collection de l'artiste.

15.4 Maison sur l'avenue des Sables, dans la région de Rawdon, vers 1980. Photo Simon Labrecque. Collection de l'artiste.

15.5 Maison au 2823-25 Est, rue Ontario, Montréal, vers 1980. Photo Jacques Madore. Collection de l'artiste.

15.6 Garage transformé pour petite industrie, rue Saint-Christophe, Montréal, vers 1980. Photo Katia Montillet. Collection de l'artiste.

15.7 Édifice non identifié, vers 1980. Photo Ann-Lynn St-Cyr. Collection de l'artiste.

15.8 Édifice non identifié, vers 1980. Photo Ann-Lynn St-Cyr. Collection de l'artiste.

15.9 Construction d'un chalet, Domaine du Lac Carillon, Chatham, vers 1980. Photo Kristian Champagne. Collection de l'artiste.

15.10 Coop Saint-Polycarpe, Québec, vers 1980. Photographe inconnu. Collection de l'artiste.

15.11 Église près de La Sarre, vers 1980. Photo Lucie Ruelland. Collection de l'artiste.

15.12 Édifice sur la rue Bishop, Montréal, vers 1980. Photo Philippe Bastien. Collection de l'artiste.

15.13 La prison de la rue Parthenais et les maisons du quartier au coin de la rue Dufresne, Montréal, vers 1980. Photo Jacques Madore. Collection de l'artiste.

15.14 Rue Victoria au coin de l'avenue du Président-Kennedy, vue depuis l'avenue McGill College, Montréal, vers 1980. Photo Katia Montillet. Collection de l'artiste.

15.15 Avant 1975, la rue Saint-Norbert, vers l'ouest. Photo Michel Corriveau. Collection de l'artiste.

15.16 Avant 1975, la rue Saint-Norbert vers l'est. Photo Michel Corriveau. Collection de l'artiste.

15.17 Après 1975, la rue Saint-Norbert, vers l'ouest. Photo Michel Corriveau. Collection de l'artiste.

15.18 Après 1975, la rue Saint-Norbert, vers l'est. Photo Michel Corriveau. Collection de l'artiste.

15.19 Maison sur la rue La Gauchetière, Montréal. (Photo François Emery). Collection de l'artiste.

15.20 Maisons sur la rue Saint-Hubert, Montréal, vers 1980. Photo Réjean Legault. Collection de l'artiste.

15.21 Maison sur la rue Sherbrooke, Montréal. Photographe inconnue. Collection de l'artiste.

15.22 Restaurant à Sherbrooke, Québec, vers 1980. Photo Ann-Lynn St-Cyr. Collection de l'artiste.

15.23 Maison près de Montréal, vers 1980. Photo M. Chapierre. Collection de l'artiste.

15.24 Maison à Sainte-Majorique, vers 1980. Photo Christiane Bergeron. Collection de l'artiste.

15.25 À l'angle de l'avenue des Pins et de la rue Drolet, Montréal, vers 1980. Photo Jean Duchaine. Collection de l'artiste.

15.26 L'ancien hôtel de ville de Maisonneuve, à l'angle des rues Pie-IX et Ontario, Montréal, vers 1980. Photo Philippe Bastien. Collection de l'artiste.

15.27 Maison dans la région de Montréal, vers 1980. Photo François Emery. Collection de l'artiste.

15.28 Maison à Hampstead, Montréal, vers 1980. Photo Michel Beaudry. Collection de l'artiste.

Liste des illustrations

15.29	Édifice non identifié, vers 1980. Photo Manon Guité. Collection de l'artiste.
15.30	Hangar à Montréal, vers 1980. Photo Luc Mandeville. Collection de l'artiste.
15.31	Maison sur la rue Saint-Hubert, Montréal, vers 1981. Photo Claude Lamoureux. Courtoisie de Luce Lafontaine.
15.32 et 15.33	Maison à Saint-Sauveur, vers 1980. Photo Denys Bérubé-Larouche. Collection de l'artiste.
15.34	Coopérative Louis-Cyr, rue Saint-Jacques, Montréal, vers 1980. Photo Jean Mercier. Collection de l'artiste.
15.35	Maison à Rouyn-Noranda, Québec, vers 1980. Photo M. Gauthier. Collection de l'artiste.
15.36	Mine à Rouyn-Noranda, Québec, vers 1980. Photo M. Gauthier. Collection de l'artiste.
15.37	Logements à Sherbrooke, Québec, vers 1980. Photo François Jean. Collection de l'artiste.
15.38	Logements à Sherbrooke, Québec, vers 1980. Photo François Jean. Collection de l'artiste.
15.39	Vitruvius Teutsch, *La hutte primitive*, 1548. Reproduced from: *Vitruuius teutsch*, Zu Nürnberg: Truckts Johan Petreius, anno M.D.XLVIII, p. LXII, r. 2, Collection du Centre Canadien d'Architecture, Montréal, CAGE M NA44.V848 (ID: 86-B15600).
15.40	Charles-Dominique-Joseph Eisen, *La hutte primitive*, 1755. Frontispice de *L'essai sur l'architecture* de Marc-Antoine Laugier. Collection du Centre Canadien d'Architecture, Montréal, W485.
15.41	François Blondel, *La hutte primitive*, vers 1750. Tiré du *Cours d'architecture enseigné dans l'Academie royale d'architecture*, Plate I, ill. I [detail]. Collection du Centre Canadien d'Architecture, Montréal, CAGE M PO11939.
15.42	Eugène-Emmanuel Viollet-le-Duc, *The First Building*. Reproduit de: Viollet-le-Duc, *Histoire de l'habitation humaine: depuis les temps préhistoriques jusqu'à nos jours*, Paris, J. Hetzel et Cie., 1875, p. 6, 2. Collection du Centre Canadien d'Architecture, Montréal, MAIN 0006267.
15.43	Hutte primitive à Laval… Collection de l'artiste.
15.44	Hutte primitive sur la rue Provençale, Montréal. Photographe inconnu. Collection de l'artiste.
15.45	Hutte rustique dans les Laurentides. Photographe inconnu. Collection de l'artiste.
16.1	Cliché par un photographe polonais de la Deuxième Guerre mondiale, vers 1947. Photo: Wideword. Tiré de Boris Shur and Bernard Quint, *Since Stalin: A Photo History of Our Time*, New York, Swen Publications, 1951, p. 125.
16.2	Vitruvius, *Description de l'invention du chapiteau corinthien*, 1er siècle av. J.-C. Tirée de: Dieussart, Charles *Theatrum architecturae civilis*, 3 vols., Dintzenhofer, Leonard, editor, 1697. Courtoisie de Saxon State – University Library Dresden (SLUB Etching n° 47, df_tg_000105), Deutsche Fotothek, 01054 Dresden.
16.3	Maison près d'une rivière (fragment de Quattro paesaggi fluviali), Quatrième style (45–79 après J.-C.), peinture encaustique, Museo Archeologico Nazionale, Naples. Photo: Luciano Pedicini / Archivio dell'Arte n° 9409.
16.4	Pline, *Villa laurentienne face à la mer*, 1er siècle après J.-C. Tirée de: Robert Castell, *The Villas of the Ancients Illustrated*, 1728. Collection du Centre Canadien d'Architecture, Montréal, CAGE MW249.
16.5	Pline, *Plan de la Villa laurentienne*, 1er siècle après J.-C. Tirée de: Robert Castell, *The Villas of the Ancients Illustrated*, 1728. Collection du Centre Canadien d'Architecture, Montréal, CAGE MW249.
16.6	*Temple rustique, Ermenonville*. Tirée de: *Promenade, ou, Itinéraire des jardins d'Ermenonville: auquel on a joint vingt-cinq de leurs principales vues*, Paris, Chez Mérigot, 1788. Collection du Centre Canadien d'Architecture, Montréal, ID: 86-B22032 pl. 12.
16.7	Temple Grove, Residence de David Ross McCord, Côte-des-Neiges, Montréal, 1872. Photographe: Alexander Henderson, MP-0000.33.1 © Musée McCord.
16.8	Karl Friedrich Schinkel, Reconstruction de la Villa laurentienne de Pline le jeune, 1841, gravure colorée, 34 × 49,8 cm. Collection du Centre Canadien d'Architecture, Montréal, DR1984:0568:024.
16.9	Karl Friedrich Schinkel, Projet pour le Château Orianda, Yalta (Crimée, Ukraine), 1845, elevation latérale, Druck, lithographie, couleur sur carton, 61,5 × 108,8 cm, Inv.-Nr. 18784, TU Berlin Architekturmuseum.
A.1	Melvin Charney au début des années 1960. Collection de l'artiste.
A.2	Melvin Charney, ca. 1967. Collection de l'artiste.
A.3	Melvin Charney participant à un symposium sur Corridart, organisé par Normand Thériault à la Galerie Média à Montréal, l'une de nombreuses réunions publiques discutant de l'état des arts tenues dans le contexte des élections provinciales du 15 novembre 1976. Collection de l'artiste.
A.4	Melvin Charney sur le site de construction du jardin du CCA en 1989. Collection de l'artiste.
A.5	Melvin Charney avec le Dalai Lama durant l'inaugation du Monument canadien pour les droits de la personne, Ottawa, 30 septembre 1990. Collection de l'artiste.

www.ingramcontent.com/pod-product-compliance
Lightning Source LLC
Chambersburg PA
CBHW041603070526
44586CB00003BA/69